中国社会科学院社会学研究所主办

家庭与性别评论（第 8 辑）

家庭与性别评论

Family and Gender Review (Vol.8) （第8辑）

中国社会科学院社会学研究所主办

主编 / 汪建华

社会科学文献出版社
SOCIAL SCIENCES ACADEMIC PRESS (CHINA)

流动人口家庭化：
新型城镇化背景下的重要议题

（代序）

汪建华

数以亿计的农民工是改革开放以来城市发展和经济建设的主力军。在这支产业大军近 40 年的城乡往返迁移历程中，有很大一部分农民工逐渐在城市稳定下来。他们不再是城市的临时劳动力和过客。成为城市的主人，享有与本地城市居民平等的公共服务和福利待遇，是他们最核心的诉求。农民工携妻带子，以家庭化而非个人化的方式迁入城市，是其城镇化、市民化最重要的标志。十八届三中全会提出要坚持走以人为核心的"新型城镇化"道路，可以说，这是对当前社会发展形势和流动人口发展诉求的明确回应。不过，从国家发展战略到具体可操作政策的出台和落地，还有很长的路要走，需要以大量严谨的研究工作为支撑。有鉴于此，精准地把握流动人口的家庭化趋势，详细地考察其流动过程中的主要困境和调适策略，并在体制和政策层面探求改良之道、回应其核心发展诉求，是摆在社会学、经济学、人口学等学科相关领域研究者面前关键而又迫切的议题。围绕流动人口家庭化趋势、流动家庭的困难与调适方式、家庭化背景下的政策改进方向等而展开的议题，学界已有一定积累，本文将择其代表性成果而述之，并在前人的启发下讨论如何在经验、理论和政策层面加以深化。

一　流动人口的家庭化趋势

对流动人口家庭化趋势的讨论，相对该领域其他研究议题，论述最为丰富、方法最为成熟。相关研究始于 20 世纪 90 年代，多以大样本调查数据为讨论依据，相关数据既有第六次全国人口普查、2005年1%人口抽样调查、2010~2014年流动人口动态监测调查、2010年中国家庭追踪调查（CFPS）等全国层面的数据，也有北京、武汉、厦门等城市范围的调查数据。已有研究广泛涉及流动人口家庭化的历史趋势、影响因素、区域与城市间的差异等主题，当然在调查方法上也有一些争论。

1. 总体趋势

基于历次全国人口普查和1%人口抽样调查数据的测算，我国流动人口的总量从1982年的657万人增长到2015年的2.46亿人，占总人口比重从0.66%攀升至17.9%。流动人口大量增长的同时表现出日益明显的家庭化趋势。六普数据显示，独自一人流动者只占家庭户的26.76%，两代户、三代户则分别占38.52%、5.04%，流动人口正从夫妻共同流动阶段迈向核心家庭化阶段（段成荣、吕利丹、邹湘江，2013）。2010年、2011年流动人口动态监测调查数据也显示，单人户比重仅占1/4左右。2011年，流动人口的平均家庭规模为2.46人，两代以上家庭户比例为52.3%，47.1%的被访者实现了整个核心家庭的迁移（盛亦男，2013；杨菊华等，2013a，2013b）。新生代流动人口家庭化趋势似乎更强。在2014年的监测调查数据中，近九成已婚新生代流动人口夫妻共同流动，61%实现了完整的核心家庭迁移（国家卫生和计划生育委员会流动人口司，2016）。

虽然不同研究数据来源不一，流动人口家庭定义和测算标准差别也很大，不过，从大多数数据看，流动人口家庭化趋势在逐年增强。从普查数据看，1990年流动人口生活在纯外户①中的比重仅为7.44%，2000年则提高到46.06%，其中与配偶、子女共同居住的户主分别占64.36%、61.49%（周皓，2004；段成荣等，2008）。同样的趋势也在武汉、北京等城市的调查数据中得以印证（陈贤寿等，1996；翟振武等，2007；洪小良，2007）。

在普查数据中，流动儿童数量的增长速度却相对有限。2010年我国0~14岁流动儿童有2291万人，比2000年增加881万人，不过，流动儿童数量在流动人口总体中却占比不高，仅为10.35%，反而比10年前降低了3.43个百分点（段成荣、吕利丹、王宗萍等，2013）。与之形成对比

---

① 所谓"纯外户"是指户主与配偶均为流动人口的家庭户，区别于"集体户"，以及户主或配偶为当地人的"常住户"。

的是留守儿童规模的高速增长。2010 年我国农村留守儿童有 5290 万人，而 2000 年仅有 1981 万人（段成荣、吕利丹、郭静等，2013）。考虑到 2000 年以后外出打工的农民工开始大规模增长，流动儿童增长幅度远不及留守儿童是可以理解的。当然，流动人口长期被排斥在城市公共服务之外也是流动儿童增速缓慢的重要原因。不过，随着 2000 年后外出打工的农民工开始在流入地稳定下来，2010 年后流动儿童迅速增长，留守儿童占比则相应下降。流动人口动态监测调查显示，2010 年 0~17 岁流动儿童达 4659 万人（普查数据测算结果为 3581 万人），2014 年增长到 5981 万人；不过，流动人口子女留守老家的比例由四成下降为三成（国家卫生和计划生育委员会流动人口司，2016）。鉴于普查数据与监测调查数据测算结果差异较大，对流动儿童随迁的规模尚难下定论。但连续四年监测调查数据的纵向比较还是可以说明，近年来流动人口越来越多地将子女带到务工地共同生活，尽管在绝对规模的测量上可能存疑。

45~64 岁的流动人口，在 2010 年的监测调查数据中仅占 8.7%，在 2014 年则增长到 12.7%，这预示着三代家庭户的增多。不过 65 岁以上的流动老人所占比例非常小，且在四年间有所下降（从 0.3% 降至 0.2%）（杨东平，2017）。这显示在流动家庭中，老人更多地通过工作和家务为子代提供支持，到了需要赡养的年龄，则大多要回到老家，减轻子代的生计压力。

2. 区域与城市差异

对我国流动人口家庭化趋势的分析不可忽略区域与城市类型差异。对 2011 年流动人口动态监测调查数据的分析表明，相对而言，中部地区、跨县流动者，家庭规模最大、代数最多、家庭结构最复杂、完整核心家庭流动比例最高、家庭流动批次最少、批次间隔最短；东部地区、跨省流动者则相反。在东部相对较发达的省份（如北京、上海、天津、江苏、浙江、广东），跨省流动人口占 70% 以上（杨菊华等，2013a，2013b）。沿海发达省份大城市的公共服务资源本就紧张，跨省流动者要想获得流入地公共服务更是难上加难，这些地区流动人口的家庭化无疑面临巨大的制度障碍。

大中小城市间的差异也值得重视。2014 年南京大学农民工抽样调查覆盖东中西部地区 7 省 12 个城市，共有 2017 个样本。统计结果显示，相比大、中城市，小城市农民工的家庭化趋势最强，这体现在农民工"与家人同住""与配偶同住""与子女同住""与父母同住""家庭代数"

"核心家庭共同居住"等各个指标上。家庭化趋势未在大城市与中等城市之间呈现显著的差异。但大城市农民工"与子女同住""与父母同住"的比例相对较低，一代户较多，三代户较少。不同类型城市间的差异可能与农民工流动的行政跨度有一定关联。越是大城市，越可能吸引人口跨省、跨市流动，农民工家庭化的制度障碍也越大。县区内、跨县区、跨地市、跨省流动的农民工，家庭化趋势依次降低（汪建华，2017）。不过由于该调查涉及城市和样本量有限，难以对超大城市、特大城市、大城市进行细分。大城市与中等城市的家庭化趋势差异是否真如数据显示的那么小，还有待进一步检验。

3. 影响因素

既有研究多沿袭欧美国家的理论视角，强调流动人口在家庭迁移决策中的理性选择。新古典人口迁移理论视角的研究往往强调个体的性别、年龄、受教育水平、婚姻、职业、迁入年限等因素的影响；而新迁移经济学理论则强调家庭规模、劳动人口总数、人均耕地面积、是否有老人、是否有小孩、住房面积、住房类型等家庭层面因素的效应（周皓，2004；洪小良，2007；侯佳伟，2009；陈卫等，2012）。

毫无疑问，流动人口会根据个体和家庭的收益最大化做出家庭迁移决策。但类似的研究，并不能说明中国流动人口的迁移在制度和文化情境上，与欧美国家有何区别。从制度上看，户籍和城市公共服务资源的可及性对流动家庭化的影响最为关键。东部沿海发达城市相比内陆城市，大城市相比小城市，异地城镇化、跨省流动者相比就近城镇化、市县范围内流动者，更难在流入地获得教育、医疗等方面的公共服务资源，社保接续转移、异地高考等也面临更多障碍（李强等，2015；杨菊华，2015；汪建华，2017）。从文化上看，传统的家庭观念和孝道伦理仍然在一定程度上左右着农村夫妻的"外出-留守"安排。他们既要考虑自己在赚取生计、赡养父母、照料子女方面的责任和角色，也要评估父母在农业生产和照看子女方面的可能性。比如，当子女处于婴儿期时，妻子更可能选择留守照看，此后夫妻双方更有可能外出打工；丈夫更可能因为有年幼子女而外出，妻子则更可能因此而留守，正所谓"男主外、女主内"；倘若丈夫是长子或独子，夫妻外出的可能性就更小（李代等，2016）。

4. 调查方法的争论

过往研究多使用流入地调查数据，这类数据存在一些缺陷。一是抽样对象过于偏重流入地的家庭户，难以捕捉居住在集体宿舍、工地工棚等非家庭户的流动人口。二是仅仅考察被访者在流入地的家庭共居状况，那些留守在老家、流动到其他地区的家庭成员，往往不在考察范围，所有家庭成员基于传统伦理和家庭分工而做出的复杂细致的"外出-留守"安排亦难以被洞察。三是流入地的调查也难以被追踪。基于对流入地调查方法的反思，李代等（2016）的研究同时纳入2010CFPS数据中的流入地和流出地劳动力样本，综合考察农村核心家庭中夫妻的"外出-留守"安排。研究结果发现，在农村夫妻中，单人或双人外出的夫妻约占1/4。在外出群体中，只有28.2%的被访者为夫妻同地外出。与以往基于流入地调查数据得出的结论不同，该研究认为夫妻分离、家户分离的情况仍然非常普遍。

不过这种调查方法也可能存在问题。流出地的被访者是否会报告其扩展家庭、直系家庭中那些已经举家外出的核心子家庭的情况，是否将其视为家庭成员，都成疑问。考虑到2010CFPS问卷正文长达168页，被访者很有可能会选择漏报这些家人的情况，而流入地和流出地的被访者甚至可能因为怕麻烦而漏报核心家庭成员的情况。至于那些整个扩展家庭、直系家庭都迁出的流动人口，就更不可能存在于流入地的调查样本中。另外，过往基于流入地调查数据的研究也纳入不少单人流动的样本。流入地调查到底遗漏了多少单人流动的样本？通过纳入流出地调查样本进行纠偏是否导致矫枉过正？由此看来，流入地和流出地调查样本的偏误都有待进一步评估。

二 流动家庭的困难与调适方式

流动人口的家庭化、城镇化，并不仅仅体现为数字上的逐年增长。在这一过程中，子女教育、住房、医疗、赡养父母等问题都有待解决。为此，传统大家庭不得不重新调整成员间的责任与分工，改变家庭资源分配的重心，为流动家庭的团聚和城镇化尽可能地提供支持。长期离散导致的家庭矛盾和情感问题更需要尽力化解、弥合。外出务工的农民工，不得不穷尽各种策略，努力将家庭离散对夫妻关系、亲子关系的负面影响保持在可控范围。

1. 流动与离散家庭的困难调适

过去 30 多年，东部沿海地区高速发展，流动人口不断涌入。而那些中西部地区和东部欠发达地区的农民工经常面临两难：在老家附近的中小城镇就近工作，固然比较容易实现核心家庭的团聚，并与大家庭保持密切联系，但就业机会、薪酬待遇、发展空间往往是瓶颈；到沿海地区打工，在经济收入和发展机会方面无疑要大为改善，但很难支付举家迁移的成本，也很难获得流入地的公共服务，在赡养父母、抚育子女方面往往难以兼顾周全。

对于期望城镇化的农民工而言，当前的主要选择包括以下三种：举家迁往沿海大城市，到沿海大城市打工同时将小孩留在老家或附近的中小城镇，举家迁往老家附近的中小城镇。无论哪一种，只要牵涉买房，都离不开传统大家庭和父辈的经济支持。如有孩童需要抚育，则往往需要老人帮忙照料看护。父辈对子辈的支持主要包括城市购房、婚姻彩礼、隔代抚养。可以说，当前年轻一辈农民工的城镇化和家庭化，在很大程度上是建立在压缩老人养老和医疗需求、依赖老人经济和劳务贡献的基础上的。在这一过程中，代际关系严重不平衡，资源往下走，"子女本位"取代孝道伦理（汪永涛，2013；金一虹，2014）。面对当前日益高昂的城镇化成本，农民工很少尝试向打工城市争取基本公共服务，更没想过如何抗议、约束推升住房及生活成本的掠夺之手，他们很自然地转向传统大家庭寻求解决方案；本应是社会、政府、市场间的博弈和利益调整，最后却内化为家庭内部的代际冲突和成员牺牲。

对于那些到沿海大城市打工同时将子女留在老家或附近中小城镇的农民工来说，传统大家庭的支持和家庭成员之间的角色分工往往来得更复杂，且具有阶段性。王绍琛等（2016）对内蒙古赤峰市外出务工家庭的考察颇具参考价值。为了子辈的婚姻和孙辈的教育，父辈大多要倾尽全力帮助子辈在城镇购房，至于在城区还是在附近的镇区购房，则要看各自的经济实力。在小学阶段，年轻夫妇外出打工，老人中选一人到城镇看护陪读，另一人负责农业生产；到初中阶段，孩童具备一定自理能力，陪读的现象相应大为减少，老人又回到乡村务农；高中阶段被视为孩子教育的关键阶段，部分外出的母亲很有可能在这个阶段回来陪读，同时在城区找工作，老人如身体允许则仍然操持农务；等到孙辈成家立业，则如接力赛一般，又开始一个新的阶段。

对于那些处于离散状态的家庭而言，如何在家庭成员间维系感情、处理矛盾冲突，是许多外出打工者不得不面对的问题。在学龄前将小孩带在身边、寒暑假将小孩接过来团聚、尽可能在农忙和春节期间回乡、频繁的通信互动、寄钱买礼品等，是维系家庭成员情感、预防化解家庭冲突的常见方式（金一虹，2009）。另外，外出务工者往往选择生活在亲缘、地缘网络中，通过亲友同乡聚集的方式缓解外出打工过程中的孤独、应对工作生活中的困境（金一虹，2010；汪建华，2016）。当然，这些调适策略并不能从根本上解决离散家庭的问题。

2. 流动儿童的教育问题

子女教育毫无疑问是摆在许多流动家庭面前最棘手、最紧要的问题。应该说，随着2001年"两为主"（解决农民工子女的义务教育问题，以流入地区政府为主，以全日制公办中小学为主）政策的确立，各级政府逐渐加大经费投入，流动儿童的义务教育状况逐渐得到改善。2010年，6~14岁义务教育年龄段的流动儿童在校比例超过96%。2009~2015年，接近八成处于义务教育阶段的流动儿童在公办学校就读。政府还对一些在民办学校就读的儿童予以补助。

不过，流动儿童教育还存在许多实质性的问题，解决不好，将成为未来社会发展的重大隐患。从教育阶段看，学前和高中阶段面临的问题比义务教育还要复杂。学前教育没纳入义务教育体系，流动儿童入园难，入公办幼儿园更难；而由于异地升学难、高中学位紧张，许多儿童从初二开始，就陆续选择回到老家就读。从区域来看，北京、上海垄断了大量的教育资源和高招名额，珠三角因产业聚集吸引的外来人口远远超过户籍人口，上述地区的入学门槛最高、异地升学最难，流动家庭的子女教育问题也最为严峻。从流动跨度看，那些跨省流动的家庭和儿童最容易被异地中考、异地高考政策影响。性别方面，"重男轻女"的现象在流动家庭中仍然很普遍。在义务教育阶段，父母更愿意将男孩带到流入地共同生活、接受教育，结束初中教育后，则有越来越多的女孩进城打工。六普数据表明，处于义务教育学龄期的流动儿童，男孩占比更高；然而在15~17岁，男孩占比却陡然下降（段成荣、吕利丹、王宗萍等，2013；杨东平，2017）。

在北京、上海、珠三角等地，公办学校的进入门槛非常高。大部分流动儿童只能进入民办学校或者打工子弟学校。这些学校通常面临师资不足、设施不齐、班级规模过大、课外课程和实践机会少等问题。即便进入公办学校，也可能存在校园歧视、难以融入、基础差、学习跟不上之类的情况。加上异地升学问题，部分公立学校和老师并不愿意花精力培养这些孩子。外来务工者由于文化水平、经济实力等方面的限制，在育儿方式、日常沟通、幼儿教育、家庭学习环境等方面，也往往不尽如人意（杨东平，2017）。当然，最大的障碍仍然来自制度层面。由于流动儿童难以进入公办学校、无法取得异地升学的机会，即便流动家庭再怎样努力学习中产阶级的"科学育儿"方式，向上流动的愿望终究不过是镜花水月般的想象。因此，所谓子女教育投入不足、家庭教养方式存在缺陷，很可能是许多流动家庭在洞察现实后的无奈选择（肖索未等，2014）。

三　流动家庭化背景下的政策讨论

流动人口与核心家庭成员团聚，是其底线的人性需求。经济的发展、GDP 的增长，最终都需要回应这类最基本的民生问题。流动人口及其家庭成员能在多大程度上融入流入地，首先需要解决的是公共服务的供给问题，长远来看则是就业的稳定、住房市场的健康发展、社会流动渠道的畅通以及政治参与表达渠道的实现。过往文献对相关政策议题的讨论，以及官方政策的回应，多集中在基本公共服务的供给，其他方面由于牵涉面较复杂，操作起来更为困难，因而讨论较少。

十八届三中全会提出的"新型城镇化"战略，主要从三个方面应对流动人口的家庭化、城镇化趋势：一是"推动大中小城市和小城镇协调发展"；二是实行差别化落户政策；三是"稳步推进基本公共服务常住人口全覆盖"，"建立财政转移支付同农业转移人口市民化挂钩机制"。这无疑为我国今后的城镇化道路指明了方向，不过学界对相关政策思路仍有一些争论。

1. 是否应该有意识地控制大城市规模，发展中小城镇？

对城镇化道路的争论早已有之。基于乡镇企业发展的经验，费孝通等（2014）主张发展小城镇的观点一度影响比较大。在费孝通看来，这种"离土不离乡"的城镇化模式，不至于对传统的乡村社会和家庭结构造成破坏，也可以避免人口过于向大城市集中，另外还能有效抑制城乡和区域间不平等。不过到 20 世纪 90 年代中后期，随着乡镇企业问题的暴露和对外开放步伐的加快，小城镇逐渐式微，沿海大城市则发展迅猛，大量流动人口涌入这些城市。有论者列举出大城市在经济效率方面的三大优势：投资规模经济效应、劳动者和企业的专业化效应、劳动者自身经验积累和相互之间的学习效应（陆铭，2016）。

与大城市经济效率相伴随的却是日益严峻的社会问题，城市劳工问题频发，乡村社会的衰败和留守问题也时常成为公众舆论的焦点，凡此种种，竟比费老的预言还有过之而无不及。十八届三中全会"推动大中小城市和小城镇协调发展"和差别化落户的举措，意在严格控制大城市的人口规模，缓解大城市人口过多、公共服务压力过大的问题，将流动人口导向中小城市和小城镇，为外来人员的家庭化、城镇化提供更为现实的土壤。这一思路得到不少学者的赞同。有研究者重新梳理了发展中小城市和小城镇、推动农民工就近就地城镇化的好处：农民工社保和公共服务的转移接续、城乡资产权利置换将会更加容易；城乡兼业可以提高收入，促进农村可持续发展；农民工的举家迁移和家庭团聚也更容易实现。推动中小城市和小城镇发展的相关举措有：发展地方特色产业；均衡公共资源配置，提升公共服务水平，加强基础设施建设；推动产业向中西部地区、中小城市转移，实现产城融合（辜胜阻等，2014；李强等，2015）。

然而有论者指出，当前政府控制大城市、发展中小城镇的做法似乎有些操之过急，行政干预色彩过于浓厚。一方面，在一些产业与人口聚集的沿海特大城市，非但没有增强公共服务的有效供给，反而通过提高公共服务准入门槛，进行所谓低技能人口清理。另一方面，在许多产业基础差、地理位置偏僻的内陆城市，地方政府纷纷大肆举债，大量建设新城和开发区，综合调动土地、税收、金融等各种资源招商引资、扶持特色产业。这些低水平、重复性建设的举措不断浪费着地方有限的财力，最终换来的却是产业空心化和一轮轮企业倒闭潮，将地方社会拖入巨大的系统性风险中（陆铭，2016）。

从经济效率的角度看，沿海大城市的发展有着坚实的基础，但其社会层面的问题也不可忽视。当前"推动大中小城市和小城镇协调发展"有其社会层面的合理性，随着一些劳动密集型产业向中西部地区转移，中小城市和小城镇的发展也有了一定的经济基础。各级政府要在其中扮演合适的角色，注重公共服务的提供，减少对经济的直接干预。以剥夺公共服务的手段强硬驱赶外来人口、以行政主导的方式大搞产业园区和城区建设，都是不尊重经济发展和人口流动规律的行为。内地政府在承接产业转移方面应该有序、理性，切不可盲目举债、随意扩张、恶性竞争、操之过急。沿海大城市应该改变计划控制思维，直面产业集聚背景下人口必然增长的现实，完善基础设施建设和公共服务供给。中央政府应该均衡资源布局，避免优质资源（如高考招生名额、医疗、教育）和项目过于向大城市集中；同时注重加强对流动人口（尤其是大城市）基本公共服务的财政投入（陆铭，2016；杨东平，2017）。

2."户籍化城镇化"还是"常住化城镇化"？

农业转移人口市民化必须以获得流入地公共服务为基本前提。差别化落户与逐步推进基本公共服务覆盖流动人口，这一十八届三中全会提出的战略选择被一些学者称为市民化的"二维路径"（辜胜阻等，2014）。然而这种政策思路在另一些研究者看来，仍然部分保留了以往"户籍化城镇化"的思路。大力推动"常住化城镇化"，将户籍与公共服务脱钩，才是改革的根本方向所在。

首先，大多数多农民工并不愿意进城落户，尤其是在要交出承包地和宅基地的情况下。其次，在那些想要落户的农民工当中，主要也是对大城市户籍感兴趣，因为大城市户籍意味着优质的公共服务。与其说农民工对城市户籍感兴趣，不如说对城市公共服务有需求。中小城市的户籍相对农村土地的潜在收益，吸引力不足。当前差别化落户面临的悖论是，越是愿意向农民工放开的户籍，农民工越不感兴趣；农民工感兴趣的大城市户籍又偏偏门槛较高、难以获得。再者，在市场经济下，劳动力是高度流动的，根据户籍人口配置资源的方式，是计划思路的延续。农民工无论流动到何地，都对公共服务有需求，因此非常有必要根据常住人口配置资源。最后，两种城镇化思路争论的实质是城市政府与农民的利益之争。户籍化城镇化更符合地方政府的利益表达，农民工入户意味着交回土地，同时地方政府可以控制入户和人口增长的进度；常住化城镇化则是让农民在保留土地承包权基础上获得城市公共服务的城镇化（张翼，2011；国务院发展研究中心课题组，2011）。

在上述争论的背后，我们或许也可对未来的城镇化道路和政策改进方向略做判断。第一，大中小城市和小城镇的发展应该更加均衡，但无论是劳动力密集型产业向内地转移还是各种生产要素在沿海集聚，都自有其规律，各级政府应该致力于完善基本公共服务和基础设施，但不应该以行政干预经济。第二，解决流动人口城镇化障碍的基本点，在于改变资源配置方式，逐步突破户籍与城市公共服务合一的社会管理制度，按常住人口配置公共服务资源。第三，加大财政转移支付力度，强化中央政府在教育、医疗等公共服务上的投资。当前城市公共服务的供给主要依靠地方财政，但对流动人口教育、医疗等方面的投资具有外部效应，无论是流入地还是流出地都缺乏投资激励，加上分税制后中央对财税收入有强大的支配权，而地方政府则面临财权和事权不匹配的尴尬局面，因此中央政府理应强化对这些基本公共服务的投入。第四，均衡不同区域间的资源配置对解决流动人口的非产业聚集非常关键。正是因为北京、上海等地垄断了大量的优质资源，所以才担心一旦完善公共服务供给会导致更多的外来人口涌入。减少重要资源和项目在不同区域的不平等配置因此显得非常关键。首先要解决的是分省按计划录取的高考招生制度。有两条改革思路可供参考：一是全国统一考试，统一按成绩录取（当然对于部分经济欠发达、教育落户的地区，可以酌情增加招生名额）；二是允许流动人口在流入地参加高考，以各省份的报考人数为主要依据确定各高校的招生名额。① 做出这些调整势必触动一部分群体的既得利益、引发一定的社会风险，但如果不做这些调整，从长远来讲将损害社会公平、扩大不同群体之间的裂痕，流动人口家庭化、市民化的深层次问题也难以得到解决。渐进式的调整不失为一种折中办法，但无论如何，均衡资源配置、推动高考招生公平化，这类议题应该尽快进入中央决策议程、尽快着手解决。

四　研究议题的拓展与深化

　　围绕流动人口家庭化趋势、问题与政策的相关研究，为我们理解流动家庭的现状与出路提供了很好的基础。但相关研究的纵深还有待拓展。对流动人口家庭化趋势的考察，数据的描述固然非常基础和重要，但区域、城市类型间的差异以及形成根源，更值得关注。对流动家庭生活方式和流动社会秩序的考察，还需要借助更多的深度田野和经典理论视野。对相关政策议题的考察，不能仅仅停留在对政策改进方式的探讨上，更应该深入

---

①　有些学者提出可以采取开放流入城市的职业教育、实行中高职贯通招生的方法，解决北京、上海等地的流动人口子女升学问题（杨东平，2017）。但笔者认为，这种思路短期应急有用，但从长远来讲仍将扩大社会不平等、堵塞流动家庭的向上流动渠道，除非职业教育的质量和地位能得到根本提升。

各地复杂的政策实践过程中，找到问题症结、理解各利益群体之间的关系、把握地方民情，只有这样，才能为后续改革提供有益参考。

1. 流动人口家庭化趋势的跟进与深化讨论

借助普查数据和大型调查数据，揭示流动人口家庭化进程及其变动趋势，仍然是研究者未来的重点工作。笔者建议，应该在以下方面继续加强：一是对家庭化做统一界定，或选取几个基本的指标，以便于不同研究和数据之间的比较；二是改进流入地调查方法，加强对临时性居住场所（如宿舍、工棚）流动人口的调查；三是加强对北京、上海、珠三角等流动人口家庭化、市民化问题突出区域的研究；四是对不同区域、不同类型城市的流动人口家庭化趋势进行比较，并注重挖掘家庭化差异形成的深层原因。①

2. 流动家庭的生活方式与社会秩序重构

我国流动人口在乡村与城市、城市与城市之间的迁移，将是一个漫长的过程。流动人口还远未在城市中融入、定居下来。未来流动家庭将与乡土社会、传统大家庭保持怎样的联系？这些家庭将如何应对城市社会中的一系列问题？是继续借助传统大家庭的资源内化城镇化进程中的矛盾，还是围绕城市公民权生发出各种形态的抗议方式？他们将形成何种居住形态和社会关系网络？他们的育儿方式、消费理念是与城市中产阶级趋同还是有其鲜明特色？公共服务、收入等方面的差距，是否导致流动人口和户籍人口之间的尖锐冲突？沿海大城市和内地中小城市流动家庭面临的核心问题有何差异、与户籍人口群体关系有何不同？流动人口进入城市，不仅是其自身生活方式和社会网络重构的过程，同样也势必引发城市内部利益分配和社会秩序的调整。在这方面，社会学家尤其有责任通过深度的田野调查，引入经典理论视野，对上述问题做出回应。

3. 政策的实践过程

与流动人口家庭化、城镇化相关的研究多多少少都涉及对相关政策的讨论，但这些讨论大多只限于提出政策改进方向，很少深入相关政策的实

---

① 笔者借助中山大学"农民工权益保护理论与实践研究"项目 2010 年调查数据，尝试对珠三角和长三角的农民工问题进行比较。研究结果显示，长三角农民工的家庭化趋势显著强于珠三角，这种差异可以追溯至两地改革开放初期的工业化模式，早期工业化中本地资本本地工和外来资本外来工的组合，形塑了两地劳动体制（劳动权益、居住安排和城市公共服务），劳动体制的差异进而影响了农民工的家庭化趋势。研究尚未刊发。

践过程中。各级政府、不同政府部门和政策涉及的其他社会群体都有自己的利益，各地面临的现实情况也不一样，如果制定的政策不能精准把握这些群体的利益和地方民情，改革将很难有实质性的突破。杨东平（2017）主编的《中国流动儿童教育发展报告（2016）》，详细考察了流动人口子女义务教育、异地中考、异地高考等政策在各地的实践，对其中涉及的问题要害亦有分析。类似的考察也可以运用到对医疗、养老、就业等政策议题的研究中，并且还可以更深入。比如尝试在地方相关职能部门、基层（街道、社区）进行蹲点调研，长期跟进地方政策的动态演变，深度理解教育政策与地方发展思路、政府体制之间的关系。对复杂的政策实践过程的考察，可以为进一步的改革提供有益参考。

参考文献

陈卫、刘金菊，2012，《人口流动家庭化及其影响因素——以北京市为例》，《人口学刊》第 6 期。

陈贤寿、孙丽华，1996，《武汉市流动人口家庭化分析及对策思考》，《中国人口科学》第 5 期。

段成荣、吕利丹、郭静、王宗萍，2013，《我国农村留守儿童生存和发展基本状况——基于第六次人口普查数据的分析》，《人口学刊》第 3 期。

段成荣、吕利丹、王宗萍、郭静，2013，《我国流动儿童生存和发展：问题与对策——基于 2010 年第六次全国人口普查数据的分析》，《南方人口》第 4 期。

段成荣、吕利丹、邹湘江，2013，《当前我国流动人口面临的主要问题和对策——基于 2010 年第六次全国人口普查数据的分析》，《人口研究》第 2 期。

段成荣、杨舸、张斐、卢雪和，2008，《改革开放以来我国流动人口变动的九大趋势》，《人口研究》第 4 期。

费孝通，2014，《行行重行行：中国城乡及区域发展调查》，群言出版社。

辜胜阻、李睿、曹誉波，2014，《中国农民工市民化的二维路径选择——以户籍改革为视角》，《中国人口科学》第 5 期。

国家卫生和计划生育委员会流动人口司编，2016，《中国流动人口发展报告（2016）》，中国人口出版社。

国务院发展研究中心课题组，2011，《农民工市民化进程的总体态势与战略取向》，《改革》第 5 期。

洪小良，2007，《城市农民工的家庭迁移行为及影响因素研究——以北京市为例》，《中国人口科学》第 6 期。

侯佳伟，2009，《人口流动家庭化过程和个体影响因素研究》，《人口研究》第 1 期。

金一虹，2009，《离散中的弥合——农村流动家庭研究》，《江苏社会科学》第 2 期。

金一虹，2010，《流动的父权：流动农民家庭的变迁》，《中国社会科学》第 4 期。

金一虹，2014，《受流动影响的农民家庭代际交换关系研究》，载陈午晴、汪建华主编
　　《家庭与性别评论》（第 5 辑），社会科学文献出版社。

李代、张春泥，2016，《外出还是留守？——农村夫妻外出安排的经验研究》，《社会
　　学研究》第 5 期。

李强、陈振华、张莹，2015，《就近城镇化与就地城镇化》，《广东社会科学》第 1 期。

陆铭，2016，《大国大城：当代中国的统一、发展与平衡》，上海人民出版社。

盛亦男，2013，《中国流动人口家庭化迁居》，《人口研究》第 4 期。

汪建华，2016，《新生代农民工的城市生活图景》，《文化纵横》第 3 期。

汪建华，2017，《城市规模、公共服务与农民工的家庭同住趋势》，《青年研究》第
　　3 期。

汪永涛，2013，《城市化进程中农村代际关系的变迁》，《南方人口》第 1 期。

王绍琛、周飞舟，2016，《打工家庭与城镇化——一项内蒙古赤峰市的实地研究》，
　　《学术研究》第 1 期。

肖索未、蔡永芳，2014，《儿童抚养与进城务工农民的城市社会文化调试》，《开放时
　　代》第 4 期。

杨东平主编，2017，《中国流动儿童教育发展报告（2016）》，社会科学文献出版社。

杨菊华，2015，《人口流动与居住分离：经济理性抑或制度制约？》，《人口学刊》第
　　1 期。

杨菊华、陈传波，2013a，《流动人口家庭化的现状与特点：流动过程特征分析》，《人
　　口与发展》第 3 期。

杨菊华、陈传波，2013b，《流动家庭的现状与特征分析》，《人口学刊》第 5 期。

翟振武、段成荣、毕秋灵，2007，《北京市流动人口的最新状况与分析》，《人口研
　　究》第 2 期。

张翼，2011，《农民工"进城落户"意愿与中国近期城镇化道路的选择》，《中国人口
　　科学》第 2 期。

周皓，2004，《中国人口迁移的家庭化趋势及影响因素分析》，《人口研究》第 6 期。

目　录

第三编 流动人口家庭化的政策应对

第一编
流动人口的家庭化趋势

家庭与性别评论（第 8 辑）

第 3~15 页

当前我国流动人口面临的主要问题和对策

——基于 2010 年第六次全国人口普查数据的分析[*]

段成荣　吕利丹　邹湘江[**]

摘　要　依据最新的第六次全国人口普查资料以及其他相关数据资料，文章对当前我国流动人口发展的主要特征、面临的主要问题进行了分析和概括，并提出解决问题的对策和建议。分析认为：当前我国流动人口展现出规模持续快速增长、流动性减弱、家庭化进程已完成第二阶段并开始向第三阶段过渡、流向仍呈现向沿海地区集中但已展现出分散趋势、新生代流动人口逐渐成为流动人口的主体等一系列明显特征；流动人口面临的失业增加、社会保障缺失、子女教育、社会融入等问题是当前和今后一个时期的主要问题。流动人口将扎根城市并大量存在，相关法规、政策和制度制定应该以此为基础，关注新生代和流动人口子女、重视提高流动人口家庭福利、加快流动人口社会保障体系建设。

关键词　流动人口　人口普查　流动特点　变动趋势

2010 年第六次全国人口普查（以下简称"六普"）结果显示，我国流

---

[*]　本文得到国务院人口普查办、国家统计局人口司的经费和数据支持。本文原载于《人口研究》2013 年第 2 期。

[**]　段成荣，中国人民大学社会与人口学院教授；吕利丹，中国人民大学社会与人口学院讲师；邹湘江，中国人民公安大学治安学院讲师。

动人口规模达到 2.21 亿人（国家统计局，2011）。大规模流动人口在为国家社会经济发展做出重大贡献的同时，他们自身及其家庭的生存和发展状况也得到较大改善。尽管如此，当前我国流动人口仍然面临诸多问题，他们在就业、就医、定居、子女入托入学等方面的实际困难重重（中共中央国务院，2006）。

党和政府高度重视流动人口问题。党的十八大提出要"加快户籍制度改革，有序推进农业转移人口市民化，努力实现城镇基本公共服务常住人口全覆盖"。解决问题，首先需要对问题有准确的把握，对于处在急剧变动过程中的流动人口而言，更是如此。为切实解决流动人口问题，本文依据最新的六普资料以及其他相关数据资料、相关部门和机构的研究成果，对当前我国流动人口发展的主要特征、面临的主要问题进行分析和概括，并提出解决问题的政策建议。

一 当前我国流动人口的主要特点

历经 30 余载，我国流动人口在规模、结构、分布、成因等诸多方面都发生了重要变化，逐步展现出一系列明显的特征。当前，我国流动人口的特点主要表现为以下五个方面。

（一）规模持续快速增长

改革开放 30 多年来，我国流动人口迅猛增长。1982~2005 年，在短短 20 多年时间内，我国流动人口从 657 万人增长到 1.47 亿人（见图 1），年均增长 14.5%。如此高速的增长，史无前例。

2005~2010 年，我国流动人口继续保持高速增长势头，5 年间增长 50.2%，年均增速达 8.4%。

在此背景下，流动人口的"能见度"（详细请参见段成荣、杨舸，2009a）一路高攀，从 1982 年的不到 1% 快速增长至 2010 年的 16.5%。流动人口随处可见，成为我国人口发展最显著的特征之一。

（二）流动人口不流动

2010 年，全国流动人口离开户籍所在地的平均时间达到 4.5 年，与 2005 年全国 1% 人口抽样调查时的同一指标以及 2000 年第五次全国人口

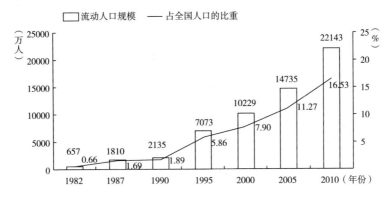

图 1　1982~2010 年我国流动人口规模

资料来源：1982~2000 年流动人口规模由段成荣等根据 1982~2000 年历次全国人口普查和 1% 人口抽样调查数据推算，引自段成荣等（2008）；2005 年数据引自国家统计局《2005 年全国 1% 人口抽样调查主要数据公报》；2010 年数据引自国家统计局《2010 年第六次全国人口普查主要数据公报（第 1 号）》。

普查时"流动人口在流入地居住的平均时间"大体保持一致。

考虑到最近一个时期我国流动人口迅猛增长、新增成员大规模增加的背景，要保持平均流动时间的稳定，必然意味着早期流动外出的流动人口在流入地滞留时间很长，而且越来越长。

人口普查数据未提供外出流动 6 年以上流动人口在外流动的具体时间信息，根据国家人口计生委 2011 年全国流动人口动态监测数据计算，全部流动人口中，在流入地居住 5 年以上者所占比例达 37.45%，其中 10 年以上者占 15.41%，15 年以上者占 4.97%。结合全国流动人口规模估算，流动人口在流入地居住 5 年以上者达 8293 万人，居住 10 年以上者达 3412 万人，居住 15 年以上者达 1100 万人。换一个角度看，在 1995 年业已外出流动的 7073 万流动人口中，到 2010 年仍处于"流动"状态者占 15.5%；在 2000 年业已外出流动的 1.02 亿流动人口中，到 2010 年仍在外流动者占 33.3%。

流动人口历来被强调其"流动性"，人们习惯认为流动人口居无定所。流动人口中确实存在频繁流动的情况，但根据我们的调查分析发现这仅仅是少数，无论是流动人口整体还是近年才进入劳动力市场的新生代流动人口，他们中绝大多数的居住状况都比较稳定。我们于 2006 年在北京市的调查发现，流动人口居住过的城市平均只有 1.56 个（翟振武、段成荣、毕秋灵，2007）。近期我们对全国新生代流动人口累计流动过的城市个数的调查结果显示，70.3%的人只流动到过1个城市，18.32%只更换过1个城市，6.83%只更换过2个城市，更换过3个及以上城市者寥寥无几（仅占3.77%）。换句话说，流动人口并不像人们想象的那样"居无定所""飘忽不定"。他们实际上是流入地城市的稳定居住者和稳定就业者。如果说改革开放之初的流动人口确实在一定程度上存在频繁流动现象的话，当前的流动人口的"流动性"越来越弱，他们在流入地的居住和就业都比较稳定。

（三）已完成人口流动家庭化进程的第二阶段，开始迈向第三阶段

当共同居住的家庭成员已经包括两代人或三代人时，流动人口显然已经脱离了单枪匹马闯天下的状态，进入携妻带子、携老扶幼共同流动的状态。根据六普数据计算，两代户、三代户家庭户分别占所有流动人口家庭户的38.52%、5.04%。一代户中大部分流动人口也是同配偶或兄弟姐妹等一起流动，独自一人流动的只占家庭户的26.76%。流动人口家庭化特征十分明显。

人口流动的家庭化过程大致有四个阶段。第一阶段，单个个人外出流动阶段。流动人口利用农闲季节外出务工，以短距离流动为主，大多数青壮年流动人口单身外出，农忙季节依然回家，没有脱离家庭生活。第二阶段，夫妻共同流动阶段。随着流动范围扩大，跨省跨区域流动成为主体，流动人口基本脱离农业生产，不少家庭中夫妻双方均外出务工或经商，子女留给家里的祖父母或其他亲属照顾。第三阶段，核心家庭化阶段。青壮年流动人口在外地站稳脚跟后，在经济条件许可的情况下，安排子女随迁，在流入地生活、就学。第四阶段，扩展家庭化阶段。核心家庭在流入地稳定下来之后，青壮年流动人口进一步将父母列入随迁的考虑范围。

目前，我国青壮年已婚流动人口绝大多数为夫妻一起流动。在他们的未成年子女中，3600万人已经跟随父母进城流动，其余6100万人则在老家留守。可以清楚地看到，我国人口流动的家庭化过程正处于从第二阶段向第三阶段过渡的过程中。

（四）仍集中分布在东南沿海地区，但流向分散化的趋势明显

1982~2005年，我国流动人口的流入地分布经历了一个明显的集中化

过程，流动人口越来越集中地流向沿海城市（段成荣、杨舸，2009b）。截至 2010 年，流动人口主要流向东部沿海地区的总趋势依然未变。2010 年，东部地区吸收了全国流动人口总量的 56.86%；在全国八大经济板块中，南部沿海地区和东部沿海地区吸收的流动人口合计占全部流动人口的 40.77%（见表 1）。

表 1　八大经济板块吸收的流动人口占全国流动人口比重

单位：%

地区	2010 年	2005 年
东北地区	6.20	6.95
北部沿海地区	13.22	11.97
大西北地区	4.13	3.14
黄河中游地区	11.14	7.98
大西南地区	13.53	10.98
长江中游地区	11.01	9.71
东部沿海地区	19.86	20.58
南部沿海地区	20.91	28.70
总计	100.00	100.00

资料来源：根据六普和 2005 年全国 1%人口抽样调查数据计算。

近年来，随着西部开发、中部崛起、东北振兴等措施力度的不断加大，以及沿海产业不断向内陆地区转移等，中部和西部地区的发展明显加速，对人口和劳动力的吸引力不断增强，我国流动人口流向分布逐渐趋于分散化。2010 年，流动人口的空间分布集中指数（详细请参见段成荣、杨舸，2009b）为 26.03%，比 2005 年回落了 7 个百分点；同期，东部地区吸收流动人口的份额从 64.56%下降到 56.86%，下滑 7.7 个百分点，而西部则增加 4.4 个百分点，中部增加 3.3 个百分点；从全国八大经济板块流动人口所占份额来看，南部沿海和东部沿海占有的份额虽最高（分别达 20.91%和 19.86%），但均较 2005 年有所下降（见表 1），而中西部地区的"吸引度"（详细请参见段成荣、杨舸，2009a）则在上升，黄河中游、大西南、长江中游、北部沿海地区吸引度提高，份额分别增加了

3.16个、2.55个、1.3个、1.25个百分点。

与此同时，我们又要看到，部分吸收流动人口特别多的中心城市，持续成为吸引流动人口的"磁极"，接收着越来越多的流动人口。以北京为例，北京市吸收的流动人口占全国流动人口的比例从1982年的2.4%逐年提高到2005年的3.17%，2010年进一步提高到3.19%。流动人口的流向分布一方面在分散化，但少数吸引流动人口特别多的超级大城市又持续吸引更多的流动人口，这恐怕会成为今后一个时期的趋势。在分析和判断单个城市的流动人口变动趋势时，需要特别重视这一情况。

（五）新生代流动人口已超过半数

流动人口作为一个群体，其内部的结构正在发生重要变化，其中最引人注目的是新生代流动人口规模的急剧增加和份额的大幅提升。根据六普数据，1980年后出生的新生代流动人口已经超过流动人口的半数，占全部流动人口的53.64%，比2005年的对应比例增加13个百分点。据此估计，新生代流动人口的规模已达1.18亿人。新生代流动人口已成为我国流动人口的主体。

二 当前我国流动人口面临的主要问题

2006年，国务院《关于解决农民工问题的若干意见》对农民工和流动人口面临的问题做出了全面的概括，包括就业、收入、工资拖欠、劳动合同、劳动保护、工伤死亡、社保、医疗、劳动培训、子女教育、计划生育、维权、住房等近20个方面。几年来，这些问题尚未得到根本解决，有些甚至基本没有解决。在上述诸多问题中，我们认为，流动人口失业增加、社会保障缺失、子女教育、社会融入等问题是当前和今后一个时期的主要问题，需要优先予以关注、重视，积极加以解决。

（一）流动劳动力失业问题值得关注

随着我国城镇化进程的不断推进，农业户籍流动劳动力已成为城市就业市场不可或缺的组成部分，但他们的失业问题一直未受到重视。以往研究认为流动人口就业机会多、工资要求低，并且流动性较强，因此流动人口不存在失业问题。很多政策制定者和研究者也常常假定流动劳动力都是就业人口。即使他们失业，也会回到农村种地，因此失业对于流动人口（劳动力）而言，基本是不存在的。但这一情况在进入 21 世纪以来已经发生了很大变化。一是城镇化过程中土地的征收使得许多农民已无地可种。我国现有失地农民工超过 4000 万人，他们除了在城市打工，别无谋生出路。二是即使在农村有土地，光靠种地已经很难维持生计，务工收入已经成为农村家庭最重要的经济来源，耕地已变成口粮田，难以维持一个农村家庭的日常开支。

于是，失业逐渐成为流动劳动力面临的一个重要问题。2000 年五普时，流动劳动力失业率为 2.74%（翟振武、段成荣等，2006）。近年来，流动劳动力失业率进一步提高。根据我们对重庆市六普数据的计算，该市流动劳动力失业率达到 3.96%。

流动劳动力的失业问题，加之他们基本没有失业保险的荫庇，不仅对他们个人及家庭的生活产生重大影响，而且给城市以及整个社会的稳定等带来越来越大的挑战。

（二）流动人口在现居住地参加社会保障情况不容乐观，大多数流动人口仍被排斥在社会安全网之外

社会保险是重要的社会安全阀，在现代社会生活中具有重要地位。但从目前的情况看，流动人口在现居住地参加社会保障的情况很不理想。2005 年全国 1% 人口抽样调查数据显示，全国流动人口中没有参加任何社会保险的占 72.82%（段成荣、杨舸，2009b）。六普没有采集社会保险相关信息。但根据相关部门的信息，我国流动人口参加社会保险的情况依然不容乐观。依据 2011 年全国流动人口动态监测调查，75% 的劳动年龄流动人口仍未参加工伤保险，95% 未参加失业保险，85% 未参加城镇基本养老保险（国家人口和计划生育委员会流动人口服务管理司，2012）。另据人力资源和社会保障部公布的 2011 年数据，农民工中参加基本养老保险的只有 16.38%，参加失业保险者仅占 9.46%，参加医疗保险者仅占 18.36%（人力资源和社会保障部，2012）。

（三）流动人口子女学龄前及高中教育面临巨大挑战，解决流动人口随迁子女异地高考问题刻不容缓

众多调查表明，流动人口子女教育是影响流动人口在城镇稳定生活的主要因素。

目前流动人口子女义务教育已基本得到保障，但六普结果显示，2.94%的义务教育阶段适龄儿童尚不能按义务教育法的规定接受义务教育，流动儿童的义务教育仍待进一步加强。尤其是那些接收流动人口和流动儿童特别集中的大城市，为数众多的流动儿童还不能在公办学校就读，"两为主"方针还有待进一步落实。

与此同时，流动人口子女"两头"就学难题突出。流动儿童在流入地接受学前和高中教育比例偏低，延迟义务教育现象普遍。多数学龄前流动儿童在流入地未入读幼儿园，这与国家提出的基本普及学前教育、努力解决流动儿童入园问题的要求有较大差距。

另一个紧迫而重大的问题是流动人口随迁子女的异地高考问题。根据六普数据，结合其他资料，我们估计，近期每年有接近 30 万人面临异地高考问题。这是一个不仅事关当事个人和家庭发展，而且事关国家近期社会稳定及远期发展大计的大事，亟须积极稳妥地加以解决。

（四）流动人口融入当地社会愿望强烈，但社会参与渠道较少

大多数流动人口关心现居住地的发展和变化，愿意参与所在工作单位或所居住社区的管理和选举活动，逐步融入当地社会。但流动人口与现居住地其他社会群体交流不多，社会交往仍局限在原有的亲缘、同乡等社会关系，参加当地社会活动的比例较低。80.7%的流动人口当前工作是通过自己或家人/亲戚、同乡/同学等社会关系找到的。35%的流动人口从未参加过现居住地举办的任何活动。参加选举、评先进以及业主委员会活动的比例较低，均不足 10%（国家人口和计划生育委员会流动人口服务管理司，2012）。利益诉求渠道不断畅通、社会参与渠道得到拓宽、业余文化精神生活不断丰富已成为流动人口的新渴望。

（五）新生代流动人口进退失据

我国以城市为中心的发展策略以及青壮年的大量外出已经从文化和意识形态上掏空了农村，许多流动人口，尤其是新生代流动人口，既没有务农经历（一部分甚至也不在农村出生和长大），也看不到在农村有任何发展的希望，所以即使在城市找不到出路，也不愿回到农村，形成了所谓"城市无望，回村无意"的两难局面。

三　对策建议

流动人口问题是我国社会主义初级阶段长期性、全局性的重大问题，既要从战略上高度重视，又要从战术上细致、妥善地加以有效的解决。为更好地解决流动人口问题，我们提出如下对策建议。

（一）把流动人口长期大量存在作为相关法规、政策和制度制定的基础

流动人口规模业已超过 2.2 亿人，但仍未达到顶峰，随着人口城镇化进程的进一步推进，我国流动人口还将继续增长。早在 2008 年，段成荣、杨舸曾依据城镇化、农业剩余劳动力转移等对我国流动人口规模变动趋势进行过预测。① 当时的预测结果表明，流动人口规模在 2030 年前将保持增长，其峰值可能达到 3.5 亿人。这一预测结论已通过六普结果部分得到验证。总之，我国流动人口将长期存在，并将较大幅度地增长，这是十分明确的趋势。

强调这一点是十分重要的。这是因为，在流动人口问题上，不少部门、不少地区的规划、政策制定和服务提供等，都是将流动人口作为暂时性的阶段问题对待，为追求眼前利益而采取短期行为。比如，众多城市在强调人口规模调控时将流动人口作为调控目标，希望挤出流动人口，这与流动人口长期存在的事实相矛盾，与城市的长远利益相违背，结果也常常事与愿违。

一定要从长期性、全局性、战略性高度来认识流动人口问题，并把这种认识自觉落实到规划制定、制度建设、管理实施、服务提供的全过程中。唯其如此，才能从根本上解决我国流动人口问题。

（二）以"流动人口将扎根城市"为出发点，重新审视与流动人口相关的各种政策和制度

目前我国流动人口在流动行为模式上体现出非常明显的稳定趋势，并不是通常认为的频繁地更换城市或者在城乡之间来回往复地"候鸟式"迁徙。事实上，诸多调查发现，流动人口定居在城市，尤其是大城市的意

---

① 该预测结果后被收录于国家人口计生委流动人口服务管理司编《中国流动人口发展报告2010》。

愿和倾向非常明显。这就对我国一直以来的人口流动相关政策提出了挑战，现有的政策体系是建立在流动人口终会回乡的假设之上的，体现出"重就业、轻服务""重经济、轻保障"等特征，当大部分流动人口，尤其是年青一代的流动人口不再回到农村，而将在城市长期居住时，很多政策，尤其是社会保障和福利相关政策需要重新设计。特别是那些主要的流入地城市不要再奢望流动人口会马上离开，把流动人口当作城市的过客，而应该彻底铲除以前基于"流动人口不断流动"假设而设计的相关政策，为流动人口扎根于城市创造更有利的条件。国务院在2013年的政府工作报告中提出要为人们自由迁移、安居乐业创造条件，我们认为，立足流动人口将扎根城市来制定政策，当属一切条件之首。只有让流动人口真正成为城市的一分子，更稳定地扎根于城市，才能使他们更好地为城市发展做出自己的贡献，同时流动人口自身也将更好地转变和提升。

（三）以人为本，把流动人口的制度需求作为政府制度供给的依据

随着社会关注度的提高和政府部门越发重视，近些年关于流动人口的相关政策和制度逐步增多，但很多制度对流动人口根本不具吸引力，制度执行效果自然不尽理想。这其中一个根本的原因是没有以人为本，没有从流动人口的角度和意愿出发，没有按照流动人口的内在需求进行制度供给和服务提供。

最明显的例子是户籍制度改革。几十年来，我国户籍改革的方向是鼓励人口向中小城市流动，然而现实情况是有意进城落户的流动人口中75%希望进入各种类型的大城市。这种制度供给与制度需求之间的不匹配问题，一方面使制度失去其根本的意义，另一方面使相应改革举措难以收到实效。

在未来的制度设计中，更加深入地调查了解流动人口的需求，并自觉尊重这种需求，努力满足其中的合理部分，应成为制度建设的前提。

（四）把提升家庭福利水平、提高家庭发展能力作为完善流动人口相关政策的目标

很长一段时间以来，城市仅仅是将流动人口当作所需要的劳动力，而较少将其作为社会中的一员来满足其作为人的基本需求。即使从人的角度也仅仅是满足其个体的需求，完全忽视了流动人口家庭生活的需要。根据

六普数据计算,当前全国有 3600 万儿童随父母一起进城成为流动儿童,但更有高达 6100 万儿童没有跟随父母一起流动而成为留守儿童。这表明,更多的流动人口不得不选择亲子分离的生活状态,分别在流入地和流出地残缺的家庭中生活,这是一种被迫和无奈的选择。

这种亲子分离的生活状况无论是对父母还是对孩子都具有深刻的影响。特别是那些父母都在外流动,占比达 48% 的农村留守儿童,他们单独留守在老家,父爱、母爱的缺失对他们情感的需求、心理的健康都产生了负面的影响。在很多情况下,留守儿童因父母不在身边,其人身安全也受到威胁,曾发生的贵州毕节 5 个留守儿童取暖时被闷死的惨痛教训就是例证。

以家庭幸福和福利为出发点,我们需要创造更好的条件让孩子跟随父母进城,使他们以更加完整的家庭方式流动,更彻底地实现城市化。

前已述及,目前我国流动人口家庭化发展正处于从第二阶段向第三阶段过渡的时期。这意味着在今后一个时期,更多的儿童以及老年人将进入流动人口行列中。因此,整个社会,尤其是北京、上海、广州等吸收众多流动人口的城市一定要做好有更多的家庭进入城市生活、更多的孩子需要接受教育的准备。同时,还应关注到流动老年人口增加的趋势,六普结果显示,目前全国流动老年人口已达到 900 万人。流动老人因在生活习惯、语言、饮食习惯、社会交往等方面面对更多的挑战,他们融入城市存在更多的困难,流入地社会和政府需要未雨绸缪。

(五) 提高公共服务能力,加快流动人口社会保障体系建设

顺应农村转移人口进城的趋势,将流动人口纳入城镇社会保障体系,完善社会保障的衔接和接续制度,逐步提高社会保障统筹层次,是提高流动人口福祉的必然要求。建议优先进行流动人口工伤保险和医疗保险制度建设,将长期工作、居住在城镇的流动人口纳入城市低保和城镇职工基本保险,对生活困难的流动人口及其家庭,纳入社会保险补贴范围。健全覆盖包括流动人口在内的常住人口住房供应体系,把符合条件的流动人口纳入住房公积金制度。

(六) 加强制度设计,努力为流动人口子女提供平等接受教育的机会

党的十八大报告对农民工子女的教育做出了较大的推进,将以前相关文件针对农民工子女教育的表述——"平等接受义务教育"调整为"平等接受教育"，将政策目标指向农民工子女整个教育过程。这是这一领域的重大突破。但要把这一要求落到实处，还有很多工作要做，关键在于加强制度设计，努力为流动人口子女平等接受教育提供机会。在学前教育方面，要通过制度建设，迅速调动各方面力量，努力扩大供给，弥补学前教育的巨大供需缺口；在义务教育方面，要努力突破人口长期相对凝固状态下形成的"分级负责"体制，建立更能适应人口大流动时代的制度；在异地高考问题上，要尽早形成全国统一的异地高考政策。

（七）高度关注新生代的问题

新生代流动人口问题已得到社会的广泛关注，特别是 2010 年"中央一号文件"首次正式使用"新生代农民工"概念并要求"采取有针对性的措施，着力解决新生代农民工问题"以来，针对新生代流动人口的特征，制定相应的措施解决其所面临的关键问题成为各部门相关工作重点之一。

新生代流动人口最重要的特征是"进退失据"，他们绝大多数已不可能再回到农村，因此对于他们，如何在城市立足相比老生代流动人口和以往任何时候的流动人口都更加迫切和重要。鉴于此，现阶段的户籍制度改革可以在新生代流动人口中先试先行，这也就抓住了重点问题和重要人群。同时，户籍制度改革要进行实质性的改革，给新生代流动人口带来实惠。

（八）中西部城市要适应流入人口增加的趋势

长期以来，广大中西部地区主要作为人口流出地出现，与流动人口相关的工作也主要围绕人口流出而展开，因而多数中西部城市不熟悉人口流入的情况。在流动人口流向分散化的过程中，部分中西部城市将面临流动人口快速增长的挑战，要提早做好应对准备。

参考文献

段成荣、杨舸、张斐、卢雪和，2008，《改革开放以来我国流动人口变动的九大趋势》，《人口研究》第 6 期。
段成荣、杨舸，2009a，《我国流动人口状况——基于 2005 年全国 1% 人口抽样调查数据的分析》,《南京人口管理干部学院学报》第 4 期。

段成荣、杨舸,2009b,《我国流动人口的流入地分布变动趋势研究》,《人口研究》
　　第 6 期。

人力资源和社会保障部,2012,《2011 年度人力资源和社会保障事业发展统计公报》,
　　http://www.mohrss.gov.cn/page.do? pa = 40288020240500280124088 2b84702 d7&guid =
　　62bfe5a694194d7fb1a9cbb840fce896&og = 8a81f0842d0d556d012d1113929 00038。

国家人口和计划生育委员会流动人口服务管理司,2012,《中国流动人口发展报告
　　2012》,中国人口出版社。

国家统计局,2006,《2005 年全国 1% 人口抽样调查主要数据公报》,http://
　　www.stats.gov.cn/tjgb/rkpcgb/qgrkpcgb/t20060316_ 402310923.htm。

国家统计局,2011,《2010 年第六次全国人口普查主要数据公报(第 1 号)》,
　　http://www.stats.gov.cn/tjgb/rkpcgb/qgrkpcgb/t20110428_ 402722232.htm。

中共中央国务院,2006,《关于全面加强人口和计划生育工作统筹解决人口问题的决
　　定》。

翟振武、段成荣等,2006,《跨世纪的中国人口迁移与流动》,中国人口出版社。

翟振武、段成荣、毕秋灵,2007,《北京市流动人口的最新状况与分析》,《人口研
　　究》第 2 期。

家庭与性别评论（第 8 辑）

第 16~37 页

© SSAP，2017

我国流动儿童生存和发展：问题与对策

——基于 2010 年第六次全国人口普查数据的分析[*]

段成荣　吕利丹　王宗萍　郭　静[**]

摘　要　文章利用 2010 年第六次全国人口普查数据，概括和分析全国流动儿童的人口学特征、迁移特征和受教育状况等关系流动儿童生存和发展的基本情况。流动儿童规模庞大、增长迅速且分布高度集中，多数来自农村；跨省流动儿童约占 1/3；他们作为父母的随迁者已属于长期流动的人口；流动儿童的受教育状况有所好转，但情况依然不乐观，仍然有 2.94% 的义务教育阶段适龄流动儿童未按规定接受义务教育，流动儿童的学前教育和高中教育问题亟待解决。文章期望能为流动儿童各方面问题的解决提供基本的依据。

关键词　流动儿童　人口学特征　流动特征　受教育情况

我国的流动人口规模从 20 世纪 90 年代开始快速增长，1990 年至

[*]　本研究得到国家统计局、联合国儿童基金会、联合国人口基金三方联合数据项目的技术和资金支持。国家统计局人口和就业统计司为本研究提供了数据，但文中内容并不代表国家统计局或者联合国机构的观点。国务院妇女儿童工作委员会办公室为本研究组织了专家咨询，作者一并表示感谢。本文同时是中国人民大学社会转型与社会管理协同创新中心、教育部人文社会科学重点研究基地项目"第二代移民研究"成果（项目批准号：11JJD840002）。本文原载于《南方人口》2013 年第 4 期。

[**]　段成荣，中国人民大学社会与人口学院教授；吕利丹，中国人民大学社会与人口学院讲师；郭静，中国人民大学社会与人口学院副教授；王宗萍，河北大学管理学院教授。

2000 年十年间全国流动人口翻了两番，从 1990 年的 2135 万人增加到 2000 年的 1.02 亿人；2000 年到 2010 年十年间再次翻番，增长到 2.21 亿人。作为流动人口的重要组成，流动儿童的数量也相应地快速增长，2000~2005 年，17 周岁以下的流动儿童规模从 1982 万人增加到 2533 万人。与此同时，学者普遍注意到，早期"单打独斗"的流动人口越来越被"携妻带子"的流动人口所取代，举家迁移日益成为人口流动的重要特征，据 2000 年普查推算，在流入地全部由流动人口组成的家庭中，64% 的户主与配偶一起流动，61% 的纯外户家庭户户主携带了子女，这意味着随着人口流动的持续和发展，流动儿童将越来越成为流动人口中的重要组成部分。

但由于各地公共服务与户籍捆绑，流动儿童的生存和发展仍然面临许多问题。为了解决流动儿童面临的居住、就学等问题，有必要对流动儿童的最新生存发展状况有所了解和掌握。目前有关全国流动儿童的各种基础信息，基本是建立在 2000 年第五次全国人口普查数据和 2005 年全国 1% 人口抽样调查数据基础之上的。近年来，我国流动人口在 2005 年基础上增加了 50%，全国人口流动的情况已经发生了较大的变化，流动儿童的基本信息是否也有巨大的波动？各种信息亟须利用最新的人口调查数据加以分析研究。本文将利用 2010 年第六次全国人口普查（后文简称"六普"）数据分析全国流动儿童的数量、性别结构、来源、分布、受教育状况等，以提供全国流动儿童的最新情况。

一　资料来源和概念界定

（一）资料来源

本文分析结果主要来自六普 1.27 亿人规模的长表原始数据和长表 1% 抽样数据，并以国家统计局公布的六普资料进行补充。六普采用了长、短两种普查表。普查表短表包括反映人口基本状况的项目，长表在短表项目基础上，增加了人口的经济活动、婚姻家庭、生育和住房等情况的项目。长表抽取了全国 10% 的户填报，短表由其余的户填报。根据事后质量抽查，2010 年人口普查漏登率为 0.12%。长表 1% 抽样样本数据采用简单随机抽户的方法从全国长表数据中抽取。

（二）概念界定

在我国，一般将流动人口理解为户籍不在"本地"但在"本地"已居住相当长时间的人口。但是这些离开户口登记地异地居住的人实际上包含至少两类情况悬殊的人：一类是远离家乡到"外地"经营、就业或学习等的人；另一类则是在一个城市的市区范围内因为搬迁等而形成居住地与户口登记地相分离的人。前一类人口在很大程度上与人们在日常生活中所说的流动人口接近，后一类人口则被称为城市内部人户分离人口（简称市内人户分离人口）。流动人口与市内人户分离人口在年龄结构、教育、婚姻、就业、迁移原因等诸多方面都存在明显的差别，因此，在进行统计和分析研究时很有必要将流动人口与市内人户分离人口区分开。

那么，怎样从六普数据中界定出流动人口，而且要从中剔除市内人户分离人口呢？主要依据是调查问题中的"户口登记状况"（R6 和 R7）。具体来讲，本文的流动人口定义为："调查时点居住地"（调查项目 R6）在本调查小区，但"户口登记地情况"（调查项目 R7）为本乡（镇、街道）以外的人口，但不包括这些人口中在一个城市的市区范围以内、居住地与户口登记地相分离的人口（也就是"市内人户分离人口"）。

调查项目 R7 共有以下五种答案选项："1. 本村（居）委会"，"2. 本乡（镇、街道）其他村（居）委会"，"3. 本县（市、区）其他乡（镇、街道）"，"4. 其他县（市、区）"，"5. 户口待定"。对于选择答案 4 的被调查者，还要进一步填报户口所在的省、市（地）、县（市、区）。

根据该项目特点以及前文所述原则，R7 选择答案 3、4 的人口包括流动人口和市内人户分离人口两类。对于市内人户分离人口，可以依据他们是否跨越县（区）级辖区范围而进一步分为未跨区的市内人户分离人口和跨区的市内人户分离人口。一个地区的流动人口则可以分为四类：跨省流动人口、省内跨市流动人口、市内跨县流动人口和县内跨乡流动人口。分类详细信息可以参见图 1。

流动人口界定出来以后，便可以进一步从中选取 18 周岁以下（或 0~17 周岁）的儿童，分析和描述他们的人口学特征、迁移特征和受教育状况。

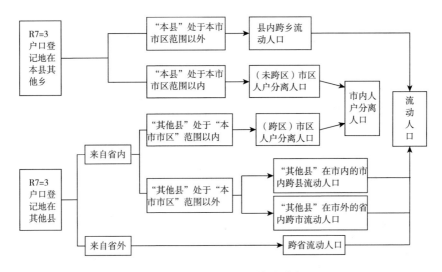

图 1　依据六普数据界定的流动人口

二　流动儿童的基本情况

（一）全国 0~17 岁流动儿童规模达 3581 万人

根据《中国 2010 年第六次人口普查资料》得到 0~17 周岁流动儿童规模为 3581 万人。其中 0~14 周岁的流动儿童规模为 2291 万人。[①]

2000~2005 年我国 0~17 周岁流动儿童从 1982 万人增加到 2533 万人，增幅为 27.80%；2010 年我国 0~17 周岁流动儿童在 2005 年基础上增加了 1048 万人，增幅为 41.37%。近年来流动儿童的规模正在快速增加。

大多数流动儿童来自农村。在 0~17 周岁的流动儿童中，户口性质为农业户口的流动儿童占 80.35%，非农业户口只占 19.65%。如果将农业户口的 0~17 周岁流动儿童视为农民工随迁子女，全国农民工随迁子女数量达到 2877 万人。

---

① 根据《中国 2010 年第六次人口普查资料》表 7-2 "全国按户口登记地、年龄、性别分的户口登记地在外乡镇街道的人口"计算。

（二）年龄结构

除了在两端的年龄"高低不等"以外，流动儿童在大多数年龄分布比较均匀（见图 2）。0 岁儿童所占比例较低，仅占 1.55%，2 ~ 14 岁年龄组比较均匀，每个单岁组年龄所占比例基本在 4% ~ 5%，16 岁和 17 岁的流动儿童所占比例超过 10%，明显高于其他年龄组。

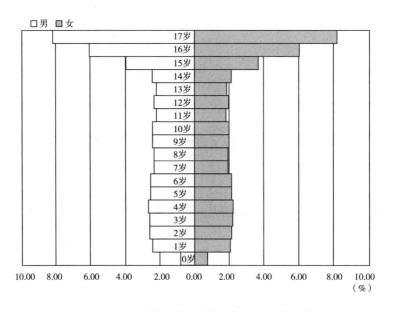

图 2　0 ~ 17 周岁流动儿童性别年龄结构金字塔

数据来源：国务院人口普查办公室、国家统计局人口和就业统计司，2012。

0 ~ 17 周岁儿童可以划分为四个年龄组，分别是学龄前儿童（0 ~ 5 周岁）、小学学龄儿童（6 ~ 11 周岁）、初中学龄儿童（12 ~ 14 周岁）和大龄儿童（15 ~ 17 周岁）。四个年龄段的流动儿童都达到相当规模。

学龄前儿童在流动儿童中所占比例为 25.10%，规模达到 899 万人，比 2005 年的学龄前流动儿童规模增加了 191 万人，增幅达 26.98%。

小学和初中阶段学龄儿童在流动儿童中所占比例分别为 25.94% 和 12.95%，规模分别为 929 万人和 464 万人，二者合在一起，义务教育阶段学龄流动儿童规模为 1393 万人。与 2005 年相比，2010 年小学和初中阶段学龄流动儿童分别增加了 164 万人和 103 万人，义务教育阶段流动儿童共增加 267 万人，增幅为 23.71%。

大龄儿童占流动儿童的比例为 36.02%，规模达 1290 万人，比 2005 年增加 591 万人，增幅为 84.55%。[①]

与 2005 年相比，各年龄段的流动儿童规模都在快速地增加，但是不同年龄段的流动儿童的增幅不同步。大龄流动儿童增幅最大，在 2005 年基础上增加了约 2/3；义务教育学龄阶段流动儿童增幅最小。

（三）性别结构

全国流动儿童的性别比为 114.70。这与全国儿童 116.24、农村儿童 117.04、农村留守儿童 117.77 的性别比相比较，[②] 差别不大。但是分年龄来看，性别比随年龄变化的模式非常不同，这在流动儿童和农村留守儿童两个群体之间对比明显。

流动儿童和农村留守儿童性别比在 0~2 岁时差异不大，从 3 岁开始显现出流动儿童性别比稍高于农村留守儿童的趋势。6 岁的流动儿童和留守儿童的性别比差异进一步扩大，一直持续到 14 岁。14 岁以后，流动儿童性别比和农村留守儿童性别比的差异逆转，流动儿童开始低于农村留守儿童，17 岁的流动儿童性别比甚至跌到 100（见图 3）。

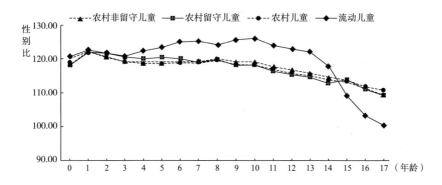

图 3 0~17 周岁流动儿童性别比与留守儿童比较

数据来源：2010 年第六次全国人口普查长表数据。

---

① 2005 年流动儿童规模参考段成荣、黄颖，2012。
② 农村儿童和全国儿童性别比根据《2010 年全国第六次人口普查资料》表 T3-01 和 T3-01c 计算，农村留守儿童性别比由笔者根据六普长表原始数据计算。

流动儿童与农村留守儿童的性别比此消彼长的趋势，与儿童的学龄阶段正好对应。3~5岁的儿童开始进入幼儿园，这时出现流动儿童中男孩比例高于农村留守儿童男孩比例的势头；6~14岁的儿童进入义务教育学习阶段，这时流动儿童中男孩比例进一步提高，始终高于农村留守儿童的相应比例；15~17岁的部分农村儿童结束学习阶段后进入劳动力市场，这时女孩比例迅速上升，反超农村留守儿童。

流动儿童和留守儿童性别比的差异体现了流动人口在选择携带子女一起外出打工的时候存在性别偏好，这在儿童还未上学的时候并不明显，一旦儿童进入学龄阶段，性别偏好便明显表现出来，而且在义务教育学龄儿童中表现得比学龄前儿童更加明显。当在农村的留守儿童接受完义务教育以后，男孩有更多的继续接受教育的机会，而女孩更有可能终止学业流动到城市打工，成为大龄流动儿童。

三　流动儿童的流动特征

流动儿童流往何处，来自哪里，他们是临时的过客还是长期居住等问题，是有关流动儿童的流动特征，这些信息是开展流动儿童工作的重要前提。

（一）流动儿童地区分布高度集中

流动儿童在全国31个省区市都已经有分布，而且在少数几个省份高度集中（见表1）。流动儿童规模在200万人以上的省份有3个，100万~200万人的省份有13个，50万~100万人的省份有9个，50万人以下的省份有5个，10万人以下的只有西藏1个省份。

表1　各省0~17岁流动儿童人数占全国流动儿童总数的比例和规模

单位：%，万人

省份	占全国流动儿童比例	人数	省份	占全国流动儿童比例	人数
北京	2.96	106	湖北	3.16	113
天津	0.86	31	湖南	3.29	118
河北	3.68	132	广东	12.13	434

续表

省份	占全国流动儿童比例	人数	省份	占全国流动儿童比例	人数
山西	3.28	117	广西	2.58	92
内蒙古	2.99	107	海南	0.93	33
辽宁	3.21	115	重庆	1.59	57
吉林	1.63	58	四川	5.19	186
黑龙江	2.07	74	贵州	2.58	92
上海	3.68	132	云南	2.64	95
江苏	6.65	238	西藏	0.10	4
浙江	7.64	274	陕西	2.45	88
安徽	3.01	108	甘肃	1.25	45
福建	4.25	152	青海	0.56	20
江西	2.68	96	宁夏	0.78	28
山东	5.07	182	新疆	2.33	83
河南	4.78	171	全国	100.00	3581

数据来源：2010 年第六次全国人口普查长表数据。

流动儿童最多的省份是广东，占全国 12.13%，规模达 434 万人，远远高于其他省份。流动儿童数量较多的还有浙江、江苏两省，都超过 200 万人，四川、山东、河南、福建流动儿童也都超过 150 万人。流动儿童最多的七个省份占全国流动儿童的 45.71%，人数之和达 1637 万人。

（二）部分地区流动儿童在当地儿童总量中所占比例很高

从全国来看，流动儿童占所有儿童的比例为 12.84%，意味着全国平均每八个儿童中有一个是流动儿童。流动儿童主要是从农村流动到城镇，如果考虑城乡差异，城镇中流动儿童的比例更高（见表 2），全国城镇儿童中流动儿童比例为 26.16%，相当于城镇中每四个儿童中就有一个是流动儿童。而且，在上海和浙江的城镇地区，该比例分别高达 46.24% 和 47.68%，将近一半的儿童是流动儿童。此外，北京、福建和广东的城镇儿童中流动儿童比例也很高，分别占 36.28%、38.17% 和 31.19%。

表 2　各省 0~17 岁流动儿童人数占当地儿童的比例

单位：%

省份	城镇中流动儿童占当地儿童的比例	省份	城镇中流动儿童占当地儿童的比例
北京	36.28	湖北	19.67
天津	20.49	湖南	21.37
河北	19.34	广东	31.19
山西	29.54	广西	21.12
内蒙古	39.49	海南	36.76
辽宁	22.45	重庆	19.17
吉林	22.44	四川	25.48
黑龙江	18.53	贵州	35.43
上海	46.24	云南	25.87
江苏	24.66	西藏	23.73
浙江	47.68	陕西	22.86
安徽	20.04	甘肃	21.67
福建	38.17	青海	35.79
江西	18.32	宁夏	41.76
山东	17.04	新疆	41.50
河南	20.41	全国	26.16

数据来源：2010 年第六次全国人口普查长表数据。

值得注意的是，部分中西部地区的流动儿童在当地城镇儿童中所占比例也异常突出，如宁夏、新疆、青海和贵州分别高达 41.76%、41.50%、35.79% 和 34.43%。

（三）各省流动儿童的类别构成差异较大

根据六普数据结构，流动儿童跨越的行政区划级别可以分为四类：跨省流动、省内跨市流动、市内跨县流动和县内跨乡流动。从表 3 可以看到，跨省流动儿童占全部流动儿童的 30.11%，省内跨市占 18.80%，市内跨县占 12.83%，县内跨乡占 38.25%。

表3 全国及各省不同类别流动儿童构成

单位：%

	跨省	省内跨市	市内跨县	县内跨乡	合计
北京	97.77	0.80	0.00	1.43	100.00
天津	93.42	0.88	0.00	5.70	100.00
河北	13.67	9.20	24.81	52.32	100.00
山西	9.94	13.61	18.98	57.48	100.00
内蒙古	14.67	27.63	23.70	34.01	100.00
辽宁	27.51	16.21	15.83	40.45	100.00
吉林	12.44	14.88	17.32	55.37	100.00
黑龙江	12.97	30.34	15.77	40.92	100.00
上海	96.18	0.80	0.70	2.31	100.00
江苏	43.70	18.32	7.37	30.61	100.00
浙江	61.95	6.62	6.36	25.07	100.00
安徽	6.82	20.87	18.39	53.93	100.00
福建	35.85	16.56	12.79	34.80	100.00
江西	7.64	14.41	15.39	62.56	100.00
山东	16.05	19.53	11.33	53.09	100.00
河南	4.49	15.88	15.52	64.11	100.00
湖北	13.12	23.81	13.94	49.13	100.00
湖南	5.60	14.86	19.48	60.05	100.00
广东	46.88	32.38	6.64	14.10	100.00
广西	15.00	25.83	16.19	42.98	100.00
海南	25.51	30.04	6.58	37.86	100.00
重庆	23.11	19.92	3.78	53.19	100.00
四川	8.41	28.60	20.39	42.60	100.00
贵州	9.20	19.65	16.86	54.29	100.00
云南	22.51	22.39	18.87	36.23	100.00
西藏	50.00	35.71	14.29	0.00	100.00
陕西	13.29	15.95	20.09	50.66	100.00
甘肃	12.59	22.17	17.63	47.61	100.00

续表

	跨省	省内跨市	市内跨县	县内跨乡	合计
青海	15.00	31.11	8.33	45.56	100.00
宁夏	23.94	30.99	12.32	32.75	100.00
新疆	45.38	17.26	8.14	29.22	100.00
全国	30.11	18.80	12.83	38.25	100.00

数据来源：2010 年第六次全国人口普查长表数据。

具体到各个省，各地流动儿童的类别构成差异巨大。北京、天津、上海的流动儿童以跨省流动儿童占主导，所占比例超过 90%；浙江跨省流动儿童也过半，比例高达 61.95%；广东和新疆的比例也比较高，都超过 40%。部分省份的流动儿童则是以省内流动为主，比如山西、安徽、江西、河南、湖南、四川和贵州等省份，省内流动儿童的比例都占 90% 以上。在省内流动占主导的省份，县内跨乡流动是主要的流动方式，超过了市内跨县流动和省内跨市流动。

（四）跨省流动儿童多来源于中西部落后地区，集中居住在东部发达地区

从跨省流动儿童的流入地分布看，远距离的跨省流动儿童集中流动到东部发达地区（见表 4）。广东省接受的跨省流动儿童最多，占到全国跨省流动儿童的 19.06%；浙江省紧随其后，占 18.31%；上海市所占份额也超过 10%；再次是江苏和北京，各占 8.83% 和 6.63%。以上五个省市接受的跨省流动儿童占全国跨省流动儿童总份额的 63.18%。

表 4　跨省流动儿童的来源地和流入地分布

单位：%

省份	来源地	流入地	省份	来源地	流入地
北京	0.22	6.63	湖北	4.81	1.22
天津	0.29	2.30	湖南	7.27	0.68
河北	3.42	1.75	广东	1.10	19.06
山西	1.18	1.20	广西	3.41	1.36
内蒙古	1.40	1.49	海南	0.30	0.67

省份	来源地	流入地	省份	来源地	流入地
辽宁	0.66	2.37	重庆	4.81	1.25
吉林	1.41	0.55	四川	10.95	1.35
黑龙江	2.39	0.70	贵州	6.45	0.96
上海	0.22	10.35	云南	1.89	2.07
江苏	2.49	8.83	西藏	0.15	0.15
浙江	2.46	18.31	陕西	1.71	0.97
安徽	14.53	0.71	甘肃	1.65	0.54
福建	2.51	5.54	青海	0.36	0.29
江西	7.08	0.67	宁夏	0.50	0.73
山东	3.01	2.49	新疆	0.31	3.97
河南	11.06	0.81	全国	100.00	100.00

数据来源：2010 年第六次全国人口普查数据长表 1%抽样数据。

与接受地相比较，跨省流动儿童的来源地分布要更为分散，但是在部分省份也比较集中，比如安徽、河南、四川、湖南和贵州五个省份共输送了 50.89%的跨省流动儿童，其中 14.53%来自安徽、11.06%来自河南、10.95%来自四川、7.27%来自湖南、7.08%来自江西。

（五）流动儿童多属长期流动

很多人认为，和流动人口一样，流动儿童的主要特点是"流"或者是"动"，他们在流入地的停留是短暂的，会很快结束流动过程并最终返回老家。

然而，事实并非如此。六普收集了流动人口"离开户口登记地时间"信息。约 1/3 7~14 岁的流动儿童的流动时间在 6 年以上，这说明相当一部分流动儿童属于长期流动。

本文使用指标"平均流动时间"来综合性地量度每个年龄流动儿童外出流动的平均时间（见表 5）。第⑨列是计算得到的平均流动时间，每个流动儿童在户口登记地以外地区"流动"的时间平均为 3.74 年。作为一个时间累计指标，流动儿童的平均流动时间与其年龄有关（见表 5 第⑨列）。在 14 岁以前，流动儿童外出流动时间随着年龄的增长而增加，

15~17 岁流动儿童的平均流动时间下滑，17 岁降至约 2.5 年，说明大龄流动儿童外出流动的时间相对较短。

平均流动时间占年龄的百分比也能说明流动儿童已经在城市长期居住（见表 5 第⑩列），0~6 岁流动儿童的这一比例都高于 50%，说明这些儿童自出生以来至少有一半时间在外流动；7~12 岁的相应比例超过 40%，13 岁和 14 岁超过 30%，这些儿童在外流动的时间也比较长；14 岁以后，流动儿童的平均流动时间占年龄的百分比急剧下降，15~17 岁流动儿童中超过一半是最近两年才开始外出流动，也就是说 15~17 岁流动儿童有相当比例的新增流动人口。

表 5　分年龄的流动儿童流动时间构成和平均流动时间

单位：年，%

周岁年龄	半年至一年①	一年至两年②	两年至三年③	三年至四年④	四年至五年⑤	五年至六年⑥	六年以上⑦	合计⑧	平均流动时间⑨	平均流动时间占年龄比例⑩
0	100.00	0.00	0.00	0.00	0.00	0.00	0.00	100.00	0.75	75.00
1	52.67	47.33	0.00	0.00	0.00	0.00	0.00	100.00	1.10	55.00
2	23.21	44.58	32.21	0.00	0.00	0.00	0.00	100.00	1.65	55.00
3	18.79	23.13	33.71	24.38	0.00	0.00	0.00	100.00	2.18	54.50
4	16.97	18.08	17.16	26.65	21.14	0.00	0.00	100.00	2.71	54.20
5	16.83	18.29	15.23	12.36	21.29	16.00	0.00	100.00	3.05	50.83
6	17.15	14.70	13.22	11.09	8.06	15.54	20.25	100.00	3.60	51.43
7	14.50	17.66	14.57	8.54	6.39	6.68	31.66	100.00	3.95	49.38
8	14.07	13.85	11.88	11.66	7.14	6.27	35.13	100.00	4.41	49.00
9	14.12	14.60	13.64	9.80	8.64	4.52	34.68	100.00	4.52	45.20
10	13.07	12.59	12.46	11.17	6.57	5.55	38.59	100.00	4.97	45.18
11	13.84	14.23	12.66	9.04	6.53	5.27	38.44	100.00	5.06	42.17
12	14.25	13.58	11.72	9.78	8.06	4.48	38.13	100.00	5.23	40.23
13	14.13	13.46	13.46	10.11	6.32	5.35	37.17	100.00	5.29	37.79
14	18.55	15.20	10.66	10.21	6.04	4.40	34.95	100.00	5.12	34.13

续表

周岁年龄	半年至一年①	一年至两年②	两年至三年③	三年至四年④	四年至五年⑤	五年至六年⑥	六年以上⑦	合计⑧	平均流动时间⑨	平均流动时间占年龄比例⑩
15	32.76	20.85	10.59	6.55	3.80	3.18	22.27	100.00	3.71	23.19
16	33.85	35.76	11.59	3.37	2.48	1.41	11.53	100.00	2.63	15.47
17	28.07	35.63	20.68	3.81	1.69	1.25	8.88	100.00	2.53	14.06
含计	20.74	20.07	15.10	10.91	7.52	5.16	20.50	100.00	3.74	

注：平均流动时间的计算方法：第①至⑥列的组中值分别取0.75年、1.5年、2.5年、3.5年、4.5年、5.5年。第⑦列所对应的是"六年以上"组。其组中值比较复杂，流动儿童的流动时间受其年龄的影响。0~5岁的流动儿童的流动时间不可能为六年以上；6岁组儿童的流动时间若为"六年以上"，则必然足六年；7~14周岁流动儿童的"六年以上"组的组中值参照"国家人口和计划生育委员会2011年流动人口监测"有关数据。该调查获取了流动儿童确切的流动时间数据。对于调查到的流动儿童中流动时间为六年以上的儿童，其分年龄的流动时间均值如下。

根据2011年流动人口监测计算平均流动时间（流动时间6年以上）

年龄	7	8	9	10	11	12	13	14	15	16	17	合计
流动时间均值（年）	7.13	7.76	8.27	8.77	9.17	9.65	10.00	10.34	10.39	10.80	11.14	9.36

第⑩列百分比的计算方法为：平均流动时间/年龄。

数据来源：2010年第六次全国人口普查数据长表1%抽样数据。

四 流动儿童的受教育状况

近年来政府的重视和大力投入有没有改善流动儿童义务教育状况？适龄流动儿童有没有机会接受学前教育？流动儿童在城市接受完义务教育以后面对高中教育和高考何去何从？这些问题亟须最新的人口普查数据提供基础信息，以服务决策参考。

（一）学龄前教育情况

学前教育是终身学习的开端，是国民教育体系中的重要组成部分。但由于学前教育没有被纳入义务教育体系，是各级教育中的薄弱环节。

由于制度障碍，流动儿童的学前教育问题比较严峻。城镇公办幼儿园对非户籍儿童设置了较高的入园门槛，例如，在上海的流动儿童进入公办幼儿园需提供名目繁多且严格的材料，包括父母的居住情况、工作年限、缴纳保险年限、持有《上海市居住证》情况等，这些条件使大多数从事较低水平工作的农民工子女望"园"兴叹。而流动儿童家庭又无力承担私立幼儿园的高额费用，无奈之下很多流动儿童父母要么把孩子送回老家，要么选择收费低廉、资质较差的民办非正规托幼教育机构。

根据六普数据分析，我国0~5岁学龄前流动儿童规模达到899万人。近年来，学龄前流动儿童规模迅速扩大，与出生高峰叠加，给大城市带来入园入托潮，对我国学前教育体系提出了严峻挑战，尤其是在一些流动人口高度聚集的城市，入园入托更成为流动儿童的奢望。笔者计算了各省区市3~5岁幼儿中流动幼儿所占的比例，全国每十个3~5岁的幼儿中就有一个是流动者，这在一些大城市中更为凸显，例如上海和北京的对应比例已分别高达44.22%和38.13%，相当于平均每十个幼儿中约有四个是流动幼儿。此外，浙江、内蒙古、广东、福建等省份幼儿比例也较高，分别为30.13%、23.98%、21.58%和21.65%。

学前教育规划需要有前瞻性，提前考虑人口的分布、流动趋势和出生规模，但是不少地方政府的相关规划中仍然没有准确把握学龄前儿童的变动趋势，导致流动适龄儿童没有机会接受学前教育，这在北京和上海两个特大城市表现最为明显。

据北京市第六次人口普查统计，2010年北京市有入园需求的3~5岁儿童达38万人，而现有园所能够容纳的儿童数量最多为20万人，北京市学前教育学位缺口约18万个。这意味着当前北京适龄幼儿近一半被排除在幼儿教育机构以外。尽管北京市政府2011年出台政策提出3年增加学位7.5万个，但是增加的学位数不到缺口的一半，即使此目标实现了，也仍然有约10万适龄幼儿的学前教育需求无法满足。没有北京户籍、家庭收入较低的流动幼儿将首先被"挤出"幼儿园。

上海面临的情况同样严峻，根据上海第六次人口普查相关资料，上海市有45.3万3~5岁儿童（张燕、李相禹，2010），根据上海市3~5岁儿童中流动儿童的比例44.22%，可以估计2010年上海3~5岁流动儿童约为20万人。而上海官方公布的幼儿园在园儿童中，非户籍儿童仅有12万人。这意味着，上海的流动儿童中仅六成左右进入幼儿园，另外四成流动儿童没有机会接受正规的学前教育。

（二）义务教育情况

我国《义务教育法》规定，我国儿童在正常情况下 6 周岁入学接受学校教育。本文对 6～14 岁流动儿童的就学状况进行了分析。

研究发现，6～11 岁和 12～14 岁的流动儿童的在校比例分别为96.40%和96.20%（见表 6）。这说明，绝大部分的适龄流动儿童正在学校接受义务教育，流动儿童接受义务教育情况良好。

表 6　分年龄段的流动儿童受教育状况和学业完成情况

单位：%

受教育状况和学业完成情况	6～11 岁	12～14 岁	15～17 岁
未上学	2.90	0.30	0.06
在校	96.40	96.20	77.43
毕业	0.53	3.00	21.00
辍学	0.09	0.12	0.50
肄业	0.05	0.32	0.92
其他	0.04	0.05	0.08
合计	100.00	100.00	100.00

数据来源：2010 年第六次全国人口普查长表数据。

在 6～14 岁义务教育年龄段流动儿童中，除了 96%左右进入学校接受教育以外，其他儿童的受教育状况又是怎样的？根据 2010 年第六次人口普查的数据结构特点，可以获得 6～14 周岁儿童不按《义务教育法》规定入学接受义务教育的信息，分为以下四种情况：（1）仅仅小学毕业或肄业就终止学业者；（2）小学辍学者；（3）初中辍学者；（4）未上过学者。通过分析上述四种流动儿童在全部流动儿童中所占比例可知，全国6～14 岁义务教育阶段适龄流动儿童未按规定接受义务教育的比例为 2.94%。

6～11 岁流动儿童中，未按规定接受义务教育者占 3.52%（见表 7），其中，未上过学者占 2.90%，小学毕业或肄业就终止学业者占 0.57%，说明该年龄段未按规定接受义务教育的流动儿童延迟上学者是主体，小学毕业或肄业就终止学业者居其次。在12~14岁流动儿童中，未按规定接受义务教育者占1.71%，其中绝大多数是在小学毕业或肄业后就终止了学业，比例达1.09%。15~17岁的大龄儿童基本上已经离开了小学和初中，可未按规定接受义务教育的比例仍较高，达到2.41%。

表7　分年龄段的流动儿童未按规定接受义务教育所占比例

单位：%

	6~11岁	12~14岁	15~17岁
未按规定接受义务教育合计	3.52	1.71	2.41
未上过学	2.90	0.30	0.06
小学毕业或肄业就终止学业	0.57	1.09	1.58
小学辍学	0.05	0.17	0.06
初中辍学	0.00	0.15	0.71
其他教育情况	96.48	98.29	97.59
合计	100.00	100.00	100.00

数据来源：2010年第六次全国人口普查长表数据。

农业户口的流动儿童和非农业户口的流动儿童未按规定接受义务教育的情况表现出不同的模式（见图4），非农业户口的流动儿童的教育情况与城镇本地儿童十分接近，明显好于农业户口流动儿童。图4中的三条曲线分别描绘了6~17周岁的农业户口流动儿童、非农业户口流动儿童和城镇非流动儿童三类儿童分年龄未按规定接受义务教育的比例。6岁的儿童未按规定接受义务教育的比例较高（超过10%），主要是因为一部分儿童没有在6岁"及时"上学。非农业户口的流动儿童与城镇非流动儿童的比例十分相近，都保持在低水平。农业户口流动儿童与非农业户口流动儿童的教育从11岁开始出现分化，而且差距随着年龄增加继续扩大（15岁之后有所缓解）。从14岁开始，非农业户口流动儿童和城镇非流动儿童的比例都已经低于1%，但是农业户口流动儿童比例保持在2.5%以上。

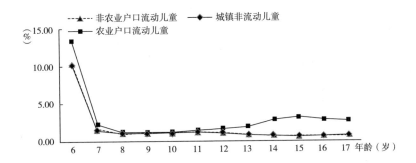

图4　6~17周岁流动儿童未按规定接受义务教育比例

数据来源：2010年第六次全国人口普查长表数据。

（三）高中教育情况

大龄流动儿童接受高中教育的比例偏低而且存在教育延迟现象。绝大部分15岁的流动儿童还在学校接受教育，在校率达到89%；但16岁和17岁流动儿童的教育机会则明显减少，在校比例急剧下降，分别是81%和69%。16岁和17岁流动儿童除了教育机会偏少以外，在校者中还有一部分儿童学习进程推迟，他们应该是读高中的年龄，然而16岁在校流动儿童中尚有15%在读初中，17岁在校流动儿童中尚有6%在读初中。

跨省流动的高中在校流动儿童还面临异地高考问题。本文结合六普资料和其他数据估算，近期每年有接近30万人面临异地高考问题。异地高考问题关系到众多流动儿童和流动家庭的发展，同时事关国家近期社会稳定及远期发展大计，亟须积极稳妥地加以解决。

五　结论和讨论

（一）主要结论

（1）全国0~17周岁流动儿童规模达3581万人，在2005年的基础上增加41.37%，且有继续增长的趋势。各年龄流动儿童年龄分布比较均匀，全国0~5周岁学龄前流动儿童、6~14周岁义务教育阶段学龄儿童和15~17岁大龄流动儿童的规模分别是899万人、1393万人和1290万人。

（2）流动儿童中，3~5 周岁学龄前流动儿童和 6~14 周岁义务教育阶段流动儿童性别比明显高于留守儿童；15~17 周岁流动儿童性别比低于留守儿童。这说明 3~5 周岁学龄前和 6~14 周岁义务教育阶段的流动儿童中的男孩比例高于同年龄段的留守儿童中男孩的比例，15~17 周岁的大龄流动儿童中男孩比例小于同龄的留守儿童中男孩的比例。

（3）大多数流动儿童来自农村。在 0~17 周岁的流动儿童中，户口性质为农业户口的流动儿童占 80.35%，非农业户口只占 19.65%。全国 0~17 周岁农民工随迁子女数量达到 2877 万人。

（4）近半数流动儿童集中在广东、浙江、江苏、河南、四川、福建和山东。七个省份占全国流动儿童的 45.71%，人数之和达 1637 万人。

（5）全国约 1/8 的儿童是流动儿童。部分地区流动儿童占当地儿童比例很高，上海市每十个儿童中就有四个是流动儿童，北京和浙江每十个儿童中有三个是流动儿童。城镇儿童中流动儿童比例更高，全国城镇每四个儿童中就有一个是流动儿童。而且，在上海和浙江的城镇将近一半的儿童是流动儿童。值得注意的是，部分中西部地区的流动儿童在当地城镇儿童中所占比例也异常突出，如宁夏、新疆、青海和贵州比例都超过 30%。

（6）跨省流动儿童占全部流动儿童的 30.11%，省内跨市占 18.80%，市内跨县占 12.83%，县内跨乡占 38.25%。北京、天津、上海的流动儿童以跨省流动儿童占主导，所占比例超过 90%；浙江、广东和新疆的比例也比较高。山西、安徽、江西、河南、湖南、四川和贵州等省份省内流动儿童的比例占 90% 以上，而且以县内跨乡为主。

（7）远距离的跨省流动儿童集中流动到东部发达地区。广东、浙江、上海、江苏和北京五省市的跨省流动儿童最为集中，接受的跨省流动儿童占全国跨省流动儿童总份额的 63.18%。安徽、河南、四川、湖南和贵州五个省份共输送了 50.89% 的跨省流动儿童，是跨省流动儿童的重点来源省份。

（8）流动儿童多在流入地长期居住学习，并不像人们普遍认为的是暂时的。流动儿童在户口登记地以外地区流动的平均时间为 3.74 年。0~14 岁的流动儿童平均外出流动的时间随年龄而增长；由于新增流动人口的影响，15~17 岁流动儿童的平均流动时间比较短。值得一提的是，0~6 岁流动儿童在外流动的平均年数占他们年龄数的比例高于 50%，说明这些儿童自出生以来至少有一半时间在外流动。

（9）学龄前流动儿童的快速增长，与近年的出生高峰叠加，形成大城市入园入托高峰。学前教育规划需要有前瞻性，提前考虑人口的分布、流动趋势和出生规模，但是不少地方政府的相关规划中仍然没有准确把握学龄前儿童的变动趋势，导致流动适龄儿童没有机会接受学前教育，这在北京和上海两个特大城市表现最为明显。各省 3~5 岁幼儿中流动幼儿所占比例，上海和北京最高，分别高达 44.22% 和 38.13%，相当于平均每十个幼儿中约有四个是流动儿童。据估算，北京未来几年面临约 10 万学龄前教育学位缺口；上海的适龄流动幼儿中有 40% 没有机会接受学前教育。

（10）大部分义务教育阶段的适龄儿童有机会在校学习，但仍然有 2.94% 没有按规定接受义务教育。对于低年龄的流动儿童来讲，存在入学晚的问题；对于大龄的流动儿童来讲，在完成义务教育前终止学业的情况更严重。

（二）政策建议

（1）我国流动儿童的规模还将继续保持增长的趋势。我国的东西部差距和城乡差距在一定时期内将继续存在，随着城市化的进程，劳动力将继续从落后地区流入发达地区，从农村地区流入城市地区，我国流动人口的规模将会继续增加，而且人口流动举家迁移的情况将更为普遍，因此流动儿童的规模也会随之继续增长。

（2）流动儿童和留守儿童中男孩比例的差异，说明流动人口携子女外出时存在一定的"男孩偏好"，尤其是在子女应该接受教育的年龄，男孩偏好表现得更强。而流动人口子女完成义务教育以后，女孩比男孩外出流动的可能性增加，这个时候"就业"取代"就学"，更多的女孩加入劳动力队伍，开始打工生涯。流动人口子女中女孩的生存和发展权利需加以重视。

（3）各省流动儿童的类别构成差异较大，北京、天津、上海、浙江等省市跨省流动儿童过半。有些省份的流动儿童则是以省内流动为主，比如山西、安徽、江西、河南、湖南、四川和贵州等省份，省内流动儿童的比例占 90% 以上。

不同类型的流动儿童涉及不同级别的输入地政府，对于跨省流动的儿童，教育规划和资源的配置需要在全国范围内各省之间协调和统筹；省内跨市、市内跨县和县内跨乡流动的儿童的教育只需在省内、市内和县内协调和统筹。跨越的行政范围越大，教育规划和资源配置的协调难度也就越大。因此，对于北京、天津、上海、浙江等跨省流动儿童占主导的省份来讲，流动儿童问题的改善和解决需重点突破。

（4）流动儿童在少数省份和城市高度集中，但是教育资源布局和分配没有相应地调整，有限的教育资源很难满足大规模流动儿童的教育需求，入园入托难、大班额、就学距离远等不利于儿童教育发展的情况突出，流动儿童接受教育的质量无法得到保证。流动儿童是城市儿童的一部分，应该被纳入城市教育的总体规划中。

（5）在流入地接受义务教育的流动儿童规模庞大，但是，部分地方政府对于当地流动儿童的义务教育需求认识还不到位，存在低估的问题。比如，上海市教委 2010 年在《人民日报》公布该市有 40 万外来务工者子女，但是根据六普数据估算上海市 2010 年在校就读的中小学流动儿童已经达 80 万人。流入地政府作为解决流动儿童义务教育问题的主要责任主体，应当搜集掌握准确的流动儿童相关信息，为流动儿童的义务教育配置适当的资源。

（6）流动儿童问题与中小学招生人数下降问题相互交织，为城市流动儿童教育问题的解决提供了机会。近年来，中小学招生人数下降比较突出，普通小学招生人数从 2000 年的 1947 万人降到 2010 年的 1691 万人，降幅达 13%，普通初中降低的幅度更为明显，从 2000 年的 2263 万人降到 2010 年的 1715 万人，降幅更是高达 24%。很多中小学校难以招收到足够的学生。大量流动儿童从农村流入城市，恰好可以补偿城市学龄人口的下降，填补城市中由于生育率下降而形成的中小学生源不足空缺。大城市可以借此机会将剩余的公立学校资源投入流动儿童教育中来。

（7）跨省流动儿童的异地高考问题亟待妥善解决，这关系到数量众多的流动儿童和流动家庭的发展，也关系到近期社会稳定和远期发展大计。

参考文献

《北京市学前教育三年行动计划（2011 年–2013 年）》，首都之窗，http：//zhengwu. beijing. gov. cn/ghxx/qtgh/t1185228. htm。

北京市第六次全国人口普查领导小组办公室、北京市统计局、国家统计局北京调查总队，2012，《北京市 2010 年人口普查资料》，中国统计出版社。

段成荣、黄颖，2012，《就学与就业——我国大龄流动儿童状况研究》，《中国青年研究》第 1 期。

段成荣、孙玉晶，2006，《我国流动人口统计口径的历史变动》，《人口研究》第 4 期。

管弄新村幼儿园，2012，《关于规范普陀区非上海户籍人士子女申请就读幼儿园的实施办法（试行）》，http：//xxgk. pte. sh. cn/gnyey/article/2012/0609/34353/default. html。

国家统计局，2011，《2010 年第六次全国人口普查主要数据公报（第 1 号）》，http：//www. stats. gov. cn/tjgb/rkpcgb/qgrkpcgb/t20110428_ 402722232. htm。

国家统计局，2011，《中国统计年鉴 2011》，中国统计出版社。

国务院人口普查办公室、国家统计局人口和就业统计司，2012，《中国 2010 年人口普查资料》，中国统计出版社。

姜泓冰，2010，《上海 40 万农民工子女今年全部享受免费义务教育》，《人民日报》8 月 28 日。

上海市第六次全国人口普查领导小组办公室、上海市统计局，2012，《上海市 2010 年人口普查资料》，中国统计出版社。

俞立严，2011，《6 年内幼儿园多了 20 万宝宝》，《东方早报》6 月 9 日。

张燕、李相禹，2010，《山寨幼儿园与农民工子女学前教育——对北京市城乡交界处一个区位样本的调查与思考》，《学前教育研究》第 10 期。

周皓，2004，《中国人口迁移的家庭化趋势及影响因素分析》，《人口研究》第 6 期。

家庭与性别评论（第 8 辑）

第 38~54 页

中国人口迁移的家庭化趋势及
影响因素分析[*]

周　皓[**]

摘　要　本文利用 2000 年五普数据，根据户记录的有关信息，证明了家庭迁移是我国 20 世纪 90 年代人口迁移中的一个重要特征，而且目前的家庭迁移以核心家庭的迁移为主要形式。在此基础上，利用罗吉斯蒂回归分析了家庭特征对家庭迁移的影响。分析表明，除了家庭特征以外，户主的个人特征在家庭迁移中同样是重要的影响因素。

关键词　家庭户　户主　人口迁移　家庭迁移

经典的人口迁移理论认为，人口迁移是由独立的个人为达到预期收入最大化而进行的。但自 20 世纪 80 年代以来，新迁移经济学对经典人口迁移理论的许多假设条件与结论发起了挑战。这种理论认为，人口迁移的决定并不是由独立的个人做出的，而是由相关的更大单位，特别是家族或家庭共同做出的。这里，人们的行动可以称为"集体化"的行为，它不仅可以使个人的预期收入最大化，而且可以使家庭风险最小化，并尽量脱离与本地各种市场相关联的条件的约束（Douglas et al.，1993）。在我国，

　＊　本文最初提交国家统计局举办的"第五次全国人口科学讨论会"。非常感谢郭志刚教授、段成荣教授和于宏文处长对本文所提的建议和意见。本文原载于《人口研究》2004 年第 6 期。

＊＊　周皓，北京大学社会学系教授。

由于几千年来家族观念与思想的延续，个人行为决策在很大程度上仍然受到家庭或家族利益的驱动，因此，从家庭户的角度来分析人口迁移，对我国人口迁移的研究与实际政策的制定具有非常重要的意义。

全国范围内流动人口规模的急剧增加，是我国 20 世纪 90 年代重要的社会现象之一。早期出于经济原因的迁移，往往是经济活动能力较强的人先行迁移流动，离开自己的家庭。随着时间变化和人们对家庭生活的需要，开始大量出现投亲靠友的迁移流动。许多分离的夫妇与子女再度在迁入地团圆，乃至出现合家同时迁移（郭志刚，2003）。也正是到了 90 年代，早期于 80 年代迁移与流动的先行迁移者开始逐步将家庭成员接到迁入地，甚至有部分经济能力较强或者所依赖的外部资源与社会网络较强的流动人口与其家人可能是同时到达迁入地，从而使人口迁移与流动的家庭化成为 90 年代人口迁移与流动不同于 70 年代和 80 年代的一个重要标志。

本文首先通过五普与四普数据的对比来说明 20 世纪 90 年代我国人口迁移与流动的家庭化趋势；然后再用五普数据，运用 Logistic 回归，分析家庭户的各种特征在决定是否携带子女、举家迁移的过程中的影响。需要说明的是，本文中的流动人口是指户籍登记地未发生变化的流动人口，即是根据普查表中的"户口登记状况"（R62）来判断的。在 1‰数据中，总人口为 1180111 人，其中按照 R6 来判断的流动人口共为 131392 人，占总人口的 11.13%。

一 中国人口迁移的家庭化趋势

抛开第五次人口普查中有关迁移/流动人口数据的偏差，我们可以相信，一旦调查到迁移/流动人口及其家庭户状况，那么有关他们家庭户的各种特征应该是可信的。[①] 因此可以认为五普数据至少为分析流动人口家庭户特征等提供了很好的数据背景。

要证明人口迁移的家庭化趋势，首先必须明确，所有的迁移人口中，家庭式迁移人口所占的比例在这两次普查中应该有较大幅度的上升；但这种比例的上升并不能完全说明迁移人口的家庭化趋势，因为家庭式迁移还

---

① 在本文中，我们只考虑五年内的迁移与流动人口，而且只考虑这批人在迁入地的户类型。只要两次普查间能够相一致地进行对比，就没有必要考虑"迁移"（即户籍登记地的改变）与"流动"之间的区别，因此，在本文中，将统一使用"迁移人口"这一概念，但事实上仍然包括"户籍迁移的人口"和户籍未改变的"流动人口"这两部分。

涉及户内人员与户主的关系问题。尽管我们在判断迁移家庭户时，已经规定只有户主与配偶均为迁移人口时，该家庭户才算是迁移/流动的家庭户；但是除此以外，我们还应该确认，在该家庭户中，直系亲属如配偶、子女等占据了绝对的比例，才能真正称这个家庭户为"迁移的家庭户"，或者"家庭式的迁移"。因此，本文通过五普与四普数据的对比，来说明 20 世纪 90 年代我国人口迁移与流动的家庭化趋势。

（一）迁移人口所在的户类型的分布

户类型可以分为集体户与家庭户。如果再予以细化，那么迁移人口所在的家庭户又可以按照户主与配偶是否为迁移/流动人口，划分为迁移家庭户（或称为纯外户）和常住人口家庭户（简称为常住户）①。对于生活在家庭户中的迁移人口，他们的各种特征有可能完全不同于迁入集体户的迁移人口。表 1 和图 1 分别给出了 1990 年和 2000 年迁移人口所在户类型分布状况的数据和图示。

数据表明，2000 年五普时，在所有迁移人口中，迁入常住户的比例只有 18.74%，而迁入户主与配偶均为迁移人口的迁移家庭户（即纯外户）的比例则高达 46.06%。这说明纯外户已成为迁移人口最为主要的选择。当然我们并不能将他们统称为家庭化的迁移，因为其中有一部分的流动人口可能与户主之间是"其他"关系，而不一定是血缘或直系亲属的关系，这就需要从与户主的关系上来剖析。

表 1　两次普查中流动人口在三种户类型中的状况

单位：人，%

	1990 年人数			2000 年人数			1990 年占比			2000 年占比		
	男	女	合计	男	女	合计	男	女	合计	男	女	合计
集体户	11112	3673	14785	16740	13490	30230	46.39	18.95	34.12	38.26	32.01	35.19
常住户	12635	12687	25322	5984	10115	16099	52.75	65.47	58.44	13.68	24.00	18.74
纯外户	206	3018	3224	21026	18542	39568	0.86	15.57	7.44	48.06	43.99	46.06
合计	23953	19378	43331	43750	42147	85897	100	100	100	100	100	100

注：按照"户主与配偶均为迁移人口"来判断。

---

① 相当于"有迁入人口的家庭户"。

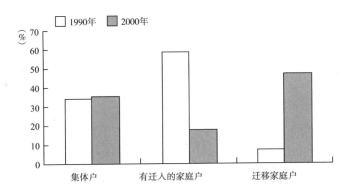

图1　两次普查中迁移人口所属户类型的分布

除此以外，迁移人口进入集体户的比例占到迁移人口的 1/3 多（35.19%）。这一比例远高于全国总人口中集体户人口所占的比例，2000年五普中集体户人口占总人口的比例仅为 5.18%。同时，生活在集体户中的流动人口在性别上存在一定的差异，相对而言，居住在集体户中的男性流动人口的比例较高，达 38.26%，而女性则仅为 32.01%，两者相差约 6 个百分点。最直接的判断就是男性流动人口可能会从事如建筑等需要生活在集体户的工作，但女性更容易生活在户主不是流动人口的本地家庭户中。而且根据表 1 中的数据可以发现，在本地常住户中，男性迁移人口的比例仅为 13.68%，而女性迁移人口的比例则高达 24%，几乎是男性人口的一倍。这种现象可以归因于女性流动人口会以婚姻的形式进入本地家庭，或者在本地家庭中从事服务工作。

为了便于对比，我们计算了 1990 年时在集体户、纯外户及常住户中的迁移人口比例。表 1 列出了 1990 年四普与 2000 年五普中，生活在三种户类型中的流动人口的人数和比例。

从表 1 中的数据可以非常明显地看出，在 1990 年四普时，仅有7.44% 的迁移人口生活在纯外户中，而有近 60% 的人迁入非迁移家庭户（常住户）中，其余 34% 的迁移人口则迁入集体户中。也就是说，尽管迁移人口是以家庭户为迁入户类型的主要选择，但迁入的家庭户主要是非迁移家庭户（常住户），而不是迁入户主与配偶均为迁移人口的迁移家庭户中。由这种迁移人口在迁入地的户类型分布状况来看，在 20 世纪 80 年代末期，尽管人口迁移的强度与规模比改革开放之初有进一步的加强，但仍然以个体的迁移为主，当时举家迁移的规模并不是很大。

比较四普与五普的结果，迁入集体户中的迁移人口的比例在两次普查间变化并不是非常明显（1990 年时为 34.12%，2000 年时为 35.19%）。也就是说，约 1/3 的迁移人口进入集体户中，而且表现得比较稳定。

在迁入地户类型的这种分布状况在两次普查之间表现得最为不同的是常住户与迁移家庭户之间比例的变化。在 1990 年时常住户是迁移人口最为主要的选择，其比例为近 60%，但在 2000 年，这一比例仅为 18.74%，相当于 1990 年时的约 1/3。而迁入纯外户中的迁移人口的比例则由 1990 年时的 7.44%，上升到 2000 年时的 46.06%，是之前的 6 倍多，并成为迁移人口的首要选择。这种显著的此消彼长的比例变化从一定程度上反映了人口迁移的家庭化趋势。对此的理解是：如果说早期出于经济原因的迁移，往往是经济活动能力较强的人先行迁移流动，离开自己的家庭，那么随着时间变化和人们对家庭生活的需要，开始大量出现投亲靠友的迁移流动，许多分离的夫妇与子女再度在迁入地团圆，乃至出现合家同时迁移（郭志刚，2003）。

比较两性之间的差异可以发现，在 1990 年时，男性人口在集体户与常住户之间的分布几乎是均匀的，而迁入纯外户的比例极低；女性则不同，女性迁移人口更多的是迁入常住户中，而在集体户与纯外户之间的比例基本相同，这与上述的解释是相同的。而且，选择常住户的男性迁移人口的比例较高，可能是因为有一部分男性迁移人口在没有能力和条件携家带眷而独自闯荡时只能落户于常住户中。

而这种举家迁移的最好例证就是在 2000 年五普时，男性迁移人口将纯外户作为在迁入地户类型的主要选择（其比例接近 50%），随之而来的是纯外户也成为女性迁移人口的主要选择（由 1990 年的 15.57% 提高到 2000 年的 43.99%）。不论是男性还是女性，迁移家庭户都成为他们在迁入地的最主要选择。与此同时，男性迁移人口选择常住户的比例则下降到 13.68%，降低为原来的约 1/4，相应的女性迁移人口的这一比例的下降幅度达近 40 个百分点。这同样从一定程度上反映了人口迁移的家庭化趋势。

（二）户内关系

五普中纯外户较高的比例和两次普查中生活在纯外户的流动人口比例的明显变化是否能说明人口迁移的家庭化趋势呢？尚且不能。如果说在纯外户中，户内人口与户主的关系是以"其他"关系为主，那么即使是纯外户的比例再高，也并不能被称为"迁移的家庭户"。因此要想说明迁移具有家庭化的趋势，我们还必须清楚在纯外户中，户内成员与户主是直系亲属，如配偶、子女、父母，而且这部分人是主要的，占绝对多数。表2给出了2000年五普数据中纯外户中户内成员与户主关系的分布情况。

表2 纯外户中户内成员与户主关系的分布情况

单位：人，%

	人数			比例			以户主为100
	男	女	合计	男	女	合计	
户主	12889	3038	15927	60.61	16.20	39.80	100.00
配偶	828	9423	10251	3.89	50.24	25.61	64.36
子女	5522	4271	9793	25.97	22.77	24.47	61.49
父母	220	387	607	1.03	2.06	1.52	3.81
岳父母或公婆	51	63	114	0.24	0.34	0.28	0.72
祖父母	9	11	20	0.04	0.06	0.05	0.13
媳婿	35	217	252	0.16	1.16	0.63	1.58
孙子女	294	225	519	1.38	1.20	1.30	3.26
兄弟姐妹	576	395	971	2.71	2.11	2.43	6.10
其他	841	725	1566	3.95	3.87	3.91	9.83
合计	21265	18755	40020	100.00	100.00	100.00	—

首先我们来看迁入人口合计的比例。在迁入家庭户的人口中，户主、配偶及其子女所占的比例累计达89.88%，也就是说，近九成的迁移家庭户中的迁移人口是核心家庭成员。如果分性别来看，在男性人口中，户主占60.61%，其子女占到约1/4，而作为配偶而迁移的男性人口的比例仅为3.89%，三者累计比例高达90.47%。这一方面说明，在迁移家庭中男性人口是以户主或子女，即核心家庭成员的身份出现；另一方面也说明在迁移家庭户中男性作为配偶的比例较低。在女性人口中，一半以上是作为配偶的身份出现，而作为户主进行迁移的女性人口的比例为16.20%。加上作为子女的情况，三者累计的比例亦高达89.21%。同时，迁移家庭户中的两性在立户倾向上与常住人口不同（周皓，2003）。

如果再观察"与户主关系"为"其他"的人员在迁移家庭户中的比例，可以发现，事实上这部分人口的比例是极低的，仅占迁移人口的 4% 左右。这说明目前的人口迁移仍然是以核心家庭的举家迁移为主要形式。而且如果将"其他"户内关系的流动人口比例剔除，那么，直系亲属所占的比例则高达 96.09%。

其次再来看"以户主为 100"的情况。这一列是分母以合计的户主人数、分子以各类与户主存在关系的人数为基础计算得到的。从某种意义上说，它表示每 100 个纯外户中，除户主以外会有多少与户主以某种关系生活的户内成员。以配偶为例，表中的数据表明，在 100 个纯外户中，至少有 64.36 个配偶与户主一起在流入地。其次则是子女，为 61.49。如果将它们理解为发生比例，那么也可以认为至少有 64.36% 的家庭中配偶与户主一起流动，而 61.49% 的家庭户会带着子女。

二　家庭迁移的影响因素分析

以往的研究更多关注个体的迁移，而家庭迁移尽管是几个个体的共同迁移，但与独立的个体迁移之间仍然存在较大的区别。在完成个体迁移的情况下，如何实现举家迁移需要整个家庭的决策与实施。这可以被看成面对社会变迁的家庭策略之一。因此，在个体层次上的迁移并不完全等同于家庭迁移。本节利用五普数据，以家庭层次为基本的分析单位，研究家庭户迁移中的影响因素。

（一）变量的选择

由于是在家庭户层次上的分析，所关注的焦点在于：到底哪些因素使家庭户举家迁移。因此，在模型中，因变量为：家庭户是不是迁移家庭户。这一因变量为二分类变量，即家庭户为迁移家庭户，则该家庭户的编码为 1，否为 0。为了分析各种影响因素的作用，这里我们将利用二分类罗吉斯蒂回归（Binominal Logistic Regression）来进行分析，所用的数据以一个家庭户为一个案例。①

---

① 由于关注点是在迁移的家庭户，因此在分析数据中不包括集体户及单身户。在家庭功能、家庭结构等各方面，单身户与真正的家庭户之间存在很大的差异。

个体层次的变量：对人口迁移的研究最初是从对个人特征的研究开始的，如雷文斯坦在总结人口迁移特征时得出的"女性多于男性"等结论都是对个人特征的描述。而且，已有甚多的文献研究分析了个人特征对人口迁移的影响，并已证明了这种影响的显著性。这些个人特征包括性别、年龄、受教育水平及婚姻状况。因此，这四个变量作为个人的基本特征而首先被保留。

其次，在个人特征中，我们还有必要加入以下两个变量：个人的户籍属性和个人的迁移经历。

尽管我国的户籍制度在近年来已经有所松动（如 1998 年公安部颁布的户口改革方案），但到目前为止仍然没有非常大的变化，特别是在迁移人口发生迁移行为时所对应的 1995 年到 2000 年，因此可以说户籍属性（即农业户口与非农业户口）在本质上仍然可以被看成一种社会身份的象征。同时，已有文献证明，户籍状况所附带的社会经济背景，对人口迁移行为，特别是涉及人口是否迁移与流动的判断有着至关重要的作用，因此"户籍属性"必须被纳入。

在本研究中除了上述个人特征以外，还加入一个新的重要变量：迁移经历。本文认为，在人口迁移，特别是省际迁移与流动中，有迁移经历的人在再度迁移时，其迁移成本，特别是迁移的心理成本比没有迁移经历的人要小得多，进而也容易得多。因此，迁移经历对个人的迁移行为有重要的影响。[①]

家庭层次的变量：本文不再赘述迁移家庭户重要特征的描述性分析。事实上不论是从个体迁移的角度来看，还是从家庭迁移的角度来看，家庭户的特征对迁移行为必然会有一定的影响作用。但在选择用哪些家庭变量来表示家庭的特征时，由于受到普查数据与普查项目的限制而存在一定的困难。本研究根据普查项目和普查数据，将选择以下几个变量来表示家庭户特征：（1）家庭规模；（2）家庭户的户内代际关系；（3）户内是否有老年人；（4）户内是否有小孩；（5）住房面积；（6）住房类型；（7）迁出地属性。

由于家庭规模与家庭结构、家庭所处的生命周期阶段等存在内在的联系，而在家庭结构及所处的生命周期阶段等无法被直接描述的情况下，家

---

① 个体迁移经历的判断是根据五普数据进行分析的，具体方法及结果请见周皓，2003。

庭规模可以部分地表示家庭的这些特征，因此，家庭规模作为家庭户的重要特征而被纳入。但是，有一点必须说明，由于普查数据是来自迁入地的调查结果，因此普查所得到的迁移家庭可能并不是真正的所属迁出地的家庭。如一个迁移的核心家庭，它既可能是由一对迁移的夫妇在迁入现住地之后，生育一个孩子而形成的，也可能是从一个原迁出地中的联合家庭或者主干家庭分化出来而形成的。而在我们利用普查数据进行分析时，前一种情况可以根据有关信息得到判断，但后一种情况则无法将这些家庭户恢复到迁出时的状况。因此，我们在这里做一个假定，即普查结果中的迁移家庭与在迁出地的家庭是同质的。也就是说，这个迁移家庭的所有性质，在迁移前后均未发生变化。事实上迁移家庭户在家庭户总数中所占的比例不是太大（仅为4.6%），因此这种较低比例的迁移家庭户的同质性假定是可以成立的；换言之，我们可以从剩余的95.4%的非迁移家庭户中找到与迁移家庭同质的家庭户来替代。

家庭户的户内代际关系，与家庭规模相类似，可以部分地反映家庭户的结构。尽管通过这个简单的指标我们无法深入地考察家庭户内各成员之间除名份以外的各种真实社会关系，但我们可以通过这个指标反映家庭户的基本结构，如一对夫妇户、二代户等。

第三个与第四个指标分别是户内是否有老年人和户内是否有小孩。这两个变量可以从某些方面说明家庭的功能。如果家庭户内有老年人或小孩，那么家庭户作为社会的基本单位，所承担的各项功能（包括对老年人的赡养功能和对小孩的教育和抚育功能等）是齐全的；当然，不是说没有老年人或小孩的家庭户并不需要承担这些功能，但相对而言可能会较弱一些。在所承担的功能越多的情况下，家庭主要成员的负担也就越重。因此从整个家庭的迁移行为来考察，户内有老年人或小孩的情况无疑将增加举家迁移的各种经济成本（当然有可能会减少家庭迁移时各家庭成员的心理成本），从而降低举家迁移的可能性。

从另一个角度来看，如果户内有老年人，那么意味着家庭迁移的行为并没有对中国家庭户的分化起到很强的作用，相反意味着在中国主干家庭仍然处于主要地位，即使在迁移家庭户中也是如此。

而从现有的部分调查结果来看，父母的迁移与流动的主要动力来自对子女未来的期望（如希望子女能够得到更好的教育、有更为开阔的视野等），因此，家庭户内有子女的情况，一方面可能会对家庭的迁移产生阻碍作用，另一方面又有可能起促进的作用。因此，户内有小孩的情况到底会对家庭迁移产生何种作用仍然有待进一步的验证。

第五个和第六个变量是从家庭户的住房角度来考虑的。由于 2000 年的五普是第一次将人口普查与住房调查相结合，因此，普查信息所能够提供的家庭户的住房变量是一个十分重要的新信息。在有关住房的 15 个普查项目中，本研究仅选择了住房面积和住房类型这两个指标。这是由于住房面积可从某种程度上说明住房条件的好坏。但住房面积的大小所表示的住房条件的好坏还取决于另一个变量——住房类型。如果说住房仅为生活用房，那么住房面积的大小直接表示住房条件的好坏；但如果住房同时还做生产经营用房，那么面积大小就不能直接表示住房条件的好坏了。因此，这两个变量必须同时被放入方程才能表示迁移人口的住房条件。

第七个变量是迁出地属性。在普查表中，迁出地类型被分为四类：乡、镇的村委会，镇的居委会和街道。我们将其重新归成两类：乡和镇的村委会被归为农村，而镇的居委会和街道则被归为城镇。① 也就是说，我们将迁出地属性划分为农村和城镇两类。这完全是由我国现行的农村与城镇之间的二元经济类型所决定的。城市家庭与农村家庭由于制度安排的不同，面临不同的问题，同样会采取不同的家庭策略来应对社会变迁。

除此以外，作为家庭户主要成员的户主，尽管从分析单位的角度来看属于个人层次，但是既然将其定义为户主，那么他就已经不再仅仅是户主本人的个人特征，而更应该被看成这个家庭户的户主的特征。而且，在对迁移家庭户户主的特征描述中可以发现，迁移家庭的户主在受教育水平、迁移原因等个人特征上与非迁移家庭户的户主之间存在较大的差异。之所以存在这种差异，从家庭户层次来看，是由于家庭户的特征不同。因此，在研究家庭户时，我们必须将户主的特征作为一个重要的变量加以考虑。当然，有关户主个人特征的变量与上面提及的个人特征的变量相同。

综上所述，罗吉斯蒂回归分析中包括个人层次和家庭户层次（包括户主）的变量，个人层次包括性别、年龄、受教育水平、婚姻状况、户籍属性和迁移经历共六个变量；家庭户层次包括家庭规模、家庭户的户内代际关系、户内是否有老年人、户内是否有小孩、住房面积、住房类型、

---

① 这一划分方法与"市镇县"的划分基本相同。如果要对市镇县重新归类的话，那么会将市镇同时归入城市，而将县归为农村。

迁出地属性共七个变量。

（二）影响因素的分析

表 3 给出了家庭迁移的影响因素分析结果。其中模型一仅包括家庭户特征，模型二在模型一的基础上加入了户主特征的自变量。本文中所选用的自变量包括家庭户层次的变量和户主特征的变量两类。

表 3　家庭迁移的影响因素分析结果

		模型一			模型二		
		B	Sig.	Exp（B）	B	Sig.	Exp（B）
截距		1.7025	0.0000	5.4877	1.4354	0.0000	4.2015
家庭规模		0.0325	0.1147	1.0331	-0.0369	0.0708	0.9638
户内代际关系	参照组：一对夫妇户		0.0000			0.0000	
	二代户	-0.4491	0.0000	0.6382	-0.2711	0.0000	0.7626
	假三代户	-0.5832	0.0001	0.5581	-0.3200	0.0435	0.7262
	三代及以上户	-0.3318	0.0009	0.7177	0.0089	0.9346	1.0090
	其他	0.6747	0.0000	1.9634	0.8212	0.0000	2.2731
是否有老年人	无老年人	-0.3147	0.0000	0.7300	-0.2714	0.0005	0.7623
是否有小孩	无小孩	-0.2075	0.0000	0.8126	-0.3436	0.0000	0.7092
住房面积		-0.0135	0.0000	0.9866	-0.0107	0.0000	0.9893
住房类型	兼作经营	-0.4974	0.0000	0.6081	-0.3107	0.0000	0.7329
迁出地属性	农村	-1.1508	0.0000	0.3164	-0.2149	0.0000	0.8066
性别	女性				0.1377	0.0013	1.1477
年龄 *	参照组：0~19 岁及 60 岁以下					0.0001	
	20~24 岁组				0.1857	0.0562	1.2041
	25~29 岁组				0.2276	0.0047	1.2556
	30~34 岁组				0.3418	0.0000	1.4075
	35~39 岁组				0.2912	0.0005	1.3380
	40~44 岁组				0.1054	0.2206	1.1111
	45~49 岁组				0.0892	0.3080	1.0933

续表

		模型一			模型二		
		B	Sig.	Exp(B)	B	Sig.	Exp(B)
	50~54 岁组				0.0751	0.4238	1.0780
	55~59 岁组				-0.0308	0.7698	0.9696
受教育水平	未上过学及扫盲班					0.0000	
	小学				0.1433	0.1481	1.1541
	初中				0.0152	0.8757	1.0153
	高中				-0.1194	0.2426	0.8875
	大学专科或本科				-0.2023	0.0625	0.8168
	研究生				-0.0319	0.8924	0.9686
户籍状况	农业户口				-1.4018	0.0000	0.2461
迁移经历	有迁移经历				0.7966	0.0000	2.2180

*　这里的年龄分组将 0~14 岁的儿童组和 60 岁以上的老年人口组合成为被抚养人口组，同时考虑到 15~19 岁组人口中已婚人口的比例较低，因此将 15~19 岁组也合并到被抚养人口组，由此合并成为参照组。

注：B 为回归系数，Sig. 为显著水平，Exp（B）为发生比例。

其中模型一：-2 Log likelihood = 25474.43，Cox&Snell R^2 = 0.18826，Nagelkerke R^2 = 0.25419；

模型二：-2 Log likelihood = 24021.80，Cox&Snell R^2 = 0.23939，Nagelkerke R^2 = 0.32323。

　　首先来看模型一。在模型一中，仅包括家庭户层次的自变量。除了家庭规模以外，其他的家庭户特征在模型中均非常显著。从户内代际关系来看，相对于一对夫妇户而言，不论是二代户还是假三代或三代及以上户，它们发生举家迁移的可能性远低于一对夫妇户。这表明复杂的户内代际关系会使家庭户的迁移变得比较困难。当然，这种家庭的代际关系也与家庭规模存在一定的相关性（尽管在上述检验中相关性并不是很强），家庭规模的扩大会使迁移成本增加。

　　户内是否有老年人及小孩这两个变量在模型一中的系数呈负向，这说明相对于没有老年人或小孩的家庭户来说，有老年人或有小孩子的家庭户更不容易迁移。如果户内有老年人，那么该家庭户举家迁移的可能性仅为无老年人的家庭户的 73%；而有小孩的家庭户举家迁移的可能性仅为无小孩的家庭户的 81%。

　　接下来我们来看迁出地的类型。迁出地的参照组为农村。在模型中迁出地这一变量的系数为负值，因此可以认为，相对于农村人口而言，城市人口进行举家迁移的可能性较低，仅为农村人口的 32%。

再次，我们来看有关住房的变量。在模型中可以看出两个住房变量的系数均为负值，这说明住房对家庭迁移的作用亦为负向，即住房的性质对家庭迁移起阻碍作用。住房面积被作为连续变量来对待，住房面积提高一个单位，家庭迁移的可能性就降低 1.35%。而从住房用途来看，与兼作经营的住房相比，居住在生活用房中的家庭户的迁移可能性会降低。

这里要注意的是，对于迁移家庭户而言，这两个变量都是在迁入地的指标。而在分析过程中，我们将这两个指标等同于迁出地的指标，因此可以认为，迁移家庭户在迁入地的住房面积应该小于迁出地的住房面积，或者说迁移家庭户在迁入地的住房条件较差。这一点从几次有关流动儿童的调查中可以看到一些实际的佐证。

再来看模型二。在模型二中加入了户主的个人特征。由表 3 中的回归结果可以看到：性别、年龄、受教育水平及户籍状况和迁移经历在模型中都是非常显著的。

从户主的性别来看，相对于女性户主而言，以男性为户主的家庭户更容易迁移，其发生迁移的概率比以女性为户主的家庭户发生迁移的概率要高出 15%（是原来的 1.15 倍）。

再来看两个简单的指标：户籍状况及迁移经历。从户籍状况来看，该变量在方程中的系数为负值，说明相对于参照组而言，这个指标属性的家庭户更不容易迁移，即相对于农业户口的户主而言，户主为非农业户口的家庭户进行家庭迁移的可能性仅为农业户口的家庭户的 25%。而且该变量在方程中极为显著（sig. = 0.0000）。

同时，"迁移经历"这一变量在模型中也极为显著。而且相对于无省际迁移经历的户主而言，有迁移经历的家庭户更容易迁移，其发生概率是参照家庭户的 2.22 倍。由此可以看到，户主的迁移经历对家庭户的迁移与否具有很大的影响。

下面来看两个类别较多的变量：年龄和受教育水平。

从户主的年龄来看，相对于参照组，各年龄组的显著性及发生比例都有不同的变化。较为显著的是 25~29 岁、30~34 岁和 35~39 岁组。如户主年龄为 30~34 岁组的家庭户，发生家庭迁移的比例比参照组高了 40.8%，而且这一年龄组是年龄分组中数值最高的；其次是 35~39 岁，其发生比例比参照组高了 33.8%；再次则是 25~29 岁组，比参照组高了 25.6%。而且这三个年龄组都在 0.01 水平上显著。除了这三个年龄组以外，20~24 岁组在 0.10 的水平上显著，其比参照组高了 20%。40 岁及以上各年龄组，都不显著，而且发生迁移的比例都在 1 附近，因此，可以认为，户主的年龄处于这些年龄组的家庭户发生家庭迁移的概率与参照组是相同的。由此我们可以看到，户主的年龄对一个家庭户是否进行举家迁移是非常重要的一个变量。

再来看户主的受教育水平。这里的参照组是未上过学及扫盲班。从表中数据可以看到，户主的受教育水平对家庭迁移的影响并不是线性增强的，即随着户主受教育水平的提高，家庭迁移的可能性并不是逐步增强的。在模型二中仅有大学专科或本科这一受教育水平在 0.10 的情况下显著，而且该变量的系数为负值，这表明，相对于参照组（未上过学及扫盲班）而言，户主的受教育水平为大学专科或本科的家庭户发生迁移的可能性要小，仅为参照组的 81.7%。而其他受教育水平由于未能在模型中显著而不予讨论。

但事实上，我们看受教育水平这一组变量的整体显著性在模型中依然是非常显著的。因此，可以这样认为，户主的受教育水平在解释家庭迁移时依然是一个重要的变量。

三　结论

本文根据 2000 年五普的数据，对作为 20 世纪 90 年代的人口迁移与流动区别于 20 世纪 80 年代的重要特征之一的"人口迁移的家庭化"做了定量的分析。结果表明，一方面是迁移家庭户已成为迁移人口在迁入地户类型中的首要选择，另一方面则是迁移家庭户的户内成员以配偶与子女为主。因此，我们完全有理由认为，人口迁移的家庭化趋势是 90 年代人口迁移与流动的主要特征，而且这种家庭化迁移是以核心家庭为基础的。

从家庭迁移的影响因素分析中可以得到以下几点结论。

（1）尽管家庭户规模对个体的人口迁移行为是正向的刺激作用，但对家庭迁移则是负向作用。当家庭户规模越大，户内人数的增多会越刺激个体的人口迁移。如果从家庭层次来看，可以用新迁移经济学的家庭风险最小化理论来解释，即为了整个家庭的利益而使其中某个家庭成员迁出本地，既可以提高家庭经济收入，又可以实现家庭经济风险的最小化。家庭规模对家庭迁移的影响则是负向的，即家庭规模越小，越容易迁移。同时，从户内成年人数对人口迁移的影响同样也能看出家庭户规模对个体迁移的激励作用；而从另一个角度可以看出我国的人口压力，特别是农村地区由于土地资源相对贫乏而产生的强大生存压力对人口迁移的促进作用。

（2）户内是否有老年人与是否有子女这两个变量对人口迁移起阻碍作用。从家庭功能来看，赡养老年人与抚育子女都是重要的家庭功能之一。因此，如果家庭内有老年人或子女的话，这种阻碍作用是完全可以理解的。而从迁出地的分析中可以看到，是否与父母同住对个体的人口迁移同样有着显著的影响，也就是说，即使父母健在，而成年的潜在迁移者如果不与父母同住，那么来自父母的影响会小得多。尽管这个结果无法使我们非常直接地得出以下结论，但至少可以间接地认为：在家庭迁移的决策过程中，由于老年人的存在，家庭整体会有一个比较合理的安排，使其中一个成年子女留在家中承担赡养老人的职责，而另外的成年子女则会为增加家庭收入、减少家庭经济风险而进行迁移。同时也可以看到，作为中国传统文化一部分的"孝观念"仍然对中国人口的迁移，特别是个体迁移有着重要的影响作用。

（3）从家庭迁移的角度进行分析可以进一步看到，家庭中的老年人与子女对家庭户迁移的决策是非常重要的。从某种程度上说，家庭中老年人及子女的存在对家庭迁移的阻碍在于使家庭迁移的成本有所提高。这一方面来自家庭迁移的整体成本，另一方面来自在迁入地的住房条件等客观因素的限制。当然，这也可能使人们迁移的心理成本有所降低。因此可以认为，作为传统家庭主要形式的主干家庭仍然是我国当前的主要形式，而其所赋予的功能并未随着社会的变迁而发生一定的变化。

而家庭中的子女对家庭迁移的影响，既来自迁移过程成本的提高，同时更为主要的是来自迁入地的各种政策，特别是流动儿童的受教育政策以及医疗卫生保健政策等的限制。由于我国目前对待流动儿童的政策仍然依附于户籍制度，即户籍制度所附加的各种社会福利性政策使没有迁入地户籍的流动儿童无法在迁入地享受应有的公民权利，从而进一步提高了家庭迁移的成本。尽管目前已经出现了家庭化迁移的趋势，但仍然有一部分迁移/流动人口并未携带子女同时迁移，从而导致出现两地分居的情况。但随着各类社会福利政策与户籍制度的逐步脱钩，家庭化趋势将会进一步明显，特别是携带子女一代的迁移会有所增多。因此，针对迁移/流动人口子女的各方面发展要求而出台相应的配套政策，将不仅关系到迁移/流动人口的各项权利保障，而且关系到第二代移民的正常发展，甚至是社会的稳定。

尽管主干家庭在社会中占据绝对的主要地位，但在今后的社会经济发展过程中，对于家庭迁移的基本判断则仍然是：家庭迁移以核心家庭为主；随着独生子女家庭的盛行，老年人口将随子女迁移，从而主干家庭的整体迁移将在不久的将来逐步出现。

（4）家庭住房条件对个体与家庭的迁移决策同样有重要的影响。在本文中，住房面积的大小及住房的用途作为住房条件的代表性指标，在模型中表现得非常显著。但由于所用指标是在迁入地的调查结果，因此这种住房条件的结论表明，迁移的个人或家庭户在迁入地的住房条件相对于常住人口而言是较差的。当然由于本研究未区分户籍迁移与流动人口，我们无法判断户籍迁移与流动人口之间的差异。但由于流动人口在样本中所占的比例较高，因此有理由相信，这种较差的住房条件主要发生在流动人口之中。因此，从政策的角度来看，解决流动人口的住房问题，是保持社会稳定的一个重要因素。当然这种政策解决方案仍然有赖于政府对人口迁移与流动的态度和意愿。如果政府鼓励人口迁移与流动，那么解决流动人口的住房问题将有助于人口迁移。

（5）在对个体人口迁移的影响中，个体特征与家庭户特征都在模型中表现得非常显著，其中个体特征的作用强于家庭户特征。这意味着，在个体的人口迁移过程中，尽管家庭户特征对个体迁移行为有着重要的影响，但个体迁移仍然取决于个人的特征，或者说家庭户的某些因素只是个体做出迁移决策时的一个重要参考。从省际社会经济的差异与个体迁移之间的关系来看，在相同的省级社会经济条件下，不同特征的个体所表现出来的迁移倾向是完全不同的。

同时，个体的性别特征由于被置于家庭户特征之下，已经不再对个体的迁移决策起到决定作用，而必须从整个家庭的利益与风险来看，其中关键在于家庭成员的各种分工。这也正是将个人的迁移决策置于家庭背景下来考察，与仅从个体的角度考察迁移决策的重要差异之一。

在家庭户迁移中，家庭户特征对家庭迁移的作用非常显著，其中户主的个人特征对家庭迁移的影响更为明显，即在家庭迁移过程中，户主的个人特征在某种程度上决定着家庭是否能够举家迁移。这时的户主个人特征已经不再是户主个人的特征了，而是一个家庭户的标志性特征。

综上所述，在影响家庭迁移决策的过程中，家庭户的有关特征是重要的影响因素，而户主的个体特征在家庭迁移中同样是一个重要的影响因素。

参考文献

郭志刚，2003，《中国 1990 年代的家庭户变迁》，第五次全国人口普查科学讨论会会议论文。

周皓，2003，《中国人口迁移与家庭户研究》，北京大学社会学系博士后出站报告。

Douglas S. Massey et al. 1993. "Theories of International Migration: A Review and Appraisal", *Population and Development Review* 19, No, 3.

家庭与性别评论（第8辑）

第 55~74 页

© SSAP，2017

中国流动人口家庭化迁居[*]

盛亦男[**]

摘　要　家庭化迁居已成为我国人口流动的主要趋势。文章利用 2010 年流动人口监测数据，分析当前我国流动人口家庭化迁居的现状，对家庭化迁居的概念、类型进行重新界定。按照家庭迁居程度，将流动家庭划分为已完成迁居的家庭和未完成迁居的家庭。数据分析表明，家庭的经济水平、家庭户规模和结构等因素，使家庭在迁居方式与进程方面表现出不同的特征。在家庭分批迁居的过程中，不同批次迁居的成员呈现家庭内成员身份、人力资本存量、迁居时间间隔等方面的选择性特征。文章认为对人口流动家庭化迁居现象应采取"支持"型的政策，并为建立流动家庭管理服务体系提出政策意见，即进一步推进户籍制度改革，建立覆盖家庭生命周期、家庭类型的流动家庭服务体系。

关键词　流动人口　家庭化迁居　迁居行为

在以个人为主体的流动方式中，家庭多处于分离的状态，少数家庭成员先行流动，寻找就业机会和经济来源，其他家庭成员则留守农村。随着时间的推移，流动人口中的先行者逐步在城市站稳脚跟，为了维系家庭的稳定，或追求更高的经济收入，抑或为子女创造更好的教育条件，其他家庭成员开始追随先行者向城市流动。我国流动人口的家庭化趋势日益突

---

[*]　本文原载于《人口研究》2013 年第 4 期。

[**]　盛亦男，首都经济贸易大学劳动经济学院人口经济研究所副教授。

出。根据人口普查数据显示，从 1990 年到 2000 年，迁入纯外户的流动人口比例从 7.44% 上升到 46.06%，提高了约 5 倍（段成荣等，2008）。国家统计局《2011 年农民工监测调查报告》显示，从 2008 年到 2011 年，举家外出农民工每年增加约 100 万人。流动人口的家庭化迁移已经成为人口流动的主要趋势。

早在 20 世纪 90 年代，一些研究就开始关注我国人口流动的家庭化趋势（马侠，1990）。在国家层面的分析，顾朝林等（1999）、段成荣等（2008）总结了流动人口家庭化的基本趋势；周皓（2004）、余宪忠（2004）则从不同的角度证明家庭化迁居在 20 世纪 90 年代开始成为人口流动的主要趋势。对区域人口流动状况的研究，也同样印证了上述观点。翟振武等（2007）、侯佳伟（2009）分别对 2006 年北京市 1‰ 流动人口调查进行了分析，发现人口流动已呈现明显的家庭化趋势。另一部分研究关注我国人口流动家庭化迁居的特征。唐震、张玉洁（2009）认为流动家庭的特征主要有：农村的家族观念十分浓厚；家庭规模越大、家庭负担越重，小家庭越倾向于举家外出。周皓（2004）、袁霓（2008）认为较大的家庭户规模、家庭中老年人与子女数的增加可能会增加迁移成本，阻碍举家迁移。杨云彦、石智雷（2012）则认为，家庭拥有的资源和禀赋会提高家庭成员回流的可能性。

在人口流动的家庭化过程中，流动人口的个体特征也对携眷迁移有影响。一些研究认为家庭化迁居中的"先行者"一般为男性青壮年以及受教育水平较高的人群。"当家人"为女性的家庭，"举家迁移"的可能性更大，"当家人"在外流动的时间也对"举家迁移"起正向作用（侯佳伟，2009）。流动人口居住时间的延长将促进其携带家眷；年龄为 30 ~ 40 岁的人口，以及拥有更高受教育程度的人口对家庭成员的带动能力更高（王志理、王如松，2011）。可以说，这些研究对我国家庭化迁居的国情特点进行了一定的总结，形成了一些经验、认识。但是，这些研究大多集中于描述性统计和影响因素的分析与研究，而对家庭化迁居在人口流动过程中的阶段性地位的认识尚有待深入，相关的政策研究也比较少。

提及对家庭化迁居的研究，首先应关注两个方面：一是主体的特殊性，二是过程的特殊性。在有关迁移主体的理论研究中，新古典人口迁移理论以个人的迁移决策为研究范式，在发展中国家人口迁移的实证研究中得到广泛应用，但是在分析家庭迁居的过程中显然受到主体的限制。以 Stark 为代表的新迁移经济学理论则将迁移决策的主体由个人扩展为家庭，将迁移的目的从收入最大化扩展为收入多样化，其经典学说包括"契约安排理论"和"相对剥夺理论"（Oded and David，1985）。新迁移经济学的发展之处在于将迁移决策主体从个人扩展到家庭，是对新古典人口迁移理论的一次改良。

对迁移过程的研究，或称为迁移后续机制的理论研究，以移民网络理论为代表。其代表学者梅西（Massey）认为，移民网络是先行者与家乡后来者之间纽带关系的组合，这种纽带可以是血缘、乡缘、情缘等关系。每次迁移都使原有的移民网络继续扩散，并对后续者提供帮助或支持，使迁移的规模不断扩大（郭玉聪，2009）。根据这一理论，一些研究分析了亲友间的关系对家庭迁移行为的影响，包括对家庭迁居决策的影响（Brenda and Gordon，1991）及对家庭迁居地区选择的影响（James and Curtis，1990）。移民网络理论在安土重迁、重视社会关系的中国农村劳动力迁移中同样具有很高的使用价值。

本文将在人口迁移理论和相关研究的基础上，对我国家庭化迁居的类型和现状进行分析，并对家庭化迁居在我国人口流动过程中的阶段性地位和相关的政策导向展开研究。

本文利用了原国家人口计生委流动人口监测数据 2010 年下半年的 A 卷和 B 卷。A 卷总样本量为 122670 人，调查地点为全国 106 个城市。调查对象选取城市中跨县（市、区）流动，且在流入地居住已达 1 个月，在 2010 年 12 月时年龄为 16~59 周岁的人口。A 卷中对家庭成员概念的设定为：与被访者有姻缘或血缘关系且经济不相互独立的成员。如果流动人口有其他家庭成员在本市/区/县，但未在一起居住，不包括在流动家庭的范围内。所涉及的家庭成员包括配偶、子女/媳婿、父母/公婆/岳父母、兄弟姐妹及其配偶、孙辈、（外）祖父母和上述关系以外的其他家庭成员。B 卷调查地区集中在北京、郑州、成都、苏州、中山、韩城六市，样本量为 8200 人。需要注意的是，本文的所有分析都是建构在这一研究数据的基础上，对家庭的假设也是基于问卷的设计，① 关注的研究对象是乡—城流动的流动人口，而不是城—城流动的流动人口，因此数据筛除了流动家庭所有家庭成员均为城市户籍的情况，获得有效数据 122669 人。

① 基于研究数据的定义，本文没有区分流动人口在流动过程中因婚姻关系等形成的家庭和在原居住地就已经形成的家庭。

此次调查中所有被访者均来自不同的户，且由被访者回答家庭的相关信息和家庭成员的流动情况，因此被访者与家庭户为一一对应的关系。被调查者样本量为 122669 人，对应家庭户为 122669 户。

一 家庭化迁居的概念界定

流动人口家庭化迁居的现象早在 20 世纪 90 年代就引起了学者的注意（李强，1996；陈贤寿、孙丽华，1996），但在近十年才逐渐引起国内学术界的关注。目前，学术界对流动人口的家庭化迁居有多种称呼方式，如"家属随同""携眷""农民工的家庭迁移""人口迁移的家庭化""家庭迁移"等，在家庭化迁居的概念、类型等方面尚未有统一的界定。从目前的研究来看，对流动家庭的定义有"一对夫妻"说（周皓，2004；唐震、张玉洁，2009）、"核心家庭"说（侯亚非、洪小良，2007；张文娟，2009）、"携眷形成"说（王志理、王如松，2011）、"血缘关系说"（陈贤寿、孙丽华，1996）。

本文依据"家庭以婚姻或血缘关系为基础"的判断标准，将家庭化迁居定义为具有姻缘或血缘关系①的家庭成员一次性或分批次流入城市的过程。按照先行者与追随者的关系划分为流动人口核心意义的家庭化迁居和扩大意义的家庭化迁居。如表 1 所示，流动人口的先行者和其配偶、父母或配偶父母、子女或媳婿、孙辈、（外）祖父母形成的家庭关系为核心意义的家庭化迁居；与其兄弟姐妹、其他旁系姻亲形成的家庭关系为扩大意义的家庭化迁居。

表 1 流动人口家庭化迁居的分类

核心意义的家庭化迁居（直系血亲）	扩大意义的家庭化迁居（旁系血亲）
配偶	兄弟姐妹
父母或配偶父母	其他旁系姻亲
子女或媳婿	
孙辈	
（外）祖父母	

---

① 包括法律上的血缘关系。

二 家庭化迁居的类型

按照"共同居住"的家庭定义，流动家庭是否有未同住的家庭成员可以作为衡量家庭化迁居是否完成的标准。在这个定义的基础上，可以将家庭化迁居的类型进行划分，如图 1 所示。

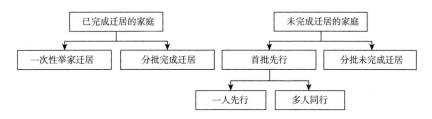

图 1 按照程度划分的家庭化迁居方式

已经完成迁居的家庭，指所有的家庭成员都在流入地共同居住的家庭。按照具体迁移方式的不同，可以将已经完成迁居的流动家庭进一步区分为一次性举家迁居与分批完成迁居两种形式。一次性举家迁居是指所有的家庭成员一次性全部流动到城市中，类似于以往研究中"举家迁移"的概念。分批完成迁居则是指一个或部分家庭成员首先流入城市，第二个或另一部分家庭成员在第二批随后流入，之后以此类推，直到所有家庭成员都在流入地共同居住为止。

尚未完成迁居的家庭是指一部分家庭成员在城市中共同生活，另一部分成员在老家或在其他地区，而处于离散状态的家庭。他们可能采取首批先行的迁居方式，即一个人先行流动，或部分家庭成员以集体的方式迁居到城市中；或者分批完成迁居，即家庭成员分批、渐次地迁居到流入地。分批未完成迁居的家庭，其首批可以是一人先行或多人同行，之后批次仍可以采取一人先行或多人同行的方式。

三 家庭化迁居基本状况：家庭结构呈小型化，
多数家庭迁居尚未完成

流动家庭可以按照家庭户内人数进行划分，如图 2 所示。这里的户内人数是指流入地家庭成员人数。因此，所谓单人户就是 1 人在城市中流动的家庭；与此相对应的是多人户，即家庭中若干成员在城市中流动。除去"没有其他亲属"的单人户家庭，仅有 1/4 的流动家庭为单人户，2 人户、3 人户和 4 人户合计占总户数的 70% 左右，5 人及以上的大家庭户所占比重仅为 3%。可见，人口流动的家庭化趋势已经十分明显，且迁居的家庭户呈现小型化结构。城市的流动人口及其家庭成员，85% 以上是农业户籍。也就是说，绝大多数在城市居住、生活的流动人口及其家庭成员并未拥有城市户籍，无法获得与之相关联的城市居民所享有的权利与保障。

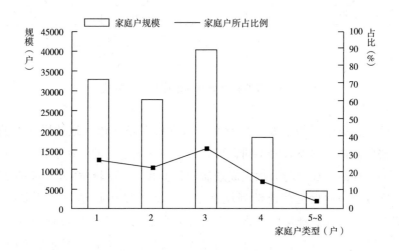

图 2 流动人口按户内人数区分的家庭户类型

数据来源：原国家人口计生委流动人口监测数据 2010 年（下）A 卷，如无特殊说明，以下图表数据来源相同。

从家庭化迁居的程度来看，绝大多数家庭的迁居正处于"进行期"，即大多数的流动家庭处于离散化状态。图 3 显示的是流动家庭中未共同居住的家庭成员人数，大约有 1/4 的流动家庭没有未同住的家庭成员。① 但是，依然有约 74% 的流动家庭还有家庭成员未同住，也就是说，绝大多数的流动家庭并未完成家庭化迁居，表现为两种不同的流迁状态。第一种

---

① 包括没有其他家庭成员的单人户流动家庭，实际上这部分流动人口已经完成了家庭化迁居的全过程。

为单个人或部分家庭成员首先流动到城市，其他家庭成员依然留守在老家，这种类型十分常见。另一种则是家庭成员在城市中处于分居的状态。

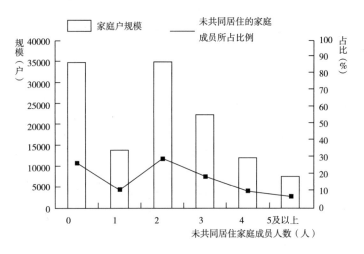

图3　流动家庭中未共同居住的家庭成员人数

　　已完成迁居的家庭为34167户，约占流动家庭总体的27.85%，有其他未共同居住家庭成员（未完成迁居）的家庭占总体的七成以上。① 在已完成迁居的家庭户中，如果不考虑单人户流动家庭，从表2中可见，1人户以及2人户至4人户这几种家庭户会选择一次性流出，一次性举家迁居类型占95.49%。家庭结构越简单，家庭规模越小型，就越易于衡量家庭整体的成本与收益、判断家庭所处环境的风险情况，也越容易做出整体流动或迁移的决策。与之相对应的是，5人及以上的大家庭大多会选择分批迁居，98%以上的分批迁居家庭都是5人户及以上的大家庭。这可能是由于在家庭规模较大的情况下，家庭成员关系更为复杂，家庭进行迁居决策时所需考虑的因素更多。为了达到风险的最小化，许多家庭会选择部分成员首先迁移、其他成员跟随先行者迁移的方式。在其他发展中国家的人口迁移过程中，这种分批迁居的迁移行为也比较常见（Lilian，1984），其能够最大限度地降低迁移风险。

---

　① 在数据筛选时，一次性举家迁居指选择所有的成员都在同一时间（同年同月）流入城市中共同居住的流动方式。不符合这种条件的为分批完成迁居。尚未完成迁居的家庭户中，一人先行式迁居选择流动家庭中单人户部分的数据，部分人共同迁居选择首批为若干家庭成员共同迁居的数据，其余为分批迁居的数据集合。需要说明的是，1人户、2人户等户类型的划分是按照流入地的家庭人数来计算的，不包括老家中的家庭人数。

表 2   流入地已完成迁居的家庭户

单位: 户, %

流入地户人数	一次性举家迁居			分批完成迁居		
	规模	占比	累计占比	规模	占比	累计占比
1 人户	1459	6.80	6.80			
2 人户	2787	12.99	19.80			
3 人户	11201	52.22	72.02			
4 人户	5033	23.47	95.49	229	1.80	1.80
5 人户及以上	968	4.51	100	12490	98.20	100
合计	21448	100		12719	100	

表 3 显示的是尚未完成迁居的家庭户,即老家中还有其他家庭成员的流动家庭的状况。其中,一人先行的家庭约占尚未完成迁居家庭的 35.53%,部分人同批迁居的家庭约占 40.60%,若干批次先行的家庭仅占 23.87%。与举家迁居的家庭一致的是,大家庭多会选择分批迁居,以使家庭整体的风险相对最小,同时使潜在收益最大化。

表 3   流入地尚未完成迁居的家庭户

单位: 户, %

流入地户人数	一人先行		部分人先行		若干批次先行	
	规模	占比	规模	占比	规模	占比
1 人户	31443	100				
2 人户			19832	55.19		
3 人户			11832	32.93		
4 人户			3702	10.30		
5 人户及以上			568	1.58	21125	100
合计	31443	100	35934	100	21125	100

四   分批迁居的家庭特征

根据移民网络理论,在分批迁居过程中,家庭中会有一人或多人首先流动到城市,为家庭的后续流动进行准备和铺垫,我们将其统称为"先行者"。家庭成员如果分批迁居，那么若干次迁居之间会有时间间隔，这将影响家庭化迁居的进程，也会从侧面反映出家庭团聚的能力。

（一）先行者多为具备一定人力资本的劳动年龄人口

图4所示为分批流动的人口性别年龄结构，家庭中的第一批流动人口呈现中青年为主、儿童与老年人口比例较低的年龄结构特征。在性别结构上，第一批迁居人口的性别比约为115，男性在先行者中占据相对重要的地位。以往研究认为，男性一般是家庭流动的先行主导（侯佳伟，2009；马瑞等，2011）。但是从本次调查来看，男性在先行者中所占的比例仅略多于女性。如果不考虑首批迁居中夫妻二人共同先行的情况，仅考虑一人先行时，这种情况依然存在，甚至更为明显。男性在唯一先行者中占有较高的比例，约为56.8%。

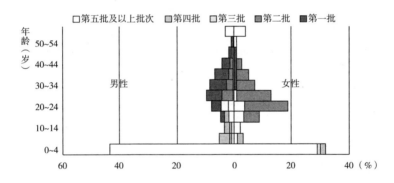

图4　分批次迁居人口的性别年龄结构

然而数据显示（见图5），20~24岁年龄组女性先行的比例较高，该年龄组女性的数量高于同年龄组的男性。女性先行者的异军突起与女性从事的职业属性有关。唯一先行者职业的分类数据表明，男性先行者最多从事的职业为生产工人\运输工人和有关人员，占32.9%；女性则以从事服务性职业的比例为最高，约占47.7%，其中20~24岁年龄组的女性中有45.14%从事服务性职业，这一比例远高于同年龄组的男性。服务性职业属于城市部门的第三产业，其就业门槛较低，一般不需要过多的职业技能和体能，因此，男性在进入城市的初始阶段并不占优势，相反，年轻女性能够快速进入城市的服务业等行业。另外，20~24岁的女性多为未婚人口（24岁以下女性中的七成为未婚），因婚姻家庭而受到的流动束缚较少，而女性结婚之后将更多地承担照料家庭的责任，成为先行者的概率大大降低（白南生等，2002）。

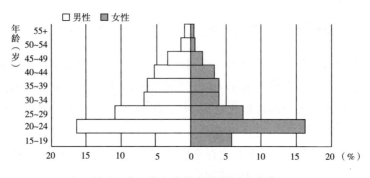

图 5　唯一先行者的年龄性别金字塔

在第二批迁居人口中，女性与 0~5 岁组的儿童开始大量增加，第二批迁居人口的性别比为 46.53。而随着迁居批次的升高，劳动年龄人口所占比例不断下降，少年儿童和老年人口逐渐成为迁居人口的主体，其中初次迁居到流入地的年龄在 5 岁以下的人口占绝大多数，55 岁以上非劳动年龄人口也有一定比例。这表明，对于一个家庭而言，当先行者在流入地的工作与生活相对稳定、有一定的基础后，家庭其他成员会跟随流动，使家庭重新团聚（如图 4 所示）。

先行者一般具备较高的人力资本。从图 6 可以看出，先行者的受教育程度在各批次中最高，受教育程度在初中及以上的人口约占 74%。显然，从第二批开始，迁居人口的平均受教育程度有所下降，第三批及以上批次的迁居人口，受教育程度迅速降低。这说明，家庭可能会选择具有相对较高人力资本的人口作为先行者，以提高在城市中寻找工作的概率和获得较高经济收入的预期。较高批次迁居的人口以少年儿童和老年人口为主，这类人群的受教育程度一般不会特别高。这也是导致高批次人口受教育程度较低的原因之一。

（二）夫妻先行团聚，以子女为主的其他亲属随迁

对于已婚人口而言，其迁居的倾向是夫妻一人或夫妻双方首批迁居，包括夫妻一方、双方携带子女等情况，之后再将以子女为主的其他亲属迁居到城市中。这种家庭迁居的倾向也可以从分批次流动的家庭成员身份看出（见表 4），绝大多数家庭选择在第一批及第二批由夫妻双方同时流动，在更高的批次，着重将子女迁居到流入地。按照随迁人口的年龄结构特

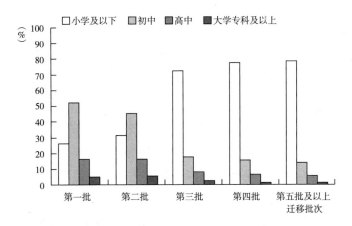

图6 分批次迁居的流动人口受教育程度

征，第三批及之后主要迁居的人口以较为年幼（0~5岁）的子女为主，父母、公婆、岳父母等年龄较大的家庭成员，只占据很小的比例。一方面，家庭中的长辈可能对故土的感情较深，很多人不愿离开原居住地。另一方面，城市的工业部门对流动人口具有很强的年龄偏好，许多流动人口在中年时期可能面临在城市工业部门失业的困境，较大年龄的人来到城市后找到工作的可能性比较低，即使通过非正规就业渠道就业，所获得的经济收入也比较有限，反而会增加流动家庭在城市的负担。

表4 分批次流动的家庭成员身份

单位：%

家庭成员	一批人	二批人	三批人	四批人	五批人及以上
本人	46.10	33.73	5.19	3.80	2.85
配偶	30.01	37.75	2.59	2.70	2.34
子女/媳妇	18.84	22.56	86.76	81.43	64.74
父母/公婆/岳父母	3.79	3.41	3.12	6.81	7.81
兄弟姐妹	0.92	1.60	1.25	3.32	4.64
孙辈	0.10	0.15	0.64	1.22	13.63
（外）祖父母	0.03	0.03	0.03	0.08	0.44
其他	0.21	0.78	0.41	0.64	3.57
合计	100	100	100	100	100

（三）分批迁居的时间间隔递减，迁居过程加速完成

为了更准确地了解家庭迁居的整个过程，本文分析了不同批次人群间的迁移间隔，这里使用的是已完成迁居家庭的部分数据。

首批迁居的人口中，在流入地平均居住时间为 4.88 年。从迁居间隔上来看，第二批人平均居住的时间是 1.73 年，与第一批人的迁居大约间隔了 3 年。第三批人的平均居住时间为 1.97 年，与上一批人的迁居时间间隔约为 4 年。第四批及以上批次流动人口的平均居住时间都较短，迁居的时间间隔也比之前的批次短（见表 5）。这说明，城市中家庭成员人数越多时，在流入地的亲属基础越为牢固。按照移民网络理论，亲属间的社会网络可能为人口的后续流动提供良好的基础。一旦家庭的先行者在城市中立足，他们便会为其他成员迁居提供经济支持，同时还会为其他成员提供住房、寻找工作等便利条件，这使得之后批次的人迁居的意愿更强，迁居的时间间隔也相对较短。每一批迁居的家庭成员都可以为后续其他成员的到来提供精神或物质基础，使分批次的家庭迁居呈现加速完成的状态。

表 5　流动人口的迁居批次与时间间隔

单位：年

批次	平均来京时间	标准差	与上一批人的迁居时间平均间隔	标准差
第一批	4.88	4.94		
第二批	1.73	3.84	3.50	3.72
第三批	1.97	3.67	4.21	4.13
第四批	0.73	2.33	3.77	3.69
第五批	0.35	1.60	3.68	3.79
第六批	0.35	1.47	3.18	3.50

注：分批完成迁居家庭的有效数据为 12719 户。第七批、第八批人口迁居的有效数据较少，在考虑样本代表性的前提下，没有将这一部分纳入分析。

五 家庭的迁居程度与社会经济特征

（一） 已完成迁居家庭在城乡间的经济收入差距更大

家庭的迁移决策与家庭在城乡间的收入差距有密切关系。因此，家庭在决定是否迁居，或者其他家庭成员是否迁居时会以经济收入为主要判断依据之一。不论是已完成迁居的流动家庭，还是正在迁居中的流动家庭，他们在城市中的平均收入普遍高于农村，且已完成迁居家庭的城乡间收入差距更为明显。未完成迁居的家庭平均每月在城市的收入比在农村高1733.08元，而已完成迁居家庭的城乡收入差距为3220元以上。这显示出，获得更高的经济收入是家庭迁居的基本动力。从家庭的经济决策角度而言，在城市中已有先行者的情况下，家庭中其他成员跟随迁居的决策是根据先行者迁居是否会为家庭带来更高的收益为决策依据的。如果城乡收入差距较小，那么其他成员的继续迁居并不会增加家庭的整体福利，换言之，过小的城乡收入差距除了无法弥补家庭的各种实际成本之外，还可能无法弥补社会成本和其他成本，使家庭失去继续迁居的动力。随着已完成迁居的家庭成员在城市工作年限的延长，流动人口可以通过积累工作经验、提升工作技能的熟练程度和人力资本禀赋，进一步增加家庭在城市的收入。当然，这种现象不排除是已完成迁居的家庭在农村中的经济收入降低而引起的。

（二） 已完成迁居家庭与流出地的联系逐渐削弱

汇款是流动人口与老家相互联系的重要纽带（Brenda and Gordon，1991；Lilian，1984）。流动家庭与流出地的联系越弱，家庭返乡的可能性越低，在实际上已经倾向于居住在城市中。表6所示为最近一年流动人口向老家汇款的情况。从汇款的具体情况来看，已完成迁居家庭呈现向低额汇款集中的趋势，70.65%的家庭汇款金额集中在1000元以内，3000元以上的高额汇款在12%以内。未完成迁居家庭的汇款金额分布则相对比较均匀，大约有35.21%的家庭户向老家汇款金额在1000元以内。调查数据显示，未完成迁居家庭的平均汇款金额远高于已完成迁居的家庭，达3倍左右。可见，与未完成迁居的家庭户相比，已完成迁居的家庭对家乡的汇款在低额度、小范围内徘徊，与家乡的经济联系日益削弱，但在赡养等方面的汇款有可能增加比例（李强等，2008）。

表 6　流动家庭的成员向家乡汇款的情况

单位：户，%

金额	未完成迁居家庭		已完成迁居家庭	
	规模	占比	规模	占比
0 元	22528	25.45	19754	57.82
1~999 元	8634	9.76	4382	12.83
1000~2999 元	22489	25.41	6101	17.86
3000~4999 元	10289	11.63	1477	4.32
5000~6999 元	10310	11.65	897	2.63
7000~9999 元	3646	4.12	169	0.49
10000 元以上	10606	11.98	1387	4.06
合计	88502	100	34167	100

（三）流动家庭有定居意愿，无定居能力

流动人口从原居住地流出并在城市中定居，才是迁移行为的最终完成。从西方国家人口迁移的经验来看，人口的迁移行为与人口在城市的定居几乎在同一个时点完成，但在我国，流动人口从流出到永久定居间隔了很长的时间。

从流动人口的定居意愿来看，42.79%的流动人口有意愿在城市中长期居住，23.20%的流动人口不打算在城市中长期居住，另有 34.01%的流动人口没有想过这个问题（数据分析结果来自 B 卷）。可见，近半数的流动人口有意愿在城市中长期居住。随着流动人口在城市居住时间的延长，他们成为城市居民的愿望不断增强。

从流动家庭的定居能力以及获得城市户籍的几个主要途径，包括参军、入学、购房等方式来看，流动人口最主要采取的方式是在城市中购买住房。当流动家庭在城市拥有满足各项基本需求的住房时，可以增强家庭在城市中的归属感和长期定居的可能性。从表 7 中可见，约 67.12%的流动家庭居住在楼房中，近 30%的家庭居住在平房中。在临时建筑（工棚等）、地下室/半地下室等条件较差的环境中居住的家庭仅占 2.59%。在

已完成迁居家庭中有98.26%居住在楼房或平房中，未完成迁居家庭中有
96.52%居住在楼房或平房中，两者差距并不明显。

表7 流动家庭现住房的建筑类型

单位：户，%

建筑类型	全部家庭		未完成迁居家庭		已完成迁居家庭	
	规模	占比	规模	占比	规模	占比
楼房（地面以上）	82331	67.12	61446	69.43	20885	61.13
平房	36658	29.88	23972	27.09	12686	37.13
临时建筑（工棚等）	2398	1.95	2056	2.32	342	1
地下室/半地下室	783	0.64	638	0.72	145	0.42
其他	499	0.41	390	0.44	109	0.32
合计	122669	100	88502	100	34167	100

　　流动家庭在流入地拥有住房情况的调查结果显示（见表8），绝大多
数的流动家庭并不拥有自己的住房，购买商品房、政策保障房的家庭仅占
总比例的8.66%，绝大多数家庭居住在租住的私房中。已完成迁居的家
庭中有14.54%购买了商品房或政策性保障房，未完成迁居家庭则仅有
6.38%。相比较而言，已完成迁居的家庭由于家庭成员已经在城市中团
聚，有更加强烈的购买住房甚至在城市中定居的意愿。从整体上来看，流
动家庭拥有住房的比例相对较少，更多的家庭有意愿而无能力在城市中定
居。即使是已完成迁居的流动家庭，他们与老家的联系已经减弱，但是在
物质基础上并未在城市中扎根，在心理感知方面也没有产生较强的归属
感。可见，流动家庭的定居化道路依然漫长。

表8 流动家庭的现住房情况

单位：户，%

住房情况	全部家庭		未完成迁居家庭		已完成迁居家庭	
	规模	占比	规模	占比	规模	占比
租住单位/雇主房	10205	8.32	8324	9.41	1881	5.51
单位/雇主提供免费住房	12467	10.16	11734	13.26	733	2.15

续表

住房情况	全部家庭		未完成迁居家庭		已完成迁居家庭	
	规模	占比	规模	占比	规模	占比
政府提供廉租房	203	0.17	147	0.17	56	0.16
租住私房	84688	69.04	60199	68.02	24489	71.67
已购商品房	10228	8.34	5419	6.12	4809	14.07
已购政策性保障房	390	0.32	231	0.26	159	0.47
其他	4488	3.66	2448	2.77	2040	5.97
合计	122669	100	88502	100	34167	100

六　家庭化人口迁居的政策导向

我国的家庭化迁居正呈现大规模、持续性扩张的趋势，已经代替个体流动成为人口流动的基本趋势。由于城乡隔绝的户籍制度将在一定时期内持续存在，因此家庭化迁居实际上是流动中的家庭自我调节、自我适应，将迁移产生的抚养成本、照料成本、心理成本等社会成本内生化，逐步趋向在城市中长期生活的一个阶段。在制度不发生根本变革的情况下，家庭化迁居将在我国长期存在。

为顺应人口流动家庭化的趋势，现有的政策需要有所调整。对家庭化迁居的政策导向的研究可以划分为两类，即"限制类"和"支持类"。早期"限制类"的研究认为，家庭化迁居对城市带来的消极影响更甚于积极影响。由于流动人口自身文化素质参差不齐、人员成分复杂、管理难度较大，流动家庭规模化的扩张会增加城市流动人口管理、计划生育管理的难度，加重城市的基础设施负担，因此政策应以限制为基本导向（陈贤寿、孙丽华，1996）。"支持类"将家庭化迁居视为流动人口在城市长期居住、定居化的一个特定阶段，流动家庭可以被称为"事实上的移民"家庭，需要通过对城市的社会政策和制度进行改革，保障流动家庭的基本需求（唐震、张玉洁，2009；侯亚非、洪小良，2007）。

本文更加赞同后者，不应视家庭化人口迁居的基本政策导向为"洪水猛兽"，谈之色变。这是由城市化的发展规律、城市地区的社会责任以及劳动力的稳定供给等因素共同决定的。

首先，家庭化迁居是城市化发展规律的表现。从城市化的基本规律来看，城市化水平与工业化水平和经济发展阶段高度相关。随着中国的工业化和经济发展水平的不断提升，农村劳动力向城市不断转移，城市中人口规模上升，符合人口城市化发展的基本规律。城市化与工业化相互依存、相依发展。随着我国工业化进程的不断深入，城市化水平也将相应提高，否则就会对经济增长和结构改善形成瓶颈制约。2012 年中国统计年鉴数据显示，2011 年我国的城市化水平已经达到 51.27%，但是与发达国家的城市化水平相去甚远，也明显滞后于其工业化进程。家庭成员在城市中长期定居并成为市民，正是促进城市化水平提升的重要方式。因此，政策导向应顺应流动家庭在城市长期居住的需求，加快体制桎梏的转型，促进城市化进程的提升。这需要采取一系列制度、体制上的改革措施，从根本上使流动家庭融入城市。

其次，人口流动的家庭化迁居，实际上是人口流动的更高级阶段。在家庭化迁居阶段，人口流动已经逐步摆脱盲目流动或单纯的个人流动阶段。流动人口开始以家庭的形式在城市中较为稳定地居住，成为事实上的"常住人口"，这是在我国户籍制度条件下流动人口定居倾向的一种表现形式。与人口的短期流动不同，流动家庭特别是已完成迁居家庭在城市定居意愿更加强烈，对各项社会服务有更高的需求。

在过去 30 多年的人口流动过程中，企业利用流动人口劳动力价格低廉的特征，在世界竞争中获得了比较利益与经济利润。长期以来，城市希望通过流动人口中的"精英人群"发展地区的社会经济，但对流动人口中的儿童、老人，甚至超过企业用工需求的中年流动人口予以排斥，流动人口及其家庭无法分享城市发展的成果。这是城市对为城市发展带来巨大贡献的流动人口逃避责任的态度。流动行为对经济的贡献一直为社会所关注，然而，流动行为本身可能产生的实际社会成本长久以来却受到忽视。实际上，人口的流动行为对家庭造成的一系列社会成本都在家庭内部消化了。农村劳动力对制度的容忍度有一个转折点（蔡昉、白南生，2006）。也就是说，随着人口流动的加强，人口流动家庭化迁居的行为实际上是农村家庭无法忍受家庭分离而自身调节和内部消化的表现。人口流动的家庭化迁居现象，是农村人口在长期制度约束下，开始争取身份改变、争取与市民获得同等待遇的努力。随着人口流动行为的进一步发展和家庭化迁居水平的提升，政府部门有义务和责任承担人口流动的社会成本，为家庭带来更多的福祉，使所有人均能共享改革与发展的福利。

最后，促进人口的家庭化迁居，是突破当前劳动力用工瓶颈的必由之路。2004 年东莞地区出现"用工荒"，2008 年经济危机后又出现"用工荒"，2010 年东南沿海省份再次出现了大规模的"用工荒"，流动人口大规模回流迁出地，使东南沿海地区经济的持续增长进入瓶颈。通过促进家庭化迁居，增强流动家庭在流入地的稳定性，可以为企业提供具有稳定性的劳动力，在一定程度上能缓解我国东南沿海地区有效劳动力供给不足的困境。

总之，在应对家庭化迁居的进程中，政府应顺应人口迁移和城市化进程的客观规律，采取促进家庭化迁居和流动家庭社会融入的政策。

（一）进一步推行户籍制度改革

首先，政府在人口流动中的角色应进一步调整。当前部分地方政府仍然基于地方利益采取保护性政策，这有悖于保障公民自由迁移的基本权利，无益于经济的持续增长。应在全国范围内建立统一的劳动力市场，促进劳动力的自由流动。

其次，现行的户籍管理制度改革应继续稳妥有序地进行。居住证制度等形式不应是户籍制度改革的最终目的，而只是一个特定的过渡阶段。北京、上海等大城市的户籍制度改革的难度在于，在户籍制度调整和松动的同时，要避免人口的大规模涌入带来"城市病"的现实难题。实际上这是户口上附加了不均等的社会福利而造成的，解决这一问题的根本在于完善我国的社会保障制度体系。应通过完善我国的公共服务体系，以实现全部人群基本公共服务均等化为主要目标，不将户籍管理制度作为城市福利的唯一依据。应在市场经济体制下保证每个公民的自由迁移和流动，使每个劳动力拥有平等就业的权利，将户口迁移的审批制转变为登记制，逐步取消与之相关联的各种差别待遇。这将是一条漫长的道路，需要政策制定者进行审慎的考量。

（二）建立覆盖整个生命周期和全部家庭类型的流动家庭服务体系

随着流动家庭在城市中定居时间的延长，尤其是对于已经完成迁居并有意向在城市中长期定居的家庭而言，获得就业、医疗、教育、养老等方面的社会保障成为他们的未来所需，即使是对于将来打算返回家乡的家庭来说，为其提供相应的社会保障，也有利于其在城市中稳定地生活与工作，保障其家庭在城市基本的福祉。因此，除了户籍制度改革之外，建立一套以家庭为服务对象的、覆盖全部家庭类型和整个生命周期的家庭服务体系，是未来流动人口管理服务体系建设的题中之义。根据我国经济发展水平和流动家庭的需求，可以设立"保证基本，循序渐进，逐步放开"的基本原则。

首先，保证基本，解决流动家庭的燃眉之急。对于流动家庭最为关注的就业、教育等问题，应消除对流动家庭的不平等待遇。流动家庭在城市流动的最初阶段，最为迫切的需求是就业服务。城市中应建立起集流动人口职业介绍、指导、技术培训于一体的就业服务体系，满足流动人口的基本工作需求。在流动家庭的扩大化和满巢阶段，家庭对孩子的教育和抚养需求逐渐突出，影响流动家庭迁居决策比较突出的因素之一便是流入地教育成本问题。因此，应逐步削减或取消流动儿童"借读费"及其他费用，为流动儿童和城市儿童建立公平的受教育环境，为打工子弟学校的师资和办学提供优惠政策。对这些基本民生问题的保障，有利于满足流动家庭在城市中的基本需求，促进流动家庭在流入地的融入。

其次，逐步放开，保障流动家庭更高层次的需求。在家庭组织者的老年阶段，家庭的功能转变为赡养功能。流动家庭在这一时期对医疗、养老保障的需求更为迫切。在满足流动家庭基本需求的基础上，可以逐步完善流动人口的社会保障制度，包括对工伤保险、基本养老保险制度等进行改革，同时应进一步规范社会保险关系在城乡和区域间的对接问题。

参考文献

白南生、宋洪远，2002，《回乡，还是进城？——中国农村外出劳动力回流研究》，中国财政经济出版社。

蔡昉、白南生，2006，《中国转轨时期劳动力流动》，社会科学文献出版社。

陈贤寿、孙丽华，1996，《武汉市流动人口家庭化分析及对策思考》，《中国人口科学》第5期。

段成荣、杨舸、张斐、卢雪和，2008，《改革开放以来我国流动人口变动的九大趋势》，《人口研究》第6期。

顾朝林、蔡建明、张伟、马清裕、陈振光、李王鸣、沈道齐，1999，《中国大中城市流动人口迁移规律研究》，《地理学报》第3期。

郭玉聪，2009，《福建省国际移民的移民网络探析——兼评移民网络理论》，《厦门大学学报》（哲学社会科学版）第 6 期。

侯佳伟，2009，《人口流动家庭化过程和个体影响因素研究》，《人口研究》第 1 期。

侯亚非、洪小良，2007，《2006 年北京市流动人口家庭户调查报告》，《新视野》第 2 期。

李强，1996，《关于"农民工"家庭模式问题的研究》，《浙江学刊》第 1 期。

李强、毛学峰、张涛，2008，《农民工汇款的决策、数量与用途分析》，《中国农村观察》第 3 期。

马瑞、徐志刚、仇焕广、白军飞，2011，《农村进城就业人员的职业流动、城市变换和家属随同状况及影响因素分析》，《中国农村观察》第 1 期。

马侠，1990，《中国人口迁移模式及其转变》，《中国社会科学》第 5 期。

唐震、张玉洁，2009，《城镇化进程中农民迁移模式的影响因素分析》，《农业技术经济》第 4 期。

王志理、王如松，2011，《中国流动人口带眷系数及其影响因素》，《人口与经济》第 6 期。

杨云彦、石智雷，2012，《中国农村地区的家庭禀赋与外出务工劳动力回流》，《人口研究》第 4 期。

余宪忠，2004，《中国人口流动态势》，《济南大学学报》（社会科学版）第 6 期。

袁霓，2008，《家庭迁移决策分析——基于中国农村的证据》，《人口与经济》第 6 期。

翟振武、段成荣、毕秋灵，2007，《北京市流动人口的最新状况与分析》，《人口研究》第 2 期。

张文娟，2009，《流动人口的家庭结构——以北京市为例》，《北京行政学院学报》第 6 期。

周皓，2004，《中国人口迁移的家庭化趋势及影响因素分析》，《人口研究》第 4 期。

Brenda Davis Root and Gordon F. De Jong. 1991. "Family Migration in a Developing Country." *Population Studies* 2.

Jacob Mincer. 1978. "Family Migration Decision." *The Journal of Political Economy* 8.

James H. Johnson and Curtis C. Roseman. 1990. "Increasing Black Outmigration from Los Angeles: The Role of Household Dynamics and Kinship Systems." *Annals of the Association of American Geographers* 2.

Lilian Trager. 1984. "Family Strategies and the Migration of Women: Migrants to Dagupan City, Philippines." *International Migration Review* 4, Special Issue: Women in Migration.

Oded Stark and David E. Bloom. 1985. "The New Economics of Labor Migration." *The American Economic Review* 2, Papers and Proceedings of the Ninety-Seventh Annual Meeting of the American Economic Association (May).

Steven H. Sandell. 1977. "Women and the Economics of Family Migration." *The Review of Economics and Statistics* 4.

家庭与性别评论（第 8 辑）

第 75~100 页

外出还是留守？

——农村夫妻外出安排的经验研究[*]

李　代　张春泥[**]

摘　要　外出家庭化是中国城乡人口流动的一个重要趋势，但以往研究因为缺乏对家庭边界的明确定义及采用流入地调查数据等缺陷，未能提供对当今农村劳动力家庭外出-留守安排各类型分布的可靠描述。本研究基于中国家庭追踪调查，描述了中国农村丈夫单方外出，妻子单方外出，夫妻同地外出、异地外出及其子女外出或留守安排的分布，并在此基础上分三种外出决策情境重点探讨了夫妻特征和家庭结构等因素与夫妻外出安排的关系。

关键词　家庭化外出　中国城乡人口流动　中国家庭追踪调查

一　研究背景

劳动力大规模从农村外出到城市是中国转型期的一个重要社会变迁特征。中国当代大规模城乡人口流动始于 20 世纪 80 年代中后期，以 1992

---

[*]　感谢匿名评审专家提出的宝贵意见。文责自负。本文原载于《社会学研究》2016 年第 5 期。

[**]　李代，北京大学新媒体研究院博士后；张春泥，北京大学社会学系助理教授。

年的"民工潮"为标志，此后历经 30 年，其总规模持续上升，范围也不再局限于从农村到城市、从内陆到东南沿海，而是发展为全国各地城乡之间、不同城市间的人口流动。2010 年全国人口普查显示，中国流动人口的总量已达到 2.2 亿人（国家统计局，2011）。除了人口流动的规模上升外，农村人口外出的方式也在改变。2000 年之后，人口的流动模式从以单人外出为主转向以核心家庭外出为主（周皓，2004），外出家庭化成为新的趋势。

农村人口外出从单人外出向家庭化外出的转变首先意味着农村外出者卷入城市生活的程度加深。独身一人来到城市的外出者的个人需求相对简单，而以家庭为单位来到城市的外出家庭则会在家庭层面对教育、医疗、居住和社会生活等有多方面需求。其次，这一变化也将改变农村家庭生产及生活的组织方式。过去，农村家庭生产和生活的单位是由父母与成年儿子的家庭构成的主干家庭，而随着家庭中子代夫妻一同外出打工的现象逐渐增多，谋划生计的单位逐渐缩小到核心家庭。子代夫妻与父代长期两地生活，各自生活空间独立，给农村传统家庭组织方式带来挑战。最后，夫妻双双背井离乡，难以亲自照顾留守农村的父母或子女，使得传统价值观中的家庭责任面临冲击。

在外出家庭化趋势下，许多研究开始关注在已成家外出者身上更为凸显的一系列社会后果，如儿童的抚养与教育问题以及外出者的性健康、婚姻稳定性、家庭观念等（Jia et. al.，2010；金一虹，2010；Lu，2012；陶然、周敏慧，2012；Yang & Xia，2006）。但这些对外出社会后果的研究需要建立在一个以人口事实为背景的基础上：到底有多少农村外出者的配偶或子女也外出了呢？农村家庭通常会让哪些成员外出、哪些成员留守呢？在各种安排中哪些外出安排更具普遍性呢？当试图评价农村人口外出对流入地、流出地以及外出者本人及其家庭带来的社会后果之前，研究者有必要先掌握农村人口外出安排的概貌。

受数据或研究视角的限制，学界对这类问题的研究仍有限，大多数研究使用的是区域性的、非随机抽样或流入地抽样的样本，其代表性存在问题。许多研究仍沿袭推拉理论或新古典经济学，以个人为分析单位，未能以夫妻或家庭为单位研究家庭成员各种可能的外出安排。即便一些在迁移新经济学框架下的研究是以家庭为分析单位，但对家庭的界定不清晰，导致不同研究之间难以比较。

鉴于上述问题，本研究将基于中国家庭追踪调查的数据来描述农村夫妻及其子女各种类型的外出–留守安排的分布，并分析夫妻的外出–留守安排与夫妻及其流出地家庭特征之间的关联。接下来，我们以分离家户（split household）的文献为起点来简述中国家庭外出安排的特征，并在综述以往研究家庭化外出的主要发现的基础上讨论这些研究存在的方法问题。

二　文献综述与研究假设

分离家户的安排既是中国城乡人口流动的主要特征之一，也是其社会后果之一（Fan，2011）。分离家户的安排是指由于外出工作的需要，一部分家庭成员流动到外地居住及生活，而另一些家庭成员仍留守在原居住地生活，但这两部分家庭成员仍然由家庭关系纽带和经济纽带维系在一起。

分离家户不仅在中国城乡流动中很常见，在非洲、拉丁美洲和其他亚洲国家的劳动力流动中也很普遍（Chant，1991；Nelson，1976；Wilkinson，1987）。不同的是，分离家户在那些国家是外出劳动力自愿选择的一种合理的、实用的、灵活的安排，而在中国，分离家户的安排通常被视为无奈之举。一方面，户口制度阻碍了农村外出打工者在打工城市定居；另一方面，城市就业和社会保障的不确定性让他们不愿也不敢放弃在农村的土地、住房和社会网络（Fan，2009，2011；Fan & Wang，2008；Zhu，2007）。

分离家户是中国农村劳动力外出的普遍性特征，具体形式在最近 20 年内发生了重要变化。20 世纪 80 ~ 90 年代，分离家户最主要的形式是家庭中有一名成员单独外出打工，其他家庭成员在农村留守。单独外出的打工者通常是丈夫或者未婚青年（如尚未出嫁的女儿）。而到 21 世纪初，夫妻双方均外出打工以及子女跟随外出的情况日益增多。周皓（2004）根据"五普"数据计算，2000 年户主和配偶均为迁移人口的纯外户比例高达 47%。李强（2014）根据 2005 年国家统计局数据估计，全国有 1/4 的外出者是举家外出，而在北京、武汉、苏州、深圳和上海，有 1/3 的农民工以家庭形式居住在一起。盛亦男（2013）基于 2010 年原计生委流动人口监测数据计算，外出人口中 2 人户到 4 人户合计占 70%。尽管上述研究的数据和统计口径未必相互可比，但都指出了家庭化外出日益增多这一重要变化。

过往研究还对影响农村家庭外出安排的因素做了分析。讨论的因素主要集中在家庭的经济和人口结构、外出者或外出家庭户主的特征、社会网络、城乡收入差距、户口制度等。相对集中或一致的研究发现有：有老人和儿童的家庭更不会举家迁移（李强，2014；盛亦男，2014；袁霓，2008；周皓，2004），婚姻会提高举家迁移的可能性（邵岑、张翼，2012；洪小良，2007；商春荣、王曾惠，2014；Yang，2000），城乡收入差距越大越可能引发家庭迁移（盛亦男，2014），以及耕地面积或农业经营的参与会降低家庭迁移的可能性（刘燕，2013；袁霓，2008；张玉洁等，2006）。对另一些因素，不同研究得到了不一致或相左的发现。例如，有研究发现外出家庭户主的受教育程度与家庭化迁移呈正相关（张玉洁等，2006），也有研究发现二者呈负相关（洪小良，2007；商春荣、王曾惠，2014），或是呈非线性关系（邵岑、张翼，2012；周皓，2004），或没有显著影响（李强，2014；袁霓，2008）；有研究发现家庭规模对家庭后续迁移有正影响（Yang，2000；洪小良，2007；张玉洁等，2006），但也有研究发现是负影响（盛亦男，2014；周皓，2004）；有研究指出迁移网络会提高家庭迁居水平（李强，2014），也有学者认为无此影响（盛亦男，2014；洪小良，2007）。

尽管过往研究已观察到农村劳动力外出家庭化的上升趋势并尝试分析其影响因素，但是这些研究仍存在缺陷和不足。首先，在数据方面，上述绝大多数研究使用的数据是在流入地抽样的样本，使用流入地样本研究流动人口存在无法观测到流动人口的选择性、难以追踪等问题（梁玉成等，2015）。在流入地样本中，外来家庭通常以受访人为外地户口且与其配偶共同居住来界定（洪小良，2007；李强，2014；刘燕，2013；盛亦男，2013；周皓，2004），这样的流入地调查数据会造成两方面的偏误。第一，由于绝大多数流入地抽样的对象都是在流入地的家庭户，这一抽样方式难以捕捉居住在工地工棚、临时住宅、集体宿舍等非家庭户的外来人口，这会在整体上低估外来人口的规模，还可能会高估家庭迁移的规模。第二，这些研究在对外来家庭进行界定时往往仅将外来者及其配偶、子女或其他家庭成员共居作为标准。而从流出地的视角看，家庭外出还包括另一种情况，即全部或大部分家庭成员分散外出到不同的地点，不居住在同一家庭户中。因此，使用流入地抽样数据所研究的仅是家庭同地外出，无法考察家庭外出的其他决策模式。

其次，在对家庭的界定上，过往许多研究采用了模糊的家庭边界，未指明家庭应该包含哪些成员，而是让受访人自己界定家庭中还有哪些成员。中国家庭的边界比西方家庭模糊，人们既可以从血缘和姻缘关系来定义"大家庭"，也可以根据实际居住状态或经济联系（如同灶吃饭）来定义更小的家庭。除非在调查涉及"家庭"时从提问一开始就以某一标准界定出家庭成员名单和关系，否则当受访人回答家乡还有父母或其他亲属留守时，研究者难以判断这些"家人"到底是同一家庭的成员还是已经分家的亲属。常见的"举家迁移"概念就存在这个问题。① 此外，家庭成员的范围还取决于家庭中有哪些成员。父母去世的外出者不会存在父母外出或留守的问题，丧偶的外出者不会存在配偶外出与否的问题，没有生育子女的外出者不存在子女外出与否的问题。若不考虑既有的家庭构成就对家庭外出类型分布进行统计很可能得不到准确的分布，因为这一分布不仅取决于外出安排，还很大程度上取决于流出地的家庭构成。因此，模糊地使用"家庭"或"家人"概念的结果是，不同的受访人对家庭成员边界的理解很可能不一致，导致不同家庭之间的家庭化迁移安排不可比。

最后是选择性问题，流入地抽样的数据只对已经外出的人口抽样，未对农村的留守者抽样。因此，这类数据通常只能比较正在外出者之间的差异，例如比较家庭外出者和单方外出者（李强，2014）、分不同批次完成外出的家庭（盛亦男，2014）、有后续外出或无后续外出者（邵岑、张翼，2012；洪小良，2007），却无法比较外出者/家庭和农村留守者/家庭的差异。然而外出的安排与留守的安排往往不可分割，留守是外出的另一个选择，反之亦然。流入地抽样数据遗漏了农村的留守家庭，因此难以研究外出决策的选择性。即便把比较对象的范围扩大，现有研究仍难以克服选择性的问题。有的研究比较的是外出家庭与留守家庭（袁霓，2008；张玉洁等，2006），有的研究比较的是外出家庭与本地非迁移家庭（周皓，2004），由于比较或参照的群体不同，不同研究的结论难以对话。实际上，对不同参

---

① 判断举家迁移的典型标准是流出地是否还有家人（盛亦男，2014）。但举家迁移既可能是经济上同为一个独立单位的全户家庭成员一同迁出，也可能仅指核心家庭外出。当受访人把自己所处的核心家庭脱离主干家庭的外出过程等同于分家时，即使农村还有主干家庭成员，受访者也会认为自己及其配偶和子女的外出是举家迁移。

照群体的选择要基于对不同的外出情境的假定。因此，研究不仅应尽可能包含可比较的群体，还应尽可能考虑不同的外出决策情境。

基于上述问题，本研究做了三方面的改进。首先，使用同时包括流出地和流入地外出劳动力样本的全国代表性数据。其次，在描述家庭化外出安排的类型时，将家庭化外出的基本分析单位明确界定为每一对夫妻，视未成年子女为夫妻的扩展。这样尽管会将主干家庭和联合家庭人为地拆解为多个核心家庭，但能够保证我们的分析单位是一致的。最后，我们采用两阶段"决策树"的分析框架把是否外出和怎样外出这两类决策区别开来进行讨论。我们预设了三种夫妻外出的常见决策情境，并在每一种情境下讨论夫妻联合和相对的特征、家庭结构等因素对家庭外出决策的影响。

三　夫妻外出安排的分类及决策情境

对外出家庭化的研究首先需要定义哪些家庭成员的外出可以算作"家庭化外出"。前文已述，过往研究对家庭的界定并不一致，最常用的定义家庭边界的标准为经济上联系在一起的、由直系及旁系亲属构成的共同生活及生产单元，俗称"同灶吃饭"。但这一家庭边界的定义仍是受访人主观认定的。由于居住上的分离，外出者在一定程度上会减弱与流出地家庭之间的经济与生活联系，这仍会导致不同人对家庭成员的判断不一致、不稳定。因此，我们采取更保守的做法，将家庭化外出决策的基本单位缩小至在婚夫妻，如果夫妻有未成年子女，则进一步包括这些子女。因为夫妻及其未成年子女所构成的核心家庭可以算作一个明确的家庭单元，即便是主干或联合家庭，也都能拆解成多个夫妻对或含未成年子女的夫妻对。

当以流出地家庭在农村的夫妻为外出的家庭决策基本单位时，我们就可以按照夫妻各自外出与否的状态将家庭的外出-留守安排分为以下几种类型：夫妻双方均不外出、夫妻单方外出、夫妻均外出。其中"夫妻均外出"可进一步区分为夫妻外出到同一地点（即同地外出）和夫妻外出到不同地点（即异地外出）。对"单方外出"，如果区分性别角色，又可分为丈夫单方外出和妻子单方外出。因此我们共得到五种家庭外出-留守的类型。此处的"外出"是指空间上离开家庭在农村的居住地且外出距离至少跨区县。

　　我们假定夫妻在外出安排的决策上至少包含两个阶段：第一个阶段是夫妻决策是否参与或继续参与外出打工；第二阶段仅针对决定要外出的夫妻，他们进一步决策谁外出或谁留守。尽管夫妻在决策时有可能把这两个阶段合二为一，或者在两个阶段之间反复抉择，但是从研究分析的角度上，我们把外出安排的决策划分为两个阶段会在选择外出安排的参照群体和分析外出安排的影响因素上更有条理。

　　在比较不同外出安排时，我们假设了三种常见的情境，每种情境下都存在两阶段的外出决策，但不同情境下决策的侧重点不同，所涉及的比较或参照群体也不同。以下我们分别介绍这三种常见情境，每一种情境的分析起点均是流出地家庭在农村的夫妻。进入这一起点状态的既可能是从未外出过的农村夫妻，也可能是曾经或正在外出的农民工——在婚后对包括自己在内的核心家庭的外出安排进行重新规划。

　　决策情境Ⅰ。第一种情境是农村夫妻首先对他们之间是否至少一人要参与外出打工的经济活动做出决策；如果决定参与，继而在第二个阶段决定是其中一人外出还是两人都外出，是两人都外出到同一个地点还是到不同的地点。决策情境Ⅰ可以用树状图的形式表示（我们称之为"决策树"），如图1所示。情境Ⅰ中，第一阶段的决策是要在双方均不外出的夫妻（B）和至少有一方参与外出打工的夫妻两个群体之间比较（A+Ch+Cw+D）。而决定外出的夫妻则将在第二阶段对四种可能的外出安排做比较和选择。若以同地外出为参照类，将产生三组平行的比较，分别是妻子单方外出 vs. 夫妻同地外出（Cw vs. A）、丈夫单方外出 vs. 夫妻同地外出（Ch vs. A）、夫妻异地外出 vs. 夫妻同地外出（D vs. A）。

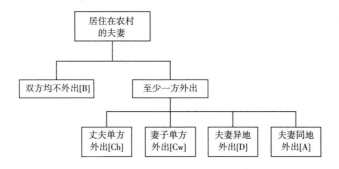

图1　外出决策情境Ⅰ的"决策树"

决策情境Ⅱ。不同于情境Ⅰ，第二种情境在第一阶段的决策重点相反，考虑的是夫妻是否至少有一人要留守（见图2）。在外出打工很普遍的地区，许多家庭的决策重点很可能不是要不要外出，而是家中要不要留人照看农村的生产或家庭。因此，情境Ⅱ的第一阶段是在双方均外出（A+D）和至少有一方留守（B+Cw+Ch）间比较。第二阶段，对于双方均外出的夫妻，他们之间在异地外出还是同地外出（D vs. A）上的比较已在情境Ⅰ的第二阶段中包含；而对于至少一方留守的夫妻，若以双方均不外出为参照类，则产生两组平行的比较，分别是妻子单方外出 vs. 双方均不外出（Cw vs. B）和丈夫单方外出 vs. 双方均不外出（Ch vs. B）。

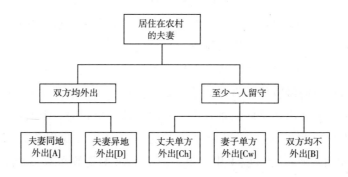

图2 外出决策情境Ⅱ的"决策树"

决策情境Ⅲ。前两种情境没有区分丈夫和妻子在外出上的优先性，在第三种情境中我们要纳入性别的视角，考虑家庭内部性别分工的问题。通常，丈夫是家庭外出的先行者（侯佳伟，2009；马瑞等，2011；盛亦男，2014），这既是因为丈夫是农村家庭最主要挣取收入的劳动力，也是由于受传统观念"男主外、女主内"的影响。如果已婚女性通常不作为外出打工的主要行动者，那么家庭的外出决策首先要决定的是丈夫是否外出。在丈夫外出或留守的条件下，再决策妻子是留守还是外出，是与丈夫分开外出还是与丈夫会合。因此，图3中第一阶段是在丈夫外出和丈夫留守两种安排（A+D+Ch vs. B+Cw）之间比较。在丈夫外出的情况下，第二阶段是将妻子单方留守、妻子同地外出和妻子异地外出三种安排做比较。而同地外出与异地外出的比较已在情境Ⅰ中包含，因此我们只需要比较丈夫单方外出与夫妻同地外出（Ch vs. A）和丈夫单方外出与夫妻异地外出（Ch vs. D）两组安排。对于第一阶段决策树的另一支——丈夫留守的情况，我们需要比较妻子也留守（即双方均不外出）与妻子单方外出这两种安排（B vs. Cw）。

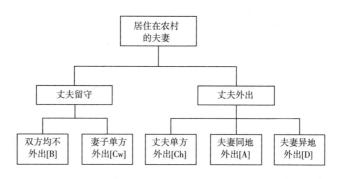

图3 外出决策情境Ⅲ的"决策树"

我们区分决策情境是为了更有条理地分析各因素对外出安排的影响。我们假设一些因素可能对第一阶段决策更有用，而另一些因素可能到第二阶段才成为决策考量的重点。根据以往文献并基于本研究数据中的已有变量，我们将侧重考察两类与夫妻外出安排相关的因素。

第一类是夫妻的人口及社会特征。由于本研究的基本分析单位是夫妻，我们将使用夫妻共同或联合的特征。我们用夫妻的平均教育年数作为夫妻人力资本水平的综合指标，以丈夫的年龄段来衡量夫妻所处的生命历程。鉴于外出很可能是夫妻之间讨价还价的结果，受到他们相对地位与性别权力的影响，我们还将使用夫妻的年龄差和受教育水平的相对高低这些特征。我们假设夫妻的联合特征在两个决策阶段都起作用，而相对特征主要影响的是谁外出、谁留守的具体安排。

第二类因素是流出地家庭的成员结构及居住特征。这里的"家庭"是指经济上联系在一起由亲属关系构成的家庭，这构成了夫妻决策的家庭环境因素。我们将分析除这对夫妻以外的其他同灶吃饭家庭成员的特征。具体包括以下三个方面。（1）夫妻拥有的未成年子女的数量及年龄构成（分为0~2岁的婴儿期、3~5岁的学前期和6岁以上的学龄期）。（2）丈夫的父母在流入地是否与夫妻分家。一般来说，父母在流出地可以帮忙照看农活和孩子，解除夫妻外出打工的后顾之忧，但另一方面，父母若是年迈则可能需要子代家庭照料，这可能导致子代留守。（3）丈夫是否为其父母的长子或独子。在传统家庭观念中，长子或唯一的儿子被认为理应承担更多的家庭责任，这可能会限制其外出。我们假设流出地家庭的特征对两个阶段的外出决策都产生影响。

此外，我们还顺带考虑了家庭和社区的经济禀赋和外出社会网络这两类因素。这两类因素在过往研究中曾被反复提及，属于流出地家庭或家庭所在地社区的特征。流出地的农业生产状况是农村劳动力外出时所考虑的重要经济因素。在家庭层面，我们纳入家中是否经营土地这一变量。通常，经营土地的家庭需要一部分家庭劳动力留守照看农业生产，这会降低成员外出的可能性。在社区层面，村农业生产产值（以千元计）是反映村经济水平的指标，如果农业生产产值较高，可能会提高留守务农的吸引力。我们没有纳入家庭打工收入或者农业收入，因为在截面数据中同一时点的打工或农业收入与家庭成员外出打工行为的关系是内生的。过往对劳动力外出的研究均显示，人们外出打工的可能性会随其他家人或亲属的外出打工而提高。在本研究中，我们以外出打工的成年家庭成员人数来测量家庭层面的外出社会网络。通常，家庭外出打工的人越多，越可能会给家庭其他尚未外出成员带来更多的外出就业信息或机会，也更容易产生示范效应，以促进其他成员外出。类似的，在社区层面，一个村外出务工劳动力比例越大，该村的家户及村民越可能通过同乡网络获得外出打工的机会或被鼓励外出。我们假设社区层次的经济禀赋及社会网络因素主要影响第一阶段的决策，而家庭层次的上述因素对两个阶段均产生影响。

四　数据与模型

本研究使用北京大学社会科学调查中心实施的中国家庭追踪调查（China Family Panel Studies，下文简称 CFPS）的基线数据。CFPS 是一项全国性、综合性、跟踪性的社会调查项目。该项目的基线样本是用城乡一体的抽样框，以多阶段、内隐分层、与人口规模成比例的抽样方法在全国25 个省份抽取。2010 年基线调查最终完成了 635 个村居 14960 户家庭的访问，界定出基线家庭成员 57155 名，其中 33600 名成人和 8990 名少儿完成了个人问卷的访问（谢宇等，2014）。

CFPS 在研究家庭人口外出上具有数据优势。首先，CFPS 的调查对象囊括家庭中经济上联系在一起的所有成员，[①] 即便一些家庭成员由于外出离家或拒访而没有完成个人问卷，这些成员只要经济上与原家庭联系在一起，就必须登记在册，其基本的社会人口信息会通过代答方式采集。这一做法不仅保证了家庭结构的完整性，也提高了样本的代表性。CFPS 界定出来的家庭人口与 2010 年"六普"短表的性别-年龄结构非常吻合（谢宇等，2014）。其次，CFPS 采用城乡一体的抽样框，其样本同时覆盖城镇和农村地区，因此，我们既可以从农村——作为流出地的样本中获得外出家庭成员的信息，也可以从城市——作为流入地的样本中获得外来人口的信息。这一设计弥补了流入地抽样调查的缺陷。最后，CFPS 可以从多个问卷来源界定外出/外来人员，据此界定出来的外出状态更全面，也更可靠。

CFPS 问卷有三种界定外出人员的方式。（1）家庭成员问卷采集了每名家庭成员离家与否的状态、离家原因及去向。我们将离家原因为"外出打工"且外出地与原家庭所在地不在同一区县的离家者定义为外出人员。（2）家庭经济问卷询问了家中哪些成员外出打工，并提问了打工所在地等信息。该数据反映的是受访人主观界定的外出打工者。我们将被列于家庭外出打工的名单上且打工所在地与原家庭所在地不在同一区县的家庭成员界定为外出人员。（3）个人问卷采集了所有成人和少儿受访者的户口所在地，若个人户口所在地和调查时的居住地不在同一区县，则被界定为外出人员。

我们将上述三种界定的并集作为外出人员的最终定义。在逻辑上，家庭成员问卷和家庭经济问卷均是从流出地角度定义外出人口，这些外出人口在流入地既可能居住于家庭户，也可能居住于工棚、临时住宅或集体宿舍。个人问卷使用户口所在地和调查居住地的信息，则从流入地角度来定义外出人口。这些外出者主要是在流入地安家的人，这一角度尤其能捕捉到全家外出的家庭，因为这些家庭已不存在于流出地的样本框中。因此，合并三个问卷的信息来界定外出人员，同时兼顾了流出地和流入地视角，弥补了流入地抽样调查遗漏居住在非家庭户中的外出人员的问题，也弥补了流出地抽样调查难以捕捉全家外出情况的问题。由于本研究关注的是农村夫妻的外出安排，因此分析样本限定为农村人口。具体包含两类家庭：

---

① CFPS 的调查对象包括该户经济上联系在一起的全部直系亲属和连续居住满 3 个月的全部非直系亲属。

在农村接受访问的家庭，以及在城市接受访问的持农业户口的外出家庭。① 此外，由于本研究关注的是以务工、经商等经济行为为目的的劳动力外出状况，我们排除了外出者与流入地本地人结婚且一同居住在流入地这种结婚迁移的情况，② 也排除了夫妻双方年龄均在 60 岁以上的样本。

表 1 展示了 CFPS 三个不同问卷来源定义的外出人员在全国再抽样样本中的比例。我们对三种界定取并集，将符合三种问卷界定之一者算作外出成员，由此得到的外出人口占全部人口的比例为 16.7%，这一比例与"六普"的跨区县人户分离的比例（16.45%）非常接近。③ 表 1 还展示了 CFPS 不同问卷界定的外出成员的基本社会人口特征。可以看出，家庭成员问卷和家庭经济问卷界定的外出人员特征较接近。

表 1 CFPS 各问卷界定的外出人口比例及其社会人口特征

单位：%，年

	外出人口占比	外出者社会人口学特征变量的平均数				
		男性占比	年龄	教育年数	在婚者占比	职业 ISEI
家庭成员问卷	8.63	63.7	29.3	8.3	53.7	40.0
家庭经济问卷	8.97	68.6	31.2	8.1	60.8	42.5
个人问卷	7.58	45.4	40.8	8.6	78.8	46.1
以上所有问卷	16.72	60.7	33.3	8.3	63.6	42.9

注：（1）此处报告的数字经过多阶段抽样权数调整。（2）职业 ISEI 是指国际社会经济地位指数（International Socio-economic Index）。

个人问卷界定的外出人员中女性比例较高，平均年龄较大，受教育年数较长，已婚比例较高，职业地位较高。一般来讲，符合上述特征的外出者更有条件居住在家庭户中，因此更可能被流入地调查抽中，梁玉成等（2015）的研究中也有相同发现。流入地界定（个人问卷）和流出地界定

① 根据多数家庭成员的户口性质判断。

② 此限定一是由于因婚姻发生的迁居很可能是定居性迁移，这不属于本文关注的劳动力外出流动情形。二是由于根据我们界定外出人口的规则，跨城乡婚姻夫妻中，来自农村的一方因其户口所在地和现居地不同会被定义为外出人口，而其城市一方的配偶由于其户籍所在地和现居地相同，则会被定义为非外出人口。由此，这些夫妻易被错误地归入单方外出的类型。

③ 根据"六普"汇总数据"表 T8-01 全国按现住地、户口登记地、性别分的户口登记地在外乡镇街道的人口"计算。

（家庭成员和家庭经济问卷）的外出人口特征的差异印证了之前我们对流入地抽样的批评：在流入地界定外出人员，不仅低估了外出人口的总量，而且其样本特征存在偏误。而 CFPS 能为我们研究家庭外出-留守安排的类型分布提供相对全面、可靠的外出人口数据基础。

在分析各种因素与夫妻外出的安排时，我们根据之前设计的三种情境两个阶段的"决策树"，分不同决策情境及阶段建立模型。本研究的因变量是夫妻外出的各类安排，均为分类变量。因此，根据因变量类别的个数，我们对二分类的因变量使用 binary logit 模型，对多分类的因变量使用 multinomial logit 模型。自变量为影响夫妻外出安排的因素，已经在第三部分讨论过，包括夫妻联合及相对特征、家庭特征、经济禀赋和外出网络。表 2 总结了各阶段模型的自变量并描述其统计分布。

表 2　与夫妻外出安排相关的自变量的统计描述及其被纳入的模型阶段

自变量	均值	标准差	第一阶段	第二阶段
丈夫受教育年数（年）	6.91	4.03	√	√
妻子受教育年数（年）	5.10	4.41	√	√
夫妻平均受教育年数（年）	6.01	3.61	√	√
夫妻教育（参照类：年数相等）	0.42	0.49		
丈夫受教育年数大于妻子	0.42	0.49		√
妻子受教育年数大于丈夫	0.15	0.36		√
丈夫年龄（参照类：<30 岁）	0.15	0.35		
丈夫年龄 30~39 岁	0.25	0.43	√	√
丈夫年龄 40~49 岁	0.30	0.46	√	√
丈夫年龄 50~59 岁	0.24	0.42	√	√
丈夫年龄 ≥60 岁	0.06	0.24	√	√
妻子年龄（参照类：<30 岁）	0.19	0.39		
妻子年龄 30~39 岁	0.25	0.43	√	√
妻子年龄 40~49 岁	0.32	0.47	√	√
妻子年龄 50~59 岁	0.23	0.42	√	√
妻子年龄 ≥60 岁	0.01	0.08	√	√

自变量	均值	标准差	第一阶段	第二阶段
夫妻年龄之差（岁）	1.99	3.39		√
有 0~2 岁子女（参照类：无该年龄子女）	0.12	0.33	√	√
有 3~5 岁子女（参照类：无该年龄子女）	0.13	0.33	√	√
有 6~15 岁子女（参照类：无该年龄子女）	0.33	0.47	√	√
与丈夫的父母不分家（参照类：其他情况）	0.41	0.49	√	√
丈夫是长子或独子（参照类：否）	0.59	0.49	√	√
村劳动力外出打工比例（%）	34.63	20.29	√	
外出成年家庭成员数（人）	0.51	0.90	√	√
村农业生产产值（千元）	0.74	1.34	√	
家中有土地（参照类：家中无土地）	0.77	0.42	√	√

注："外出成年家庭成员数"是排除被分析的夫妻后计算的其他家庭成员外出人数。下同。

五 研究发现

（一）农村家庭各类外出－留守安排的分布

我们先利用 CFPS 数据描述农村家庭的外出安排。农村家庭的外出安排包括不在婚成年成员（其中 74% 为单身）的外出－留守安排、在婚者（夫妻）的外出－留守安排以及未成年子女的外出－留守安排。对成年人的外出，我们分男、女样本分别描述其外出安排。对不在婚（单身、离异、丧偶）男女，其个人外出安排仅分为外出和不外出两种状态；而对在婚男女，其家庭外出安排分为五类：夫妻均不外出、妻子单方外出、丈夫单方外出、夫妻异地外出、夫妻同地外出。由于 CFPS 的在婚男女是夫妻样本，所以对已婚男女的统计实际上等同于以夫妻对为单位的分析。表 3 显示，不论男女，不在婚者的外出比例总要高于在婚者。不论婚姻状态，男性的外出比例均高于女性。具体到本研究重点关注的农村在婚男女或夫妻的外出安排上，农村 60 岁以下夫妻中约 1/4 的夫妻是一方或双方外出，其中包括 1.8% 的妻子单方外出和 12.8% 的丈夫单方外出，还有 12% 是夫妻均外出，包括 7.5% 的夫妻同地外出和 4.5% 的夫妻异地外出。

表3 不在婚和在婚男性和女性各种外出安排的分布（以个人为分析单位）

单位：%

	男性		女性	
	不在婚	在婚	不在婚	在婚
不外出	38.6		30.7	
外出	61.4		69.3	
小计	100.0 (4523)		100.0 (3191)	
夫妻均未外出		73.5		73.5
妻子单方外出		1.8		1.8
丈夫单方外出		12.8		12.8
夫妻异地外出		4.5		4.5
夫妻同地外出		7.5		7.5
小计		100.0 (10585)		100.0 (10585)

注：（1）"不在婚"包括单身、离异、丧偶、同居四种婚姻状态。（2）括号中的数字为样本人数。（3）此处不在婚者年龄均为16~59岁，在婚者夫妻至少有一方的年龄在59岁或以下。

表4进一步描述了至少有一方外出的夫妻对的夫妻双方现居地分布情况。单方外出的丈夫中，跨省迁移和省内迁移的情况几乎各占一半；单方外出的妻子中，接近2/3是跨省流动，但由于妻子单方外出的数量极少，其跨省流动可能更多反映的是婚姻关系上的特殊情况。在双方均外出的夫妻对中，有约2/3是外出到同一区县，还有约1/3是外出到不同区县。

表4 外出夫妻的流入地分布（以夫妻对为分析单位）

单位：%

	妻子单方外出	丈夫单方外出	双方均外出
外出至不同省的比例	65.3	53.4	7.4
外出至同省但不同区县的比例	34.7	46.6	30.1
外出至同一区县的比例	0	0	62.5
合计	100.0 (193)	100.0 (1351)	100.0 (1265)

注：括号中的数字为夫妻对的数量。

农村家庭外出安排的另一个方面是未成年①子女的外出安排。表 5 展示了无任何子女、有 16 岁以下子女和有子女但子女均已满 16 岁的农村夫妻外出安排。总的来说，有 16 岁以下子女的夫妻外出的比例明显高于无 16 岁以下子女的夫妻。这可能反映出农村家庭需要通过外出务工来获取抚育和教育子女的资源，但也有可能是农村夫妻在外打工时生育了这些未成年子女。表 6 描述的是在有一个或多个未成年子女的夫妻对中，在不同的夫妻外出安排下其子女外出的分布状态。我们看到，双方均外出的夫妻，尤其是同地外出的夫妻子女也更可能外出，而这些比例在妻子或丈夫单方外出的安排中明显更低。

表 5　生育子女情况与夫妻外出状态（以夫妻对为分析单位）

单位：%

	无任何子女	有 16 岁以下子女	全部子女在 16 岁及以上
夫妻均未外出	74.4	63.3	85.4
妻子单方外出	0.8	2.2	1.7
丈夫单方外出	8.1	17.3	8.9
夫妻异地外出	5.2	7.0	1.3
夫妻同地外出	11.5	10.2	2.8
合计	100.0 (1412)	100.0 (5020)	100.0 (4153)

注：括号中的数字为夫妻对的数量。

表 6　夫妻外出安排与未成年子女外出状态（以夫妻对为分析单位）

单位：%

	双方留守	妻子外出	丈夫外出	异地外出	同地外出
仅育 1 孩					
孩子留守	89.7	91.0	93.3	58.6	42.3
孩子外出	10.3	9.0	6.8	41.4	57.7
小计	100.0 (1978)	100.0 (67)	100.0 (444)	100.0 (220)	100.0 (338)

---

① 本文以 16 岁为线，界定子女是否成年。

续表

	双方留守	妻子外出	丈夫外出	异地外出	同地外出
育有多孩					
孩子均留守	92.2	84.4	89.6	61.5	44.0
有留守有外出	4.6	11.1	9.0	14.6	15.4
孩子均外出	3.3	4.4	1.4	23.9	40.6
小计	100.0 (1200)	100.0 (45)	100.0 (423)	100.0 (130)	100.0 (175)

注：括号中的数字为夫妻对的数量。

（二）夫妻外出安排的相关因素

接下来，我们将在之前设计的夫妻外出的三种情境和两个决策阶段下，对每种决策情境分阶段建立 binary logit 或 multinomial logit 模型，以分析夫妻特征、家庭特征等因素对夫妻外出安排的影响。

我们所假定的三种情境的第一阶段决策均涉及所有农村夫妻对（N），该阶段主要决策的内容是夫妻是否参与外出打工的经济活动。其中，情境Ⅰ决策的是夫妻是否至少有一方外出打工，情境Ⅱ决策的是夫妻是否有一方留守，情境Ⅲ决策的是丈夫是否外出打工。表 7 展示了这三种情境的第一阶段的 binary logit 模型估计结果。

表 7　第一阶段外出决策相关因素的 logit 模型估计（$N=8957$）

变量名	Ⅰa 至少一人外出 vs. 双方均不外出 [R.]		Ⅱa 双方外出 vs. 至少一方留守 [R.]		Ⅲa 丈夫外出 vs. 丈夫不外出 [R.]	
	B	S. E.	B	S. E.	B	S. E.
夫妻平均受教育年数	-0.004	0.009	0.043**	0.011	-0.000	0.009
丈夫年龄 30~39 岁	-0.495**	0.091	-0.415**	0.110	-0.488**	0.092
丈夫年龄 40~49 岁	-1.163**	0.098	-1.337**	0.125	-1.233**	0.100
丈夫年龄 50~59 岁	-2.320**	0.134	-2.765**	0.209	-2.376**	0.141
丈夫年龄 60 岁或以上	-2.765**	0.255	-2.532**	0.356	-2.992**	0.296
有 0~2 岁子女	0.085	0.083	-0.301**	0.102	0.106	0.084
有 3~5 岁子女	0.302**	0.077	0.120	0.094	0.300**	0.078

续表

变量名	I a 至少一人外出 vs. 双方均不外出 [R.]		II a 双方外出 vs. 至少一方留守 [R.]		III a 丈夫外出 vs. 丈夫不外出 [R.]	
	B	S. E.	B	S. E.	B	S. E.
有 6~15 岁子女	0.150*	0.073	0.088	0.097	0.141+	0.076
与丈夫的父母不分家	0.839**	0.067	1.016**	0.095	0.857**	0.070
丈夫是长子或独子	-0.295**	0.061	-0.370**	0.080	-0.268**	0.063
家中有土地	-0.062	0.069	-0.566**	0.085	-0.096	0.071
外出成年家庭成员数	0.465**	0.033	0.620**	0.039	0.461**	0.034
村劳动力外出打工比例	0.014**	0.001	0.013**	0.002	0.015**	0.001
村农业生产产值（千元）	-0.027	0.023	-0.005	0.029	-0.029	0.024
常数项	-1.325**	0.145	-2.250**	0.188	-1.487**	0.150
对数似然估计	-3890		-2488		-3665	

+p<0.1，*p<0.05，**p<0.01。

注：(1) 因变量参照类（取值=0）用 [R.] 标出。(2) 虚拟变量参照类见表 2。

从夫妻特征上看，夫妻的受教育年数对是否参与外出活动没有显著的影响，但对双方均外出有很小的正效应。相比之下，第一阶段决策可能更多地受夫妻所处的生命历程阶段的影响。以丈夫年龄来测量夫妻生命历程，则发现越年轻的夫妻越倾向于外出。

在家庭结构方面，并没有证据表明家中有父母或有未成年子女会阻碍夫妻外出，仅仅是当有 0~2 岁婴儿时会降低夫妻双方都外出的可能性。相反，有 3 岁以上的子女，尤其是学龄前的子女（3~5 岁），更可能推动夫妻至少一方或丈夫参与到外出活动中。与丈夫的父母在流出地同属一个家庭也会显著推动夫妻参与外出打工。这两个发现可能是相辅相成的：有学龄前或学龄期子女意味着夫妻需要通过外出务工为子女的教育投入挣取更多的经济资源，而与丈夫在流出地的父母不分家意味着父母可以帮助夫妻解除照料子女的后顾之忧。此外，我们还看到丈夫若是长子或独子，无论是丈夫本人还是这对夫妻均不倾向于外出，这可能是因为传统家庭伦理中长子、独子夫妇对父母要担负更多亲自照料的责任，而这种责任不是经济上的赡养可以取代的。

我们并没有发现社区或家庭的经济禀赋显著提高或降低了夫妻外出的

可能性。家中有土地仅会降低夫妻双方均外出的可能性。家庭和社区的外出社会网络均对夫妻外出有显著的推动作用。

上述第一阶段决策的模型主要分析的是夫妻是否参与外出。接下来我们通过第二阶段决策的模型来看夫妻内部谁外出和谁留守的安排。表8对应的是情境Ⅰ的第二阶段模型，分析在至少有一方外出的夫妻中，哪些因素与妻子单方外出、丈夫单方外出、夫妻异地外出和夫妻同地外出的具体安排相联系。表8显示，夫妻平均受教育年数显著影响了第二阶段夫妻之间的安排。平均受教育年数越长的夫妻越可能同地外出。夫妻相对教育差距对同地外出的安排没有显著影响。夫妻所处生命历程阶段在外出安排上的差异主要以丈夫年龄40岁为分野。丈夫年龄为30岁以下和30～39岁的夫妻与丈夫年龄为40岁以上的夫妻相比更倾向于同地外出，而丈夫年龄为40～59岁的夫妻更可能是妻子或丈夫单方外出。夫妻的相对年龄差也显著影响夫妻之间的外出安排。丈夫越比妻子年长，妻子越可能单方外出，丈夫则更不倾向于单方外出。未成年子女的效应大多数不显著，但有0～2岁和3～5岁的孩子会增加丈夫单方外出而非同地外出的可能性。

表 8　至少一方外出夫妻的外出因素的 multinomial logit 模型估计 （$N = 2042$）

变量名	Ⅰb1 妻子单方外出		Ⅰb2 丈夫单方外出		Ⅰb3 夫妻异地外出	
	B	S.E.	B	S.E.	B	S.E.
夫妻平均受教育年数	−0.097 **	0.027	−0.111 **	0.018	−0.073 **	0.021
丈夫受教育年数 > 妻子	−0.053	0.193	0.057	0.124	−0.046	0.146
妻子受教育年数 > 丈夫	0.183	0.259	−0.151	0.173	0.197	0.187
丈夫年龄 30～39 岁	0.207	0.290	0.093	0.168	−0.099	0.188
丈夫年龄 40～49 岁	1.110 **	0.312	0.629 **	0.199	0.111	0.226
丈夫年龄 50～59 岁	1.069 *	0.421	0.869 **	0.293	−1.125 *	0.533
丈夫年龄 ≥60 岁	0.695	0.685	−0.662	0.686	−0.236	0.856
夫妻年龄之差	0.052 *	0.025	−0.039 *	0.018	−0.010	0.021
有 0～2 岁子女	−0.157	0.282	0.574 **	0.153	−0.154	0.175
有 3～5 岁子女	−0.066	0.248	0.252 +	0.144	0.065	0.161
有 6～15 岁子女	−0.074	0.216	−0.028	0.147	0.087	0.171
与丈夫的父母不分家	−0.322	0.218	−0.193	0.151	1.251 **	0.217

续表

变量名	I b1 妻子单方外出		I b2 丈夫单方外出		I b3 夫妻异地外出	
	B	S. E.	B	S. E.	B	S. E.
丈夫是长子或独子	−0.032	0.181	0.171	0.122	0.001	0.139
家中有土地	1.189**	0.222	1.302**	0.142	0.569**	0.161
外出成年家庭成员数	−0.241*	0.094	−0.450**	0.062	0.057	0.051
常数项	−1.561**	0.429	0.076	0.272	−1.287**	0.329
对数似然估计	−2353		−2353		−2353	

+ $p<0.1$, * $p<0.05$, ** $p<0.01$。

注：（1）上述模型因变量基准类均为夫妻同地流动。（2）虚拟变量参照类见表 2。

表 9 报告了情境 Ⅱ 下当夫妻在第一阶段决定至少一方留守时，各因素对第二阶段夫妻选择妻子单方外出还是丈夫单方外出的效应，其比较的基准类均为夫妻双方均不外出。其中，受教育年数越长的丈夫越不可能单方外出；妻子的受教育年数若多于丈夫，丈夫也较不可能单方外出。丈夫年龄越大，夫妻任何一方外出的可能性都显著降低，更可能双双留在农村。有 0~2 岁或 3~5 岁的未成年子女提高了丈夫单方外出的可能性，夫妻更不可能都留在农村。与丈夫的父母不分家提高了夫妻单方外出的可能性，这很可能是父母可以帮助留下的一方照料未成年子女。若丈夫是独子或长子，夫妻更可能双双留在农村。

表 9 至少一方留守夫妻的外出因素的 multinomial logit 模型估计 （$N = 7941$）

变量名	Ⅱ b1 妻子单方外出		Ⅱ b2 丈夫单方外出	
	B	S. E.	B	S. E.
夫妻平均受教育年数	−0.019	0.023	−0.035**	0.012
丈夫受教育年数>妻子	−0.074	0.167	0.071	0.083
妻子受教育年数>丈夫	−0.088	0.224	−0.362**	0.122
丈夫年龄 30~39 岁	−0.369	0.271	−0.448**	0.124
丈夫年龄 40~49 岁	−0.468+	0.278	−0.947**	0.136
丈夫年龄 50~59 岁	−1.655**	0.359	−1.857**	0.181
丈夫年龄≥60 岁	−1.917**	0.533	−3.330**	0.527
夫妻年龄之差	0.095**	0.022	−0.004	0.013

变量名	Ⅱb1 妻子单方外出		Ⅱb2 丈夫单方外出	
	B	S. E.	B	S. E.
有 0~2 岁子女	-0.263	0.260	0.441 **	0.108
有 3~5 岁子女	0.150	0.225	0.413 **	0.102
有 6~15 岁子女	0.131	0.188	0.186 +	0.101
与丈夫的父母不分家	0.536 **	0.178	0.691 **	0.092
丈夫是长子或独子	-0.377 *	0.160	-0.202 *	0.084
家中有土地	0.277	0.197	0.535 **	0.107
外出成年家庭成员人数	0.343 **	0.072	0.247 **	0.047
常数项	-3.470 **	0.385	-2.009 **	0.193
对数似然估计	-3142		-3142	

$^+ p<0.1$, $^* p<0.05$, $^{**} p<0.01$。

注：(1) 模型Ⅱb1 和Ⅱb2 的因变量基准类为夫妻双方均不外出。(2) 虚拟变量参照类见表 2。

表 10 的Ⅲb1 和Ⅲb2 模型报告了情境Ⅲ下假定第一阶段丈夫作为先行者外出时，各因素对妻子选择留守、异地外出或同地外出的影响，并以妻子留守为基准类。Ⅲb3 模型报告了情境Ⅲ中若丈夫不外出的情况下，各因素与妻子单方外出的关系。在丈夫外出的情况下，妻子受教育年数越长越不可能单方留守，更可能异地或同地外出，这与妻子的绝对受教育年数有关，与夫妻教育差距无显著关系。相比更年轻的妻子，年龄为 40~49 岁的妻子外出的可能性会显著降低，但 50 岁以上和 30 岁以下的妻子在同地或异地外出的可能性与 30~39 岁的妻子无异。可见，妻子的年龄与其外出之间的关系是非线性的。有 0~2 岁的婴儿显著降低了妻子同地或异地外出的可能性，妻子更可能留守，但有年龄更大的未成年子女不会阻碍妻子外出。与丈夫父母不分家提高了妻子同地外出的可能性，这同样可能是因为在农村的父母可以帮忙照看孩子。在丈夫不外出的情况下 (见Ⅲb3)，40 岁以上的妻子较之更年轻的妻子更不可能单方外出。妻子比丈夫年轻得越多，她越可能单方外出，让丈夫留守。与丈夫的父母不分家提高了妻子单方外出的可能性。丈夫若是长子或独子，妻子更不可能单方外出，这与之前模型显示的丈夫是长子或独子的夫妻更可能双双留在农村的发现一致。

表 10　丈夫外出/不外出时妻子外出因素的 multinomial logit 模型估计

变量名	丈夫外出（N=1858）				丈夫不外出（N=7099）	
	Ⅲb1 妻子同地外出		Ⅲb2 妻子异地外出		Ⅲb3 妻子单方外出	
	B	S.E.	B	S.E.	B	S.E.
妻子的受教育年数	0.040*	0.019	0.104**	0.017	-0.017	0.021
丈夫受教育年数>妻子	-0.029	0.148	0.185	0.132	-0.080	0.170
妻子受教育年数>丈夫	0.250	0.192	-0.085	0.179	-0.073	0.236
妻子年龄 30~39 岁	-0.186	0.187	-0.041	0.172	-0.270	0.252
妻子年龄 40~49 岁	-0.528*	0.220	-0.622**	0.201	-0.938**	0.271
妻子年龄 50~59 岁	-0.782	0.477	0.016	0.312	-2.341**	0.395
妻子年龄≥60 岁	-12.941	1012.600	-13.415	825.923	-0.363	0.795
夫妻年龄之差	0.003	0.021	0.023	0.019	0.043*	0.021
有 0~2 岁子女	-0.665**	0.165	-0.511**	0.152	-0.439+	0.262
有 3~5 岁子女	-0.151	0.153	-0.210	0.144	0.025	0.223
有 6~15 岁子女	0.144	0.167	0.040	0.150	0.032	0.196
与丈夫的父母不分家	1.508**	0.210	0.294+	0.154	0.489**	0.180
丈夫是长子或独子	-0.160	0.135	-0.154	0.121	-0.437**	0.160
家中有土地	-0.764**	0.175	-1.315**	0.143	0.268	0.197
外出成年家庭成员数	0.488**	0.064	0.442**	0.062	0.421**	0.082
常数项	-1.442**	0.323	-0.168	0.269	-3.197**	0.379
对数似然估计	-1783		-1783		-794	

　　+p<0.1，*p<0.05，**p<0.01。

　　注：（1）模型Ⅲb1 和Ⅲb2 的因变量基准类为丈夫单方外出（即妻子留守），模型Ⅲb3 因变量参照类为妻子不外出。（2）虚拟变量参照类见表 2。

六　讨论

　　本研究描述了中国农村夫妻外出模式，并初步探讨了与其外出安排相关的家庭因素。借助 CFPS 数据城乡一体化的全国代表性抽样框、完整的家庭成员信息，以及能从流入地和流出地来界定外出人口的数据优势，本研究得以提供中国农村在婚人群外出模式更全面、更准确的描述。基本发现总结如下。

首先，农村已婚人口外出家庭化到底有多普遍？在农村夫妻中，参与外出的夫妻约占 1/4，在这些夫妻中，接近半数（48%）是丈夫单方外出，接近半数（45%）是夫妻双方均外出，只有极少数是妻子单方外出。在夫妻均外出的情况中，同地外出与异地外出的分布大概为 3∶2，异地外出多以省内异地为主，跨省异地相对较少。当丈夫或妻子单方外出时，8.5% 的夫妻其未成年子女也外出，但夫妻同地外出时，子女也外出的比例则升至近六成。与过往研究估计的家庭化外出规模相比，本研究估计的夫妻同地外出的比例要更低。周皓（2004：63）估计到 2000 年至少有 64% 的纯外户是配偶与户主一起流动；盛亦男（2013：42）估计 2010 年全国有超过 70% 的外出者家庭是 2 人或以上户。但由于他们的估计是基于流入地家庭户样本，在计算外出家庭的基数时容易遗漏丈夫或妻子单方外出、夫妻异地外出的情况。我们的研究发现一方面肯定了家庭化外出的趋势，如越年轻的夫妻越可能同地外出，其子女也越可能外出，但另一方面也指出夫妻分离的外出安排仍是一种主要模式，家户分离的局面仍较普遍。

其次，外出在受教育水平上的选择性体现在何处？劳动力迁移理论和早期研究中国城乡流动的文献都曾提及外出者在人力资本特征上的选择性。本研究发现，夫妻的受教育水平对其是否参与外出打工如今已无显著影响，这既可能是由于外出打工在农村日益普遍使教育的选择性降低了，也可能是由于农村较年轻人口的受教育水平普遍提高降低了外出者和留守者在教育上的异质性。但是夫妻的受教育水平影响着夫妻之间具体的外出安排。平均受教育年数越长的夫妻更可能双双外出及同地外出，而妻子相对丈夫受教育年数的增长会增加同地外出的可能性，这说明农村女性受更多教育让她们不仅能够婚后仍参与外出打工，也更有可能避免独自留守，有助于其维系与丈夫的婚姻关系。

再次，孩子和老人是外出的牵绊还是外出的动力？我们的研究并没有发现有孩子和老人会降低夫妻外出的可能性。相反，我们看到有学龄前及学龄期的子女更可能推动夫妻参与外出活动，仅当子女还是婴儿时，妻子更可能会单方留守。这说明为子女教育提供更多的经济资源或创造在城市就学的机会是农村夫妻外出的目的和动力之一。丈夫的父母在流出地会提高夫妻单方和双方外出的可能性。这很可能是由于父母能够帮忙照料子女或农业生产，夫妻外出挣钱更无后顾之忧，也可能是由于夫妻需要外出挣钱来赡养经济上联系在一起的农村父母。中国早期有关城乡流动的文献多认为留守农村的家庭承担了外出劳动力的劳动力再生产成本，但如今的情况更多的是外出劳动力通过工资收入来支付留守家庭成员在农村的教育及养老成本。

最后，中国传统家庭的特征如何影响外出安排？尽管有研究指出中国传统家庭特征的式微（Chu et al.，2011），农民外出打工对传统家庭父权制构成挑战（金一虹，2010），但实际上中国传统家庭的孝道、男尊女卑等特征仍影响着农村夫妻外出的安排。首先，夫妻外出安排存在符合传统家庭"男主外、女主内"的性别分工的两性差异，表现为子女对丈夫外出主要是激励作用，而妻子则更易因照顾年幼子女而留守。其次，丈夫是长子或独子的夫妻较不可能外出，此类家庭中妻子单方外出的情况也更少。可见，身为长子或独子的男人组建的家庭要承担更多照料父母的责任，这符合中国传统父权制家庭重视长子的伦理规范。

中国的城乡人口流动从单人外出到家庭外出是一个重要的趋势，与这一趋势相关的一系列社会问题不容忽视，而在探讨这些社会问题的出路时需要立基于对这一趋势下农村人口外出安排基本分布的全面认识。本研究对农村夫妻各种外出-留守安排的分布的描述可以为关注具体外出安排相关社会后果的研究（如流动人口婚姻维系、留守或流动儿童等研究）提供基础的、概貌性的描述性数据。此外，我们的研究也发现或佐证了一些农村人口外出的新变化，如教育的选择性降低、子女与父母对外出有推动作用等。

本研究侧重于分析夫妻及流出地家庭因素对外出安排的影响。我们看到，中国农村夫妻的外出安排与其父辈和子女关系密切，也与夫妻间相对地位、丈夫在家族中的角色与责任有关。这些发现对西方劳动力迁移理论在中国城乡流动的应用有所回应和补充。在推拉理论和新古典经济学的视角下，外出决策是基于以个人为分析单位的经济收益-成本比较，而后来的迁移新经济学虽然以家庭为迁移决策的单位，但主要强调的迁移决策因素仍然是经济上的，即分化家庭经济风险（Massey et al.，1993）。我们的研究一方面是以家庭为决策单位，认为即便是丈夫或妻子单方外出，仍然是夫妻双方协调的结果；另一方面，在不否定外出的经济动机的前提下，我们展示出中国农村夫妻的外出行为还深受家庭伦理的影响。我们推测，分离家户的安排之所以十分普遍且能长期持续，背后可能有某种家庭价值的支持，让家庭成员在空间上分隔而又不至于导致家庭解体。很多情况下农村人口外出务工是为了家庭利益，而其外出得以长期持续，也离不开家庭成员之间的分工合作，家庭价值在这个过程中起到了基础作用。也许，我们可以进一步提问：分离家户的安排与农村的乡土社会和传统的家庭观念存在怎样的动态关系？农村人口的外出模式从单人走向核心家庭，这一安排会对农村家庭价值和家庭关系带来怎样的影响？这些问题值得更多的理论和经验研究去关注。

参考文献

国家统计局，2011，《2010 年第六次全国人口普查主要数据公报》，http：//www. gov. cn/test/2012-04/20/content_ 2118413. htm。

洪小良，2007，《城市农民工的家庭迁移行为及影响因素研究——以北京市为例》，《中国人口科学》第 6 期。

侯佳伟，2009，《人口流动家庭化过程和个体影响因素研究》，《人口研究》第 1 期。

金一虹，2010，《流动的父权：流动农民家庭的变迁》，《中国社会科学》第 4 期。

李强，2014，《农民工举家迁移决策的理论分析及检验》，《中国人口·资源与环境》第 6 期。

梁玉成、周文、郝令昕、刘河庆，2015，《流入地调查法：农村流动人口调查的理论与实践》，《华中科技大学学报》（社会科学版）第 4 期。

刘燕，2013，《新生代农民工家庭式迁移城市意愿影响因素研究——以西安市为例》，《统计与信息论坛》第 11 期。

马瑞、徐志刚、仇焕飞、白军飞，2011，《农村进城就业人员的职业流动、城市变换和家庭随同状况及影响因素分析》，《中国农村观察》第 1 期。

商春荣、王曾惠，2014，《农民工家庭式迁移的特征》，《南方农村》第 1 期。

邵岑、张翼，2012，《"八零前"与"八零后"流动人口家庭迁移行为比较研究》，《青年研究》第 4 期。

盛亦男，2013，《中国外出人口家庭化迁居》，《人口研究》第 4 期。

——，2014，《外出人口家庭化迁居水平与迁居行为决策的影响因素研究》，《人口学刊》第 3 期。

陶然、周敏慧，2012，《父母外出务工与农村留守儿童学习成绩》，《管理世界》第 8 期。

谢宇、胡婧炜、张春泥，2014，《中国家庭追踪调查：理念与实践》，《社会》第 2 期。

袁霓，2008，《家庭迁移决策分析：基于中国农村的证据》，《人口与经济》第 6 期。

张玉洁、唐震、李倩，2006，《个人迁移和家庭迁移——城镇化进程中农民迁移模式的比较分析》，《农村经济》第 10 期。

周皓，2004，《中国人口迁移的家庭化趋势》，《人口研究》第 11 期。

Chant, S. 1991. "Gender, Migration and Urban Development in Costa Rica: The Case of Guanacastle. " *Geoforum* 22 (3).

Chu, C. Y. C. , Y. Xie & R. R. Yu. 2011. " Coresidence with Elderly Parents: A Comparative Study of Southeast China and Taiwan. " *Journal of Marriage and Family* 73.

Fan, C. C. 2009. "Flexible Work, Flexible Household: Labor Migration and Rural Families in China. " In Lisa A. Keister (ed.), *Research in the Sociology of Work.* Bingley, UK: Emerald.

—— , 2011, "Settlement Intention and Split Households: Findings from a Survey of Migrants in Beijing's Urban Villages. " *The China Review* 11 (2).

Fan, C. C. & W. W. Wang. 2008. "The Household as Security: Strategies of Rural-urban Migrants in China. " In Russell Smyth & Ingrid Nielson (eds.), *Migration and Social Protection in China.* London: World Scientific.

Jia, Z. , L. Shi, Y. Cao, J. Delancey & W. Tian. 2010. "Health-related Quality of Life of Leftvbehind Children: A Cross-sectional Survey in Rural China. " *Quality Life Research* 19.

Lu, Y. 2012. "Education of Children Left behind in Rural China. " *Journal or Marriage and Family* 74 (2).

Massey, D. S. , J. Arango, G. Hugo, A. Kouaouci, A. Pellegrino & J. E. Taylor. 1993. "Theories of International Migration: A Review and Appraisal. " *Population and Development Review* 19 (3).

Nelson, J. M. 1976. "Sojourners versus Urbanites: Causes and Consequences of Temporary versus Permanent Cityward Migration in Developing Countries. " *Economic Development and Cultural Change* 24 (4).

Wilkinson, C. 1987. "Women, Migration and Work in Lesotho. " In Janet Henshall Momsen & Janet G. Townsend (eds.), *Geography and Gender in the Third World.* Albany: State University of New York Press.

Yang, X. 2000. "Determinants of Migration Intentions in Hubei Province, China: Individual versus Family Migration. " *Environment and Planning* 32.

Yang, X. & G. Xia. 2006. "Gender, Migration, Risky Sex and HIV Infection in China. " *Studies in Family Planning* 37 (4).

Zhu, Y. 2007. " China's Floating Population and Their Settlement Intention in Cities: Beyond the Hukou Reform. " *Habitat International* 31 (1).

家庭与性别评论（第 8 辑）

第 101~125 页

© SSAP，2017

流动人口家庭化的现状与特点：
流动过程特征分析[*]

杨菊华　　陈传波[**]

摘　要　在明确界定核心概念的基础上，借助具有时效性和代表性的调查数据，描述了流动人口的流动过程特征。人口流动模式存在家庭式和非家庭式流动双峰并存的特点；家庭成员多分批到达流入地，家庭团聚具有梯次性。在中部地区和跨县流者中，完整家庭式流动的比例较高，家庭成员团聚的批次较少、间隔较短；而在经济发达和欠发达之地，完整家庭式流动的比例较低，折射出发达地区家庭团聚的门槛或生活成本较高，而欠发达地区优质资源的不足对流动人口携家带口的吸引力不够。

关键词　家庭化　流动模式　流动批次　流动间隔　先行者

在农业人口城镇化和小城镇人口大城镇化的宏观背景下，不管是作为流动人口主体的乡—城流动人口，还是规模相对稳定的城—城流动人口，流动模式都呈现愈发明显的家庭化态势。家庭式流动是人口流动发展到新阶段的自然产物，是流动人口群体对城市生活空间提出的新挑战，是中国

---

* 基金项目：国家社科基金"农民工家庭的城市融入问题研究"（项目批准号：10BRK013）；国家自然科学基金"从'流而不迁'到进城落户——基于农民工理性算计的抉择及其制度约束"（71073164）。本文原载于《人口与发展》2013 年第 3 期。

** 杨菊华，中国人民大学社会与人口学院教授；陈传波，中国人民大学农业与农村发展学院副教授。

城镇化进程中的一个重要现象，也是加快推进城镇化步伐和提高城镇化质量的必然要求。然而，从中国流动人口与城市发展的实际状况来看，现实种种条件的制约使得一次性举动非常困难。乡—城流动人口离开乡村进入城市，日常生活和工作的社会环境都发生了较大变化，由此带来的文化震动也是巨大的；城—城流动人口离开户籍地，在流入地也面临重新适应的过程。

个体作为家庭的一员而存在，其流动行为既是家庭决策的结果，也会对家庭及其他家庭成员的流动行为产生深刻影响。部分家庭可能是一次性举家流动，但更多的家庭选择渐进式流动模式，即首先选派部分成员先行进入城市或大城市工作、生活，等先行者在城市中稳定下来，其生活及外出务工实践被证明是可行的、成功的，再一次性或分批把其他家庭成员接到流入地，实现家庭团聚。换言之，家庭式流动并不总是一次性举家完成的，更普遍的是一个逐渐实现的复杂过程。这个过程本身是诸多因素综合作用的结果，且反过来对流动人口在城市的生活、工作以及对城市的管理与发展都有着深远的影响。

到撰文时为止，有关流动人口的研究主要关注流动个体，对家庭化的关注相对而言还不多，使流动人口家庭化过程和结果的现状与特点底数不清、情况不明，许多问题都还有待进一步分析与探讨。比如，当下流动人口家庭化的实际情况如何？人口流动模式是否已发生了从以个体单飞为主到以家庭式流动为主的根本性改变？家庭化的现状是否因流入地区而异？

流动人口家庭化中的"化"至少涉及两个方面：一是流动过程，二是流动结果。过程强调的是不同家庭成员在流动过程中以一种什么样的形式而流动，结果则是流动人口是否完成了举家流动，以及流动人口在流入地的家庭特点。本文关注前者，使用具有时效性和代表性的 2011 年"流动人口动态监测调查"数据，从全国性和地区性视角，描述人口流动家庭化过程（包括流动模式、流动批次及时间间隔、先行者）的现状与特点，为总体把握和详细了解人口流动过程特征提供信息，也为进一步的深层次分析奠定基础。

一 文献回顾与梳理

与以流动人口个体为研究对象的大量研究成果相比，专门针对流动人口家庭化的研究不多；不过，随着时间的推移及人口流动家庭化现象的越发普遍，此类流动模式及其流动过程特征引起了更多学者的关注。[①] 通过对现有文献的梳理和分析发现，家庭式流动已具相当规模，但不同研究给出的具体数据相差甚大。

据国务院农民工办公室的调查数据，流动人口举家流动的比例还很低。从图1可以看出，2008～2011年，外出农民中举家流动的比重基本稳定于二成左右，近八成的外出农民工单独或仅与部分家庭成员外出，即近80%的家庭是不完整的流动家庭。鉴于2010年，中国的流动人口已达2.21亿人，不管是举家流动还是其他流动模式，流动所影响到的人口数量可能占全国总人口的一半。

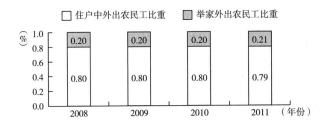

图1　2008～2011年外出农民工的流动模式

数据来源：国家统计局《2011年我国农民工调查监测报告》，http://www.stats.gov.cn/tjfx/fxbg/t20120427_ 402801903.htm，2012年10月5日查询。

由于该调查是在流出地且按照原本实际同住的家庭成员（无论该成员的角色身份）进行的，故20%无疑低估了举家流动的比例：若一个家庭举家外出，则它可能没有被调查到；若一个家庭还有部分同住成员未流出，则亦未被纳入举家流动之列。因此，农民工办公室提供的数据与现行学界利用普查数据或对流动人口在流入地的调查结果差别甚大。于学军利用1990年和2000年人口普查数据，周皓（2004）和周福林利用2000年人口普查数据，而更多的研究利用地区性的、针对流动人口（主要是农民工）的调查数据，分析了流动人口家庭化水平及相关问题。地区性数据主要来自以下调查：1995年的济南调查（蔡昉，1997），2006年北京

---

① 如下所示，学界对"家庭化"这个概念定义不一，本文在引用他人的研究成果时，沿用原作者的用法。

市 1‰流动人口调查 (翟振武等, 2007), 2006 年北京市流动人口家庭户调查 (洪小良, 2007), 1986 年和 1990 年武汉市两次流动人口调查以及 1995 年武汉市 1% 人口抽样调查 (陈贤寿、孙丽华, 1996), 2009 年"中国流动人口问题研究"调查 (张航空、李双全, 2010), 等等。此外, 还有学者基于定性资料、个案或典型调查数据, 考察流动人口的家庭化问题, 包括福州市闽侯县荆溪镇厚屿村的个案研究 (张秀梅、甘满堂, 2006) 和杭州市农民工家庭随迁人口的问卷调查 (朱明芬, 2009)。

过往研究在一定程度上反映了流动过程的变动趋势和现实状况。在 20 世纪 90 年代后期之前, 家庭式流动的比例较低。1995 年, 济南市流动人口与配偶亲属一同流入的比例仅为 7.3% (蔡昉, 1997); 有学者推测, 在一定时期内, 分居模式将是农民工家庭的主要模式。然而, 随着时间的推移, 携家带口的流动模式越发普遍, 打破了早期学者的估计与预测。10 多年中, 尽管学界对流动人口流动过程特征的研究结论存在很大分歧, 但差异之中存在明显的共性。具体可归纳为以下几个特点。

一是家庭式流动比例呈上升趋势。在全国、武汉和北京等地, 多个时点数据的比较研究得出了较为一致的结论。1990 年和 2000 年全国人口普查数据的分析结果表明, 夫妻共同迁移的比例从 7.4% 上升至 46.1%, 十年间升幅十分惊人。同样, 陈贤寿和孙丽华 (1996) 利用 1986 年、1990 年武汉市流动人口调查和 1995 年武汉市 1% 人口抽样调查数据发现, 十年间武汉家庭式流动人口的比例有较大幅度上升。1984~2006 年, 北京市流动人口的家庭式迁移发生概率总体上呈逐年上升趋势 (洪小良, 2007)。从流动者的婚姻状况来判断则发现, 夫妻迁移的比例随时间发生变化: 北京市流动人口未婚比例在 1994 年、1997 年和 2006 年分别为 34.1%、42.1%、22.0%, 而 2006 年的明显下降与流动模式密切相关, 因为该年已婚流动人口携配偶同时在京流动的比例高达 75.3%, 表明了流动人口家庭化程度之高 (翟振武等, 2007)。

二是流动人口家庭式流动的绝对比例高。现存研究发现, 不仅流动人口家庭化趋势上升, 而且实现家庭式流动的比例也较高。早在 1995 年, 武汉市 1% 人口抽样调查资料表明, 在居住半年以上的流动人口中, 家庭式流动人口的占比高达 69.2%, 绝对总量约为 33.5 万人; 若加上其他居住形式的家庭式流动人口, 其规模可能超过 50 万人, 这在当时武汉流动人口中所占比重是相当大的 (陈贤寿、孙丽华, 1996)。侯佳伟 (2009)

利用 2006 年由中国人民大学人口与发展研究中心组织实施的北京市 1‰ 流动人口调查数据发现，在 4078 户流动人口中，59.8% 的流动人口以家庭形式在京居住，作者据此判断，家庭式迁徙已成为主要形式。此外，无论是"北京市 1‰ 流动人口调查"还是同年由北京市人口发展研究中心组织的"北京市流动人口家庭户调查"，结果都显示，流动人口家庭化具有夫妻共同在京工作生活比例大、居住时间长、举家迁移比例高的特点。

三是家庭式流动的家庭成员多分批到来，但批次间隔有所缩短。多数研究表明，流动人口举家迁移比例及流动人口已婚比例在不断提高，但家庭成员多分不同批次到来，即家庭化迁移是一个梯次性的过程。流动人口外出后平均约三年接来一批亲属（侯佳伟，2009），成员迁移间隔加快缩短（朱明芬，2009）。

四是对于在婚人口，丈夫先来的比例较高，但不同研究得出的结论差别较大。由于在一般家庭决策中，女性或妻子都处于"附属迁移者"的地位，故其外出频率低于男性，特别是在 20 世纪 80 年代和 90 年代（蔡昉，1997）；换言之，女性（或妻子）往往是追随者。但是，武汉的研究发现，在 90 年代，在家庭式流动人口中，女性的比例超过半数（陈贤寿、孙丽华，1996）。从 1990 年到 2005 年，在流动人口中女性比重上升了 5.26%，规模从 1982 年的 357 万人增加到 2005 年的 7000 万人（段成荣等，2008）。杭州市不同时点数据的比较分析结果表明，流动女性和举家迁移人口比例同时显著上升，女性比例甚至在样本中超过了男性（毛丰付，2009）。尽管这些数据不能说明谁先来、谁后到，但从侧面反映了流动人口家庭化的进程。

现存研究结果使我们对流动人口家庭化过程有了初步的认识，但相关研究还有很大的改进空间。其中最大的一个问题是，不同研究对流动人口家庭化、家庭式流动、举家流动的定义各异。既有研究往往将同住成员当成"家庭成员"，但究竟是哪种角色的家庭成员并不清楚。而且，多数研究是利用地方性数据所做的分析，研究设计和分析对象的不同使不同研究得出的结论差别较大，也多缺乏普适意义，难以推断为全国流动人口家庭化现状的总体特征。下面将基于现有研究成果，结合我们的理论思考，对本文关注的、与流动过程有关的几个核心概念进行界定，并以此为指导，分析具有全国代表性的数据，以便揭示更具普遍意义的流动人口家庭化的流动过程特征。

二　概念界定

流动人口家庭化是一个具有丰富内涵的动态概念，既涵盖由"跑单帮式"的流动模式向家庭式流动模式的转变，也意味着流动人口及其家庭成员从流出地向流入地梯次流出的特点，还暗指二人或多人的家庭户在流动人口中比重的提升。"梯次"流动模式关注流动人口与留守人口的互动决策与生活史，因为这种渐进的流动可能（但不必一定）意味着家庭永久迁移的发生（尽管户籍未必有变动）。然而，现有研究对"家庭化"或与此相关概念的界定十分模糊，下面尝试予以界定。

（一）流动模式

流动模式是指家庭成员以什么样的方式进入流入地。鉴于家庭形式的多样性与复杂性，本文在界定流动模式时，以调查时点为界限，以受访者本人为核心，以核心家庭为基准，包括配偶与未婚子女，以及未婚子女与父母。基于此，我们将流动模式区分为三种类型。

（1）非家庭式流动：只有一个人，不与任何家庭成员一起在流入地生活。

（2）半家庭式流动：部分核心家庭成员（可能是配偶，可能是子女，也可能是未婚受访者的父母和未婚的兄弟姊妹）没有进入流入地，与流动人口一起共同生活。

（3）完整家庭式流动（也称"举家流动"）：核心家庭成员不是以个体或部分家庭成员而是以完整家庭的形式离开流出地、进入流入地，至少有两个核心家庭成员（如尚无子女的夫妻）共同在流入地生活或工作。这里又牵涉两种不同情况：举家一次性流动和渐进式家庭流动。前者是指全部核心家庭成员在同一时间到达同一地点；后者是与前者相对应的概念，指核心家庭成员并非一次性进入流入地，而是在时间顺序上采取渐进式、分批次的方式进入流入地，通常有先行者和追随者之分。

（二）先行者与追随者

非家庭式流动并不存在先行者和追随者之分，但无论是半家庭式流动还是渐进家庭式流动，都存在这两类人群。先行者指流动人口家庭中第一个或第一批外出来到流入地的成员；追随者指在其流动之前，家庭中已有至少一个成员到达流入地。本文仅区分流动批次，没有区分各批追随者，除先行者外，其余各批人均为追随者。

（三）家庭式流动的开始与完成

家庭成员中有两个或两个以上成员首次会合于流入地即为家庭式流动的开始。据此定义，部分家庭是多个成员同时先行外出，流动时即已开始家庭式流动；部分家庭在一个（批）先行成员外出后，有一个或几个成员同时投奔于先行者所在的流入地，以此开始家庭式流动。到调查结束时，单独一个人流动的为尚未发生家庭式流动的人口。而家庭式流动的完成主要是指所有家庭成员在流入地实现会合。对于举家一次性流动的家庭，流动的开始与完成同步发生；对于渐进式流动家庭，流动的开始与完成之间则有时间间隔。无论是开始还是结束，都因对"家庭"的定义的不同而异。若是核心家庭，则以核心家庭成员的团聚为标准进行界定，否则以原本在流出地实际同住的家庭成员为界定标准。本文没有直接关注这个方面。

图 2 是上述定义的图示化。如图 2 所示，流动过程包括三个方面：流动模式、流动进程、流动批次。后二者均属于动态进程，而流动模式既是一个过程，也是一种结果。尽管非家庭式流动和半家庭式流动均未完成核心家庭成员的团聚，但今天的非家庭式流动可能就是明天的半家庭式流动或家庭式流动，今天的半家庭式流动可能就是明天的完整家庭式流动或非家庭式流动，而今天的家庭式流动也可能是明天的半家庭式或非家庭式流动。换言之，对流动人口而言，任何一种模式都不是固定不变的。因此，流动模式实际上也可看作流动过程的一个特点。非家庭式流动无疑是一次性的，而不管是半家庭式还是完整家庭式流动，均可分为一次性和渐进式两种形式。对于半家庭式流动，一次性和渐进式均未完成举家流动；对于完整家庭式流动，不管是分批流动还是一次流动，其结果都实现了核心家庭成员的团聚。在整个渐进家庭式流动过程中，先行者和不同批次的流动人员因在家庭化过程中扮演不同的角色，其本身具有一定的成员选择性。换言之，先行者的特质和角色身份与其他批次流动成员之间可能存在一定的差异。从流动的时间维度来看，各批次流动人员的时间间隔以及从家庭式流动开始到家庭式流动完成的时间间隔是考查家庭式流动的重要指标。

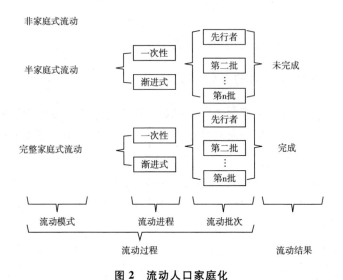

图 2　流动人口家庭化

上面对核心概念的界定借用了现存其他学者的智慧，也加上了我们自己的理论思考。下面将在这些界定的指导下，借助具有代表性和时效性的数据，分析流动人口的流动过程特征。

三　数据与样本的基本特征

本文利用 2011 年国家人口和计划生育委员会"流动人口动态监测调查"（以下简称"监测调查"）数据，分析流动人口的流动过程特征。"监测调查"的目的在于，科学把握流动人口总量、结构、分布和变动趋势，密切关注流动人口生存发展状况，综合分析流动人口计划生育服务管理中存在的问题，为引导人口有序流动、合理分布提供重要依据，不断完善相关政策措施，不断提升流动人口计划生育服务管理水平。

监测调查属于常规动态监测，在全国范围进行，按照随机原则在 31 个省（区、市）和新疆生产建设兵团抽取样本点，使调查结果有较好的代表性。调查内容包括流动人口基本信息，就业、居住、计划生育/生殖健康等公共服务情况，以及社会参与、社会融合状况等。为满足不仅对多数省（区、市），而且对全国具有代表性的要求，调查采取分层、多阶段、与规模成比例的 PPS 抽样。全国总样本量为 128000 人。各省样本量分 4 个等级，最多的为 10000 人，其次为 6000 人，再次为 4000 人，最少为 2000 人。调查由基层调查员入户访问被调查对象，填写调查问卷，通过 PADIS 流动人口子系统在线录入并上报。

受访流动人口的平均年龄为 33.4 岁；男性占全部样本的 53.2%；77% 的受访者在婚；55.0% 的受访者受过初中教育，高中和小学者均约占 15%，中专生占 5.57%，大专及以上受教育程度者不到全部样本的 8%。约 84.8% 的流动人口为来自农村的乡—城流动人口，其余流动人口为城—城流动人口；跨省流动者超过全部样本的 50.7%，次为跨市流动者，占 31.2%，其余 18.1% 为市内跨县流动者。许多流动人口在流入地实际上处于"留"而不"流"的状况，稳定性较强，平均居留时间超过 4.6 年。超过 27% 的流动人口为单人流动，其余流动人口至少与一个家庭成员一起生活在流入地，半家庭式流动和完整家庭式的特征比较明显。

本文关注流动人口的流动过程特征。首先分析全部样本，然后关注流动过程特征的地区性差异。二者相结合，既可以把握全部流动人口流动过程特征的总体面貌，也可以了解各地区之间流动过程特征的潜在差别。如图 2 所示，流动过程包括三个方面：一是流动模式，二是流动进程，三是流动批次。为便于叙述，这里分流动模式、流动批次和批次间隔、先行者三个方面进行描述。

四　全部样本的流动过程特征分析

（一）流动模式

本文在考察流动模式时，仅关注核心家庭①，即未育夫妻、夫妻和未婚子女、未婚者和父母。对于第一类人，仅需要根据流动人口的婚育状况即可判断；对于第二类人，需要借助受访者本人的婚姻状况和子女信息联合判断。若受访者已婚，配偶同住且所有子女都在流入地，则被定义为完整家庭式流动（也称"举家流动"）；若部分核心家庭成员未同来（如夫妻中的一方不在，未婚子女没有全部进入流入地），则被定义

---

① 鉴于调查的局限，核心家庭可能也不完整，特别是未婚受访人的兄弟姐妹信息可能缺失。

为半家庭式流动；若是单人流动，则被定义为非家庭式流动。对于未婚受访者，若父母都在流入地，也将他们定义为举家流动；若父母在婚但仅一方在流入地，则将其定义为半家庭式流动。在定义该人群时，我们还考虑到同住的兄弟姊妹的婚姻状况，但若兄弟姊妹不在流入地，定义可能存在问题。

表 1 是流动模式的分析结果。若包括单人流动，约 27.0% 的受访者为非家庭式流动；25.9% 的受访者在流入地与部分家庭成员一同居住（即半家庭式流动）；其余 47.1% 的受访者与其全部家庭成员一同居住，即实现了完整家庭式流动。若不考虑非家庭式流动的情形，则举家流动的核心家庭的比例提升近 20 个百分点；换言之，近 2/3 的核心家庭为完整家庭式流动。

表 1　流动人口的流动模式

单位：人，%

	包括单人流动		不包括单人流动	
	频数	比例	频数	比例
非家庭式流动	21086	27.03	—	—
半家庭式流动	44010	25.90	29771	33.96
完整家庭式流动	57902	47.08	57902	66.04

资料来源：2011 年"监测调查"。除特别注明的外，本文所有图表数据均来自这一调查。

（二）流动批次及批次间隔

在流动过程中，流动批次平均为 1.54 批，但有的家庭最多达到七批。表 2 是全部样本流动批次的基本分布。需要指出的是，这里展示的仅是在流入地的家庭成员，故不管是一次性流动还是分七批流动，都不意味着核心家庭成员全部都在流入地。如表 2 所示，71.1% 的受访者及家庭成员为一次性流动，约 1/5 的流动人口及家庭成员分两批流动，7.0% 的受访者及家庭成员分三批进入流入地，另有不到 2.0% 的受访者及家庭成员分四至七批进入流入地。

表 2　流动批次的基本分布

单位：人，%

	一次性	分两批	分三批	分四批	分五批	分六批	分七批
频数	91045	25893	9000	1802	229	30	1
比例	71.13	20.23	7.03	1.41	0.18	0.02	0.00

但是，在全部受访者中，非家庭式单人流动的比例较高，他们的流动当然是一次性完成的。换言之，在分析流动批次时，必须考虑是非家庭式流动还是家庭式流动。在剔除非家庭式流动样本后，一次性流动的比例从71.1%降至60.0%。

进而，表3展示了家庭规模与流动批次的相关矩阵。总体而言，在流入地的家庭成员越多，一次性到来的比例就越低，各批次到来的比例也越分散，渐进式流动的特点更为突出。比如，在2人家庭中，两人同时到来的比例高达80.1%，分开到来的比例仅约1/5；在3人家庭中，三人同来的比例降至54.3%，分两次到来的比例约占1/3，其余11.5%的家庭分三批到来。

表 3　家庭规模与流动批次的相关矩阵

单位：人，%

家庭规模	一次性	分两批	分三批	分四批	分五批	分六批	分七批
1	100.00						
2	80.14	19.86					
3	54.28	34.26	11.46				
4	48.78	27.18	17.75	6.29			
5	40.06	23.95	18.81	12.95	4.23		
6	35.40	18.85	18.56	14.39	9.50	3.31	
7	30.00	23.00	18.00	10.00	13.00	6.00	
8	18.18	18.18	27.27	22.73	4.55	4.55	4.55

那么，在非一次性到来的家庭成员中，批次与批次之间间隔多长时间呢？图3分别描述了前四批之间以及第四批后的时间间隔。总体来看，批次间隔的均值约为40个月。而批次与批次之间的间隔略呈倒U形：第一

批与第二批的间隔短于第二批与第三批的间隔，第三批以后，间隔渐次缩短，从大约 40 个月降至近 30 个月，即从三年多降到两年多。这与现存研究得出的结论大体相符。

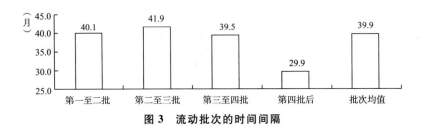

图 3　流动批次的时间间隔

（三）先行者

对于家庭成员并非一次同来的受访者，家庭成员中谁是先行者呢？图 4 展示了剔除非家庭式流动样本后的先行者的类别及其比例。这里并未穷尽所有可能的先行者的情形，而主要是对受访者（这里为丈夫）、配偶（这里为妻子）、子女和父母进行分析。夫妻先到流入地或夫妻携带子女先到流入地的比重排在前两位，分别占 41.1% 和 39.1%；丈夫先外出的紧随其后；妻子先外出、子女先外出或父母先外出的比例都较低，均不超过 5%。这说明，以受访者个体为中心，若他们外出流动，最可能的情形是，家里的部分成员一起流动，而且主要是夫妻或夫妻带子女的"小家庭"一起流动。

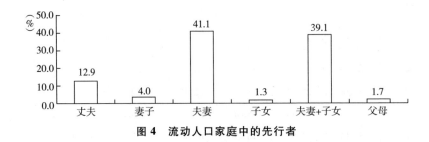

图 4　流动人口家庭中的先行者

将流动模式与先行者联合起来考虑则发现（见表 4），① 在半家庭式流动的受访者中，夫妻二人一起出来的比重最高，占全部样本的约 2/3，

---

① 由于先行者仅考虑有两个或多个流动人口的家庭，故在本表的流动模式中，没有包括单人流动的情形。

其次是夫妻和子女一同成为先行者的情形；而在完整家庭式流动的受访者中，夫妻携子女的比重最高，占 52.8%，其次是夫妻二人同为先行者的情形，占比也较高，达到 28.4%。可见，就先行者而言，半家庭式流动或完整家庭式流动模式之间存在一定的差别，但不管是半家庭式流动还是完整家庭式流动，先行者仅为丈夫的占比都低于上述两种情形，而妻子、子女或父母个人先行流动的比例都很低。

表 4   流动模式与先行者的相关矩阵

单位：%，人

	丈夫	妻子	夫妻	子女	夫妻+子女	父母	样本量
半家庭式流动	12.53	5.22	67.79	0.7	13.16	0.6	27912
完整家庭式流动	12.75	3.18	28.36	1.28	52.78	1.65	54162
样本量	10402	3183	34281	891	32256	1061	82074

五　分地区的流动过程特征分析

前面的文献梳理结果表明，各地流动人口的家庭化特征虽然具有一致性，但具体到一些指标上，地区之间的差别甚大。同时，从上文可知，全部样本的流动模式特征存在很大差别。这样的差别在各地区之间是否一致呢？下文从东中西部和东北四大地区，从长三角、珠三角、京津冀和其他四大经济带，从流入省（区、市）以及从流动跨越行政区域四个角度，对流动过程特征进行了分析。

（一）流动模式

从流入地区来看，完整家庭式流动比例最高的是中部地区，超过全部样本的一半；其后依次为东北、西部、东部地区，分别均超过 40%。半家庭式流动在各地区的分布比例与完整家庭式流动的分布形成鲜明的对比，即东部地区的比例最高，次为西部，再次为东北，最后为中部；非家庭式流动比例最高的依旧是东部地区，西部和东北地区的比例差异不大，但中部地区的比例较低（见图 5）。这说明：（1）不管在哪个地区，完整家庭式流动都是流动的主流模式；（2）流入中部和东北地区的人口有更高比例是完整家庭式流动，而流入东部和西部地区的人口则有更高比例是半家庭式流动和非家庭式流动。在这样的特点背后，既透视出不同地区流动人口的选择性（即中部地区多是省内、市内流动人口，而东部地区多为跨省流动人口），也暗含地区之间家庭团聚难易程度的差别：东部地区虽拥有更好的劳动就业机会，但准入门槛也更高，从而不利于流动人口的家庭团聚。

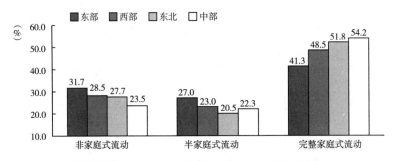

图 5　分流入地区的流动模式

从流入经济带来看，完整家庭式流动中流入"其他"经济带的比例最高，略超过 50%；其后依次为京津冀、珠三角、长三角；相反，半家庭式流动中流入长三角的比例最高，其后依次为珠三角、其他、京津冀；非家庭式流动中，流入京津冀的比例最高，其次为长三角，再次为珠三角，比例最低的是其他经济带（见图 6）。可见，经济带的模式与四大地区的模式十分类似，在流入其他经济带和京津冀的流动人口中，有较高比例的人口实现了完整家庭式流动，而在流入长三角和珠三角的流动人口中，模式则刚好相反。

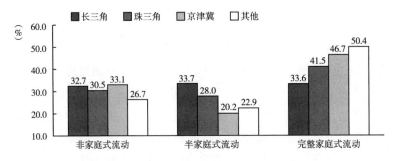

图 6　分经济带的流动模式

从流入的省（区、市）来看，各地流动模式的差异也很大。表5是按照非家庭式流动的升序排列的各省（区、市）的流动模式。中部的安徽和湖北两省的非家庭式流动的比例最低，都不到10%。就完整家庭式流动模式而言，比例最高的六地分别为安徽（73.2%）、内蒙古（72.1%）、宁夏（70.3%）、山西（68.3%）、湖北（67.6%）、贵州（60.4%），均为经济发展程度处于全国中等水平或以下的省区。

表5 分省（区、市）的流动模式

单位：%

省（区、市）	非家庭式流动	半家庭式流动	完整家庭式流动	省（区、市）	非家庭式流动	半家庭式流动	完整家庭式流动
安徽	7.88	18.89	73.23	广东	30.49	28.00	41.52
湖北	8.93	23.45	67.62	北京	30.53	25.20	44.27
宁夏	10.08	19.60	70.32	江苏	34.51	32.48	33.01
内蒙古	13.26	14.65	72.08	江西	34.54	24.29	41.17
山西	13.29	18.40	68.31	湖南	35.29	27.66	37.05
贵州	16.83	22.80	60.37	重庆	35.35	28.29	36.36
山东	18.09	22.00	59.91	云南	36.11	27.45	36.45
新疆	19.08	24.39	56.53	天津	36.27	21.67	42.06
吉林	21.14	23.06	55.79	辽宁	36.39	16.04	47.57
黑龙江	22.13	23.78	54.08	浙江	37.00	35.31	27.70
海南	22.51	17.48	60.02	福建	37.57	30.03	32.40
上海	22.94	33.17	43.89	河南	41.24	21.02	37.74
广西	24.89	17.80	57.31	兵团	42.51	20.43	37.06
陕西	25.34	22.49	52.17	河北	44.25	16.24	39.51
青海	28.72	29.26	42.02	四川	47.64	24.61	27.74
甘肃	29.81	23.18	47.01	西藏	49.19	26.47	24.34

相反，广东、北京、江苏和浙江等省（区、市）的非家庭式流动人口的比例均超过30%，高于均值（28%），而完整家庭式流动的比例均低于全部样本的均值（约47%）。完整家庭式流动比例最低的六地分别为西藏（24.3%）、浙江（27.7%）、四川（27.7%）、福建（32.4%）、江苏

（33.0%）、重庆（36.4%），它们当中大部分属于经济较发达的省（区、市）。在完整家庭式流动比例较低的省（区、市），半家庭式流动模式和非家庭式流动模式的比例都相对较高，西藏地区尤其如此。这可能是因为，一方面，流入西藏的流动人口比例较低，数据具有不稳定性；另一方面（或更为重要的是），西藏的自然地理环境比较特殊，一般人较难适应，从而使流动人口不愿将家人（特别是年幼子女和年长父母）带到这里。而经济发达省（区、市）完整家庭式流动比例较低的原因如前述，可能与流入地制度性和结构性制约密切相关。

从流动跨越的区域来看，完整家庭式流动中，市内跨县流动者的比例高达 56.0%，其次为省内跨市流动者（51.5%），跨省流动者的比例最低，只有 41.1%；半家庭式流动比例在流动跨越的区域类型中与完整家庭式流动刚好相反，跨省流动者的比例最高（28.5%），其次为跨市流动者（20.1%），最低的是跨县流动者（19.4%）；在非家庭式流动中，也是跨省流动的比例最高（30.4%），跨市流动的比例次之（28.4%），跨县流动的比例最低（24.6%）（见图 7）。这表明，流动跨越的行政区域越大，完整家庭式流动的比例越低，而半家庭式流动、非家庭式流动的比例则相对较高。但是，不管是跨省流动、跨市流动还是跨县流动，完整家庭式流动都占有较高比例，这再一次证明，这类流动模式已成为一种普遍的流动模式。

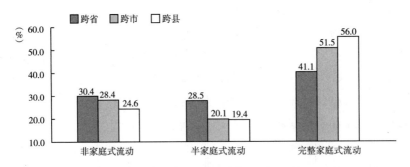

图 7 分流动跨越区域的流动模式

以上从流入的四大地区、四大经济带、流入的省（区、市）和流动跨越的行政区域四方面，对流动人口的流动模式进行了描述，并发现在不同地区、经济带、省（区、市）和流动区域，流动模式存在很大差别。流动批次以及批次间隔是否也是如此呢？

（二）流动批次及批次间隔

若不考虑非家庭式流动模式的样本，则总体而言，只有流入东部地区、珠三角和长三角地区及跨省流动者家庭成员的流动批次高于全部样本的平均值（1.54批），特别是珠三角与长三角，其流动批次远远高于均值。具体而言，从流入地区看，东部的批次最多（1.7批），次为西部（1.5批），东北的批次最少，仅为1.3批。从经济带来看，长三角和珠三角的流动批次较多（1.8批），其他地区和京津冀的流动批次较少（1.5批）。从流动跨越的区域来看，跨省流动人口的流动批次最多（1.6批），其次为跨市流动人口（1.5批），流动批次最少的是跨县流动人口（1.4批）（见图8）。

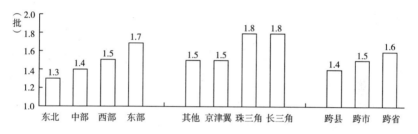

图8　分流入地区、经济带和流动跨越区域的流动批次

剔除非家庭式流动人口样本后，分省（区、市）的流动批次也显示出类似特点，即发达地区的流动批次较多。如表6所示，上海的流动批次最多，超过2.0次，次为北京（约1.8次），再次为广东（约为1.8次），福建和浙江两省的批次亦在1.7次或以上；相反，批次较少的省区均为经济欠发达地区。

表6　分省（区、市）的流动批次

单位：批

省（区、市）	批次	省（区、市）	批次	省（区、市）	批次
吉林	1.21	湖南	1.44	天津	1.62
安徽	1.30	青海	1.45	新疆	1.64
贵州	1.33	内蒙古	1.46	广西	1.65

续表

省（区、市）	批次	省（区、市）	批次	省（区、市）	批次
宁夏	1.35	山东	1.47	西藏	1.66
辽宁	1.35	甘肃	1.47	云南	1.68
江西	1.36	湖北	1.47	浙江	1.70
黑龙江	1.38	兵团	1.48	福建	1.77
河南	1.39	四川	1.53	广东	1.78
山西	1.41	重庆	1.54	北京	1.83
陕西	1.41	海南	1.57	上海	2.01
河北	1.44	江苏	1.62		

这些特点说明，流动人口的家庭成员一次性进入经济发达的东部地区、长三角及珠三角的可能性较小，而进入经济欠发达的其他地区的可能性较大；同样，对于跨省流动者而言，一次性实现至少是半家庭式流动的可能性很小。换言之，流动跨越的范围越大，家庭成员越不可能一次性进入东部地区、长三角和珠三角地区。

批次间隔也显示，经济不发达之地，至少部分家庭成员实现家庭团聚的间隔较短，反之亦然。如图 9 所示，在四大地区中，东北地区的间隔最长（47.2 个月），次为东部地区（41.3 个月），再次为西部地区（39.5 个月），中部地区最短（35.1 个月）。同样的特点也见之于经济带中：京津冀的流动批次间隔最长（44.7 个月），其后依次为长三角（41.0 个月）、珠三角（39.1 个月）和其他经济带（38.8 个月）。在流动跨越的行政区域中，跨省流动者的时间间隔最长（41.1 个月），跨市者次之（39.4 个月），跨县者最短（37.2 个月）。

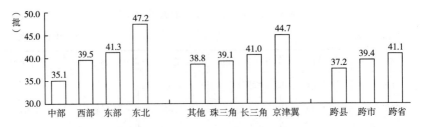

图 9 分流入地区、经济带和流动跨越区域流动批次的时间间隔

　　尽管这里不是东部地区而是东北地区的间隔最长，不是长三角或珠三角而是京津冀的间隔最长，但东部地区、长三角和珠三角的间隔也较长，且东北和东部地区间隔较长背后的原因可能并不一致：东北地区在劳动就业等诸多方面并无太多优势，先行者在考虑是否将其他家庭成员带入流入地或其他家庭成员在考虑是否要追随先行者时有更多思量，从而拉长了批次间隔；而对于经济社会更为发达的东部地区而言，在批次之间较长的间隔背后，透视出的可能是流入地制度性和结构性要素的制约。同样，流动跨越的行政区域越大，流动人口实现家庭团聚的时间间隔越长，而这也反映出流入地社会的客观制约。当然，另一种可能性是，一部分进入发达地区的流动人口，其主要目的不是家庭团聚，而是其他目的，从而增加了批次，并拉长了批次之间的时间间隔。

　　在各省（区、市）中，流动批次的时间间隔也存在很大差异，安徽、宁夏、江西、广西、贵州、陕西、海南等经济相对不发达的省（区、市）的时间间隔较短，均不到 35 个月；而黑龙江、天津、北京、青海、辽宁、上海等地的时间间隔较长，均超过了 45 个月（见表 7）。

表 7　分省（区、市）流动批次的时间间隔

单位：月

省（区、市）	批次间隔	省（区、市）	批次间隔	省（区、市）	批次间隔
安徽	27.31	江苏	38.11	新疆	43.31
宁夏	31.78	河南	38.52	福建	43.34
江西	32.73	山西	38.88	云南	44.77
广西	34.05	广东	39.13	上海	45.38
贵州	34.23	浙江	39.16	青海	46.46
海南	34.27	山东	39.41	辽宁	46.59
陕西	34.63	重庆	39.67	北京	46.75
湖北	35.81	吉林	42.00	天津	47.72
湖南	36.05	河北	42.43	西藏	48.33
甘肃	37.45	四川	42.85	黑龙江	49.43
内蒙古	38.02	兵团	42.97		

（三）先行者

表 8 列出了基于核心家庭而剔除非家庭式流动样本的分地区的先行者。一个基本特点是，地区之间存在差别，但不管是哪个地区，与全部样本的模式均比较一致，故不再详述。有几点需要强调的是，东部地区、长三角和珠三角经济带以及跨省流动者中，丈夫先来、夫妻同来的比例都远远高于各自变量的其他类别，而夫妻与子女同来的比例则远远低于各自变量的其他类别。

表 8 分流入地区、经济带和流动区域的先行者

单位：%

	丈夫	妻子	夫妻	子女	夫妻+子女	父母
四大地区						
东部	19.11	5.81	43.60	11.41	27.94	2.13
中部	7.33	1.88	37.51	0.91	50.98	1.39
西部	10.25	3.55	39.99	1.46	43.21	1.53
东北	7.30	2.50	42.17	0.73	46.44	0.86
经济带						
珠三角	22.25	7.41	42.20	1.27	24.86	2.02
长三角	22.89	7.12	48.73	1.50	16.94	2.81
京津冀	14.18	3.79	41.60	1.27	37.85	1.31
其他	9.53	3.06	39.34	1.24	45.32	1.52
流动区域						
跨省	15.86	4.76	44.60	1.32	31.48	1.98
跨市	10.95	3.61	38.65	1.18	44.28	1.34
跨县	8.03	2.65	35.74	1.33	51.18	1.08

若将地区细分为省（区、市）则会发现更有意思的现象。表 9 是按照"夫妻+子女"先来这个分类倒序排序的。显然，若不考虑西藏，则在上海、浙江、江苏、北京、福建、广东六地，仅丈夫或妻子一人先来的比例均较高，仅次于夫妻同来的比例，而夫妻和子女一同先来的比例却是最低的。这进一步印证了前面提到的两种情况：流入地社会的制约和流动人口的选择性。

表 9 分省（区、市）的先行者

	丈夫	妻子	夫妻	子女	夫妻+子女	父母
上海	31.51	8.28	40.64	2.37	12.85	4.36
西藏	25.72	10.89	44.40	2.56	14.41	2.03
浙江	20.04	7.06	51.65	1.24	17.37	2.64
江苏	18.95	6.27	52.22	1.07	19.71	1.78
北京	23.59	6.63	43.57	2.17	21.56	2.47
福建	21.80	6.68	46.17	1.65	21.56	2.14
广东	22.25	7.41	42.20	1.27	24.86	2.02
四川	4.68	5.82	47.12	1.39	29.20	1.80
云南	12.10	4.05	47.68	1.19	32.25	2.73
重庆	11.18	4.95	45.69	1.88	33.49	2.82
天津	16.59	3.49	42.52	1.38	34.24	1.78
新疆	12.24	4.13	40.98	1.60	39.06	2.00
广西	10.33	3.59	41.95	2.54	40.32	1.27
湖南	8.11	2.95	45.15	1.41	40.70	1.66
甘肃	10.98	2.39	41.77	1.50	42.27	1.08
山东	11.84	3.67	39.97	1.20	42.75	0.57
黑龙江	8.28	2.89	43.44	0.83	43.59	0.98
青海	9.15	2.95	40.88	0.78	44.14	2.09
辽宁	8.63	2.52	41.81	0.62	45.66	0.75
兵团	9.47	1.95	39.55	1.58	46.61	0.84
陕西	6.95	3.24	40.76	1.42	46.87	0.76
河北	8.69	2.04	40.22	0.76	47.29	1.00
江西	4.60	2.46	42.51	1.19	47.80	1.44
河南	9.38	2.28	38.83	0.67	47.81	1.03
湖北	7.85	1.75	38.70	0.92	49.39	1.39
海南	9.15	2.87	33.39	1.21	50.97	2.41
内蒙古	7.72	2.58	35.16	0.93	52.79	0.81
山西	9.22	1.53	33.00	0.71	53.39	2.14

续表

	丈夫	妻子	夫妻	子女	夫妻+子女	父母
吉林	3.14	1.68	40.19	0.73	53.46	0.80
宁夏	6.85	1.31	32.82	0.95	57.83	0.24
安徽	5.17	0.88	30.61	0.70	61.91	0.73
贵州	5.87	2.06	26.86	0.98	62.56	1.68

由上文可知，流动过程特征——不管是流动模式还是流动批次和批次间隔，抑或是先行者——的确因地区而异，无论地区如何测量。概而言之，经济越发达，完整家庭式流动的比例越低，而流动批次越多，批次间隔时间越长，一人先来的比例越高，反之亦然。这样的特点生动地透视出在不同地区，外来流动人口的境遇可能是不一样的；同时，它可能也暗示着，进入不同地区的流动人口具有各自的选择性。

五　总结与讨论

随着流动人口在流入地居留时间的延长，生活和工作稳定性的增强，出于使家庭利益最大化的一种理性选择，流动人口家庭化已经成为一种不可避免的自然现象和必然态势，国内和大量的国际经验都充分证明了这一点。家庭化的过程无论是对流动家庭的福利还是对流入地社会和流出地社会公共资源的配置和基础设施建设，都将带来巨大的影响，故而逐渐引起了学术界和政府的重视。

如本文开始所言，"家庭化"这个概念涉及两个方面：一是流动过程特征，二是流动结果，本文关注前者。文章首先回顾了与家庭化有关的研究文献；其次界定了与流动过程有关的几个基本概念；再次基于现存研究，利用 2011 年"监测调查"数据，重点描述了全国性样本以及分地区流动人口家庭化过程的现状与特点。分析结果总结如下。

其一，就流动模式而言，在全部样本中，若以核心家庭为参照基准，略低于一半的流动人口为完整家庭式流动，约三成流动人口为单人流动，其余流动人口为半家庭式流动。但是，全部样本的总体特征掩盖了巨大的地区差别：概而言之，在中部地区和东北地区，完整家庭式流动的比例远远超过东部地区和西部地区；同样，在其他和京津冀经济带，这类流动模式的占比也远远超过长三角和珠三角地区。同时，流动跨越的行政区域越小，完整家庭式流动的比例越高。此外，若将流入地区细分为省（区、市）则发现，两类省（区、市）完整家庭式流动的比例较低：经济发达之地和经济欠发达之地，而尽管这两类地区有类似模式，但背后的原因无疑是不同的：前者可能主要是因为家庭团聚的门槛（如子女教育）或生活成本较高，而后者则可能主要是因为优质资源不足，对流动人口携家带口的吸引力不够。

其二，就流动批次来看，在全部样本中，同住的家庭成员大约平均分1.54 批到来，最多可分 7 批到来。若不考虑非家庭式流动且仅考虑核心家庭成员的话，超过一半的家庭成员是一次性进入流入地的。家庭成员越多，流动批次越多；若流入地家庭仅为两人，则他们一次性到来的比例超过 4/5；若流入地家庭有三人，则一次性到来的比例降至 54.3%。但是，除八人家庭外，不管家庭规模多大，一次性到来的比例都是最高的，尽管该比例随家庭规模的增大而降低。在各地区之间、经济带之间以及流动跨域的行政区域之间，流动批次也存在较大差别。比如，在东部和西部、长三角和珠三角地区，流动人口的流动批次相对更多；流动跨越的区域越大，流动批次也越多。在非一次性到来的家庭中，批次与批次之间的平均间隔为 39.9 个月，但不同批次之间存在差异。在东北和东部地区、京津冀和长三角地区以及跨省流动者中，各批次的时间间隔较长，均超过 40个月。换言之，在经济欠发达地区，流动批次之间的时间间隔比发达地区稍短。如上所言，东北地区完整家庭式流动的比例较高，一次性到目的地的比例较高，但若分批到来，则批次之间的间隔较长。

其三，若核心家庭成员不是一次性到达流入地，则先行流动者多为夫妻二人或夫妻加子女。尽管该模式在四个地区之间、四个经济带之间、流动跨越的行政区域之间以及各省（区、市）之间存在差别，但无论是哪个地区、哪个经济带、流动跨越哪一级的行政区域，都是这两种模式的占比最高。在东部地区、长三角和珠三角地区、跨省流动者中，丈夫作为先行者的比例也都相对较高；同样，在经济发达省区，丈夫一人先来的比例仅次于夫妻同来的比例，而夫妻加子女一同先来的比例较低，这透视出流入地制度性和结构性因素对家庭团聚的限制。西藏虽也呈现类似特点，但背后暗含的原因大不相同。

　　总的来看，不管是流动模式，还是流动批次和时间间隔，抑或是先行者，不同地区呈现不同的特点。经济越发达的地区，完整家庭式流动的比例越低，流动过程越长（即流动批次越多，各批次之间的间隔也越长），多为夫妻二人或丈夫一人先行流动。但是，我们也发现，流动过程特征与经济发展之间并非线性关系，在某些方面，欠发达地区和发达地区具有类似特点，尽管其背后原因不尽相同。

　　不管各个地区具有怎样的特点，在核心家庭中，完整家庭式流动相比于半家庭式流动和非家庭式流动来说，已经占据重要地位，且核心家庭成员一次性举家流动的比例已近全部样本的一半。这意味着，在未来的流动中，更多的核心家庭成员将选择一次性流动的方式，家庭化流动趋势已经并将继续构成人口流动的主流模式。这种情况的背后有着怎样的影响和意义，是下一步研究的方向。

参考文献

蔡昉，1997，《迁移决策中的家庭角色和性别特征》，《人口研究》第 2 期。

陈贤寿、孙丽华，1996，《武汉市流动人口家庭化分析及对策思考》，《中国人口科学》第 5 期。

段成荣、杨舸、张斐、卢雪和，2008，《改革开放以来我国流动人口变动的九大趋势》，《人口研究》第 11 期。

洪小良，2007，《城市农民工的家庭迁移行为及影响因素研究——以北京市为例》，《中国人口科学》第 6 期。

侯佳伟，2009，《人口流动家庭化过程和个体影响因素研究》，《人口研究》第 1 期。

李强，2003，《影响中国城乡流动人口的推力与拉力因素分析》，《中国社会科学》第 1 期。

毛丰付，2009，《城市流动人口居住状况与安居意愿调查研究》，《浙江工商大学学报》第 6 期。

王志理、王如松，2011，《中国流动人口带眷系数及其影响因素》，《人口与经济》第 6 期。

翟振武、段成荣、毕秋灵，2007，《北京市流动人口的最新状况与分析》，《人口研究》第 2 期。

翟振武、侯佳伟，2010，《北京市外来人口聚集区：模式和发展趋势》，《人口研究》第 1 期。

张传红、李小云，2011，《流动家庭性别关系满意度变化研究——以北京市农民工流动家庭为例》，《妇女研究论丛》第 4 期。

张航空、李双全，2010，《流动人口家庭化分析》，《南方人口》第 6 期。

张文娟，2008，《流动人口的家庭结构——以北京市为例》，《北京行政学院学报》第6期。

张秀梅、甘满堂，2006，《农民工流动家庭化与城市适应性》，福建省社会学2006年会论文。

周皓，2004，《中国人口迁移的家庭化趋势及影响因素分析》，《人口研究》第6期。

朱明芬，2007，《农民工职业流动带动家庭人口迁移的实证分析——以杭州为例》，《中共杭州市委党校学报》第3期。

朱明芬，2009，《农民工家庭人口迁移模式及影响因素分析》，《中国农村经济》第2期。

家庭与性别评论（第 8 辑）

第 126～144 页

© SSAP，2017

城市规模、公共服务与农民工的家庭同住趋势[*]

汪建华[**]

摘　要　以往研究关注到流动人口的家庭化趋势，但并未论及不同类型城市之间家庭化趋势的差异，对家庭化趋势对城镇化政策的参考意义更是缺乏讨论。本文通过对 2014 年南京大学农民工抽样调查数据的分析，研究发现，总体而言，城市规模越大，农民工的家庭同住趋势越弱，但大城市与中等城市的差异并不大。同样值得重视的是，农民工的年龄越小，家庭同住趋势越强。无论是从当前大城市农民工的家庭同住趋势看，还是从年轻农民工代表的长远发展趋势看，当前政府严格控制大城市农民工市民化进程的做法，都亟待调整。进一步的数据分析还表明，当前农民工市民化的主要诉求并非落户，而是以子女教育为核心内容的城市公共服务，应优先解决大城市农民工的子女教育问题，同时尽快建立财政转移支付同农业转移人口市民化挂钩机制。

关键词　城市规模　公共服务　农民工　家庭同住趋势

＊　本文是国家社科基金青年项目"新工人的社区生活形态与劳资关系的地方性差异研究"（14CSH069）的阶段性成果。本文原载于《青年研究》2017 年第 3 期。

＊＊　汪建华，中国社会科学院社会学研究所助理研究员。

一 流动人口的家庭化与城镇化

2010 年第六次全国人口普查数据显示，我国流动人口规模业已达到 2.6139 亿人，与 2000 年相比增长了 81.03%。[①] 不断增长的流动人口，在为我国经济发展提供基础动力的同时，也必然对流入地的公共服务和社会治理提出更高的要求。更进一步的挑战来自流动人口的家庭化趋势和日益迫切的市民化需求。研究表明，流动人口的家庭式流动呈上升趋势，且绝对比例较高；流动人口子女随父母外出的情况逐渐增多，0～17 岁流动儿童规模在 2010 年达到 3581 万人；流动人口在流入地的居住渐趋稳定（段成荣、吕利丹、邹湘江，2013；段成荣等，2013；杨菊华、陈传波，2013a，2013b）。

然而，长期以来，在户籍制度的影响下，城镇化滞后于工业化，户籍人口城镇化率远低于常住人口城镇化率，流动人口市民化进程缓慢，农民工及其随迁家属难以融入城市社会，难以获得教育、就业、医疗、养老、保障性住房等城市基本公共服务。这种主要依靠廉价劳动力供给推动的快速城镇化，一方面导致城市内部二元结构矛盾日益凸显，另一方面阻碍了国家的产业升级和内需扩大。[②] 有鉴于此，党的十八届三中全会明确提出"坚持走中国特色新型城镇化道路，推进以人为核心的城镇化"。就户籍制度改革而言，一方面要实施"差别化落户政策"，具体表现为"全面放开建制镇和小城市落户限制，有序放开中等城市落户限制，合理确定大城市落户条件，严格控制特大城市人口规模"；另一方面要加强城市基本公共服务的供给，"稳步推进城镇基本公共服务常住人口全覆盖"，"建立财政转移支付同农业转移人口市民化挂钩机制"。[③] 随后的《国家新城镇化规划（2014—2020 年）》和《国务院关于进一步推进户籍制度改革的意见》（国发〔2014〕25 号），进一步明确了户籍制度改革的相关思路。

---

① 可参考国家统计局《2010 年第六次全国人口普查主要数据公报（第 1 号）》，2011 年 4 月 28 日，http：//www.stats.gov.cn/tjsj/tjgb/rkpcgb/qgrkpcgb/201104/t20110428_ 30327.html。

② 可参考《国家新型城镇化规划（2014—2020 年）》，2014 年 3 月 16 日，http：//www.gov.cn/gongbao/content/2014/content_ 2644805.htm。

③ 可参考《中共中央关于全面深化改革若干重大问题的决定》，2013 年 11 月 15 日，http：// news.xinhuanet.com/2013-11/15/c_ 118164235.htm。

城镇化政策的制定必须考察流动人口的家庭化趋势，因为家庭式流动的农民工相比个体流动者而言，对子女教育等城市公共服务的需求必定更为迫切，其在流入地扎根、发展的期望也可能更为强烈。从当前户籍制度改革的总体导向来看，越是大城市，流动人口在户口迁移和获得城市公共服务上面临的限制可能越大。因此，我们有必要考察城市规模与农民工家庭化趋势的相关关系。如果农民工的家庭化趋势并未随着城市规模的扩大而减弱，那么我们需要对当前城镇化政策与农民工流动趋势之间呈现的冲突予以充分重视，并借此进一步寻求城市户籍政策和公共服务的完善。

自 20 世纪 90 年代，学者便从大样本调查数据中发现了流动人口的家庭化迁移趋势。陈贤寿、孙丽华（1996）基于武汉市的人口普查和抽样调查资料，分析了流动人口的家庭化趋势及其基本特点。2000 年以后，人口学家或基于北京、厦门等城市层面的抽样调查数据（叶苏，2005；翟振武、段成荣、毕秋灵，2007；洪小良，2007；侯佳伟，2009；陈卫、刘金菊，2012），或基于全国范围的人口普查数据、抽样调查数据（周皓，2004；段成荣、吕利丹、邹湘江，2013；杨菊华、陈传波，2013a，2013b；盛亦男，2013，2014；杨菊华，2015），对流动人口的家庭化迁移趋势进行分析，部分研究还对流动人口家庭式迁移、流动的影响因素进行了分析。杨菊华、陈传波（2013a，2013b）的研究基于"2011 年中国流动人口动态监测调查"数据，进一步分析了流动家庭的区域差异。研究发现，东部地区相比中西部地区，珠三角、长三角、京津冀地区相比其他地区，跨省流动者相比跨市、跨县流动者，家庭规模更小，单人流动比例更高，核心家庭比重更低，家庭结构更不易保持完整。

不过，以往的研究并未论及不同类型城市之间家庭化趋势的差异。而对于流动农民工而言，以城市规模为依据制定的城镇化政策是影响其家庭化趋势的最重要因素之一；而如何顺应农民工的家庭化趋势、回应农民工的市民化需求，也是完善当前城镇化政策最基本的立足点之一。有鉴于此，本文借助随机抽样调查数据，对不同类型城市农民工家庭同住趋势①的差异进行分析，并结合数据分析结果进一步检视当前的城镇化政策。

---

① 之所以用"家庭同住趋势"而不用"家庭流动趋势"或"家庭化趋势"，是因为在中小城市的样本中，存在小部分进城务工但回农村老家居住的农民工，"家庭同住"的概念更为准确，当然，在大城市，这几个概念基本可以通用。

二 数据说明与农民工家庭同住趋势的初步分析

本文的实证资料，来源于 2014 年南京大学社会学院的教育部重大课题攻关项目"户籍限制放开背景下促进农民工中小城市社会融合的社会管理和服务研究"的农民工问卷调查数据。调查对象限定为农业户籍、跨县区（乡镇）流动、非正规大专及以下学历、正式就业的进城务工者，这一界定与以往的流动人口调查有所区别。本次调查采取被访者驱动抽样（respondent-driven sampling，RDS），这种抽样方法是对"滚雪球抽样"的改进。在 RDS 中，样本通过被访者推荐的方式进行收集。第一个接受访问的对象被称为"种子"，在他/她接受访问的同时，以物质奖励的方式激励其邀请目标群体中的其他成员参与调查；以此类推，后续的被访者也被激励推荐其他成员参与调查，这个过程一直持续到样本实现"均衡"。刘林平、范长煜、王娅（2015）专门撰文对 RDS 抽样在本次调查中的运用情况进行了介绍，并对样本的代表性进行了说明。

如表 1 所示，农民工问卷调查总样本数为 2017 份。本次调查共覆盖 7 省 12 个城市，从地域上看兼顾东中西和南北，从经济上看兼顾经济发达和欠发达地区。原则上每个省抽取一个地级城市和一个县级城市，同时选取大城市广州，作为中小城市的参照。表 1 列出了调查城市的城区常住人口数据（数据来源于 2010 年各省人口普查资料），根据国务院 2014 年公布的城市规模划分标准，[①] 将调查城市划分为大城市（100 万人以上）、中等城市（50 万~100 万人）、小城市（50 万人以下）。需要特别注明的是，常州市城区人口远远超过 100 万人，武进区也在常州市区范围内，因此将常州市包括武进区的样本共同归到大城市中。

表 1 调查城市基本情况与类型划分

单位：人，%

省份	调查地点	样本量	城区人口	非户籍人口占比例	城市类型
江苏省	常州市 武进区	166 122	1803606	0.4248	大城市

---

① 可参考《关于调整城市规模划分标准的通知》，2014 年 11 月 20 日，http://news.xinhuanet.com/fortune/2014-11/20/c_ 1113330964. htm。

续表

省份	调查地点	样本量	城区人口	非户籍人口占比例	城市类型
浙江省	金华市	132	584576	0.3651	中等城市
	义乌市	160	684034	0.5744	中等城市
山东省	泰安市	112	825545	0.2447	中等城市
	肥城市	176	226759	0.0132	小城市
湖南省	岳阳市	166	967400	0.1438	中等城市
	汨罗市	124	345600	0.0302	小城市
陕西省	咸阳市	190	672016	0.3348	中等城市
	兴平市	97	212724	0.2677	小城市
贵州省	遵义市	164	692085	0.3366	中等城市
	凯里市	125	249067	0.2984	小城市
广东省	广州市	283	9243138	0.4625	大城市

问卷逐一询问了被访者与配偶、父母、子女及其他人（恋人、亲戚、老乡、朋友等）共同居住的情况，同时对被访者子女（最多三个）的基本情况进行了询问，从中我们可以对被访者与每个孩子共同居住的情况进行判断。从调查数据中难以得出被访者与所有直系亲属同住的信息，也难以对农民工完整的家庭结构和规模进行精确分析，但我们至少可以分析被访者与其上下两代直系亲属同住的情况，以及已婚育农民工核心家庭流动的情况。因此，文章将主要选取被访者与家庭成员同住（尤其与子女同住）、家庭代数、核心家庭同住三方面的指标，对农民工的家庭同住趋势进行分析。

从被访者与家庭成员共同居住的情况看（见表 2），农民工与配偶同住的比例最高，其次是与子女同住，与父母同住的比例最低，约六成农民工与家人同住。总体而言，小城市农民工与家人同住的比例要高于大中城市，大城市农民工与父母、子女同住的可能性要比中等城市略低一些，但在 "与配偶同住" "与家人同住" 两个指标上，大中城市差异不大。

表 2 农民工与家人共同居住的情况

单位：%

	小城市	中等城市	大城市	总体
与配偶同住（已婚）	75.25	66.46	68.47	69.47
与父母同住（父/母健在）	27.60	14.65	10.00	16.67

续表

	小城市	中等城市	大城市	总体
与家人同住*	70.31	56.93	57.62	60.59
与子女同住情况（已婚育）				
不与子女同住	32.18	51.70	57.77	48.02
与部分子女同住	15.99	16.41	12.14	14.98
与所有子女同住	52.23	31.89	30.10	37.00

*"家人"仅仅包括父母、子女、配偶。

综合农民工与配偶、父母、子女居住的情况，本研究进一步推算出农民工共同居住的家庭代数。从分布来看（见表3），农民工的同住家庭以两代户和一代户为主体。大城市和中等城市以一代户为主，小城市则以一代户和两代户为主。进一步将大中小城市进行比较，一代户在大城市分布最为广泛，两代户、三代户在小城市分布最广。

表3 农民工共同居住的家庭代数分布

单位：%

	小城市	中等城市	大城市	总体
一代户	41.00	59.85	63.22	43.56
两代户	41.57	33.33	34.33	45.78
三代户	17.43	6.82	2.45	10.67

从已婚育农民工的核心家庭共同居住情况看（见表4），近四成农民工为半家庭式居住，约1/3的农民工实现了所有核心家庭成员的团圆，当然仍然有超过1/4尚处于单人居住状态。从城市类型看，小城市有较高比例的农民工实现了完整家庭式居住，非家庭式居住者的比例也远低于大中城市；而在大城市和中等城市之间，核心家庭居住状况差别不大。①

---

① "非家庭式居住"指农民工未与其他核心家庭成员同住，"半家庭式居住"指农民工与部分核心家庭成员同住，"完整家庭式居住"指农民工与所有家庭成员同住。相关定义参考了杨菊华、陈传波（2013a）的研究。

表 4　已婚育农民工核心家庭共同居住情况

单位：%

	小城市	中等城市	大城市	总体
非家庭式居住	17.57	31.53	29.61	27.14
半家庭式居住	36.88	39.57	42.48	39.64
完整家庭式居住	45.54	28.90	27.91	33.22

总体而言，在小城市工作的农民工，相对在大中城市而言，与家人共同居住比例明显更高，两代、三代居住的情况更为普遍，核心家庭成员共同居住的比例也比较高。虽然在"与父母同住""与子女同住""三代户分布"三个指标上，中等城市农民工的家庭同住趋势略强于大城市，但总体而言，农民工的家庭同住趋势在大中城市之间的差别并不是非常大。[①] 由于"与配偶同住""与父母同住""与子女同住"三个指标是其他指标生成的基础性指标，可以推断，正是大城市相比中等城市较高的夫妻同住比例，拉平了大中城市在"与家人同住""核心家庭同住"两个指标上的差距。

不同城市类型之间的差距，大致可以由"城市非户籍人口比例"[②] 和"农民工流动的行政跨度"两个变量解释。总体上看，城市规模越大，聚集的外来人口越多，非户籍人口比例越高（见表 1）。[③] 当前中央财政转移支付仍然以户籍人口为依据，尚未同农业转移人口市民化挂钩，而且在教育、社会保障、就业、医疗卫生、住房保障、治安等各项公共服务支出上，地方政府承担的支出比重都在 90% 以上（辜胜阻、李睿、曹誉波，2014）。因此，非户籍人口比例越高，流动人口市民化给流入地政府带来的财政压力越大，城市公共服务对农民工的排斥性越强，农民工在流入地与家庭成员共同生活的阻力也越大。公办教育、医疗等城市公共服务资源

---

① 广州是珠三角特大城市的代表，常州是长三角大城市的代表。从数据来看，常州农民工的家庭同住趋势，在所有指标上，都要强于广州。但我们很难区分，到底是城市规模，还是区域特点，导致两个城市的差异。将这两个城市的数据放在一起，可以综合代表大城市的情况，兼顾大城市的区域和规模差异。

② 本研究将非本县（区、市）人口定义为非户籍人口。

③ 当然，也存在少数例外，比如义乌，作为全球最大的小商品集散中心，吸引了大量的外来人口。

的供给在一些大城市流动人口高度集中的区域尤其紧张，在这些聚居区，流动人口数量往往是本地户籍人口的数倍甚至数十倍。地方政府倾向于认为，流动人口虽常住打工地，然而相关公共服务的拨款却在其老家。而对本地居民来说，他们则担忧大量外来人口与其竞争中高考名额，并降低教育、医疗、治安等公共服务的质量。另外，个别城市公共服务开放性的提高，还可能引发进一步的"洼地效应"，导致更多流动人口的涌入。在三个因素的叠加下，大城市往往倾向于出台严格的"积分入户""积分入学"政策，并在流动人口的入学、升学、就医等关键问题上设置各种制度障碍。

另外，越是大城市，农民工的流动跨度可能越大。如表5所示，小城市的农民工主要来自本县（区、市），中等城市的农民工以跨县（区、市）流动者最多，大城市则以跨省流动者为绝对主体。流动的行政跨度越小，流动人口的家庭化趋势越强（杨菊华、陈传波，2013a）。当农民工在县域范围内流动时，其本地公民身份有利于其获得教育、医疗等方面的公共服务资源，同时，离土不离乡的状态也有助于农民工兼顾家庭；当农民工跨县（区、市）甚至跨市流动时，这些方面的优势可能就不复存在了；倘若农民工跨省流动，则其社保转移接续、子女异地高考等都将面临更大的困难。

表5 不同类型城市农民工流动的行政跨度

单位：%

	小城市	中等城市	大城市	总体
县（区、市）内流动	63.79	11.36	0.00	21.72
跨县（区、市）流动	19.54	44.05	2.10	25.83
跨地级市流动	11.30	9.42	26.27	14.72
跨省流动	5.36	35.06	71.63	37.73

为何大城市和中等城市之间流动家庭同住趋势的差异比较有限？这大概与两者在就业、发展机会、公共服务质量上的差距有关。首先，相比大城市，中等城市的基础设施、产业发展环境、就业机会、薪酬待遇总体有限（辜胜阻、李睿、曹誉波，2014），这无疑会限制中等城市外来农民工的工作稳定性和家庭迁移意愿。本次调查数据也显示，大城市农民工月平

均工资、上个月工资分别为 3103.36 元、2946.18 元，分别比中等城市农民工高出 205.73 元、380.07 元；农民工在当前大城市的平均工作年限为 7.15 年，比中等城市长 1.89 年。① 大城市发展机会相对较好，但农民工公共服务的可及性差、生活成本高，中等城市正好相反，两方面对冲，造成大、中城市之间农民工家庭同住趋势差异不大。其次，中等城市农民工的公共服务可及性虽然更好，公共服务质量却较差。表 2 中农民工与不同类型家庭成员共同居住情况的差异也可资佐证，大城市农民工与配偶同住的比例稍高于中等城市，但在与子女、父母同住的比例上，又比中等城市要低一点。夫妻是否共同出来，相对来说更多地受发展机会而非城市公共服务可及性的影响，是否把子女、父母接过来共同生活，则更多地要受到城市公共服务可及性和生活成本的影响。

下文将引入相关控制变量，通过模型分别验证城市类型、城市规模与农民工家庭同住趋势的相关关系。进一步的模型分析表明，不同类型城市间农民工家庭同住趋势的差异，很大程度上可以通过非户籍人口比例和流动的行政跨度来解释。

三 城市类型与农民工的家庭同住趋势：模型检验

模型引入性别、民族、婚姻、行业、工种、来本市年数、月收入作为控制变量。当前大城市的"积分入户""积分入学"政策将学历、技术、社保缴纳、房产、年龄等作为重要的积分指标，因此控制变量还包括年龄、受教育年限、是否获得职业技能证书、是否缴纳五险、是否在打工城市购房。在引入控制变量后，模型将分别考察城市类型、城市规模对农民工家庭同住趋势的影响。模型还将进一步引入非户籍人口比例、流动的行政跨度和城市类型三个变量，借此我们将看到，不同类型城市之间家庭同住趋势的差异在多大程度上是由非户籍人口比例和流动跨度导致的。所有的因变量都是二分变量，包括与家人同住（与家人同住/不与家人同住）、家庭同住代数（两代以上同住/一代户）、与子女同住（与子女同住/不与子女同住）、与所有子女同住（与所有子女同住/不与子女同住）、家庭式

① 小城市的就业机会、薪酬待遇相对大城市而言同样比较有限，这些因素对本县（区、市）农民工的家庭同住趋势产生的影响亦有限。

居住（家庭式居住/非家庭式居住）、完整家庭式居住（完整家庭式居住/非家庭式居住），因此，所有的模型都是二分 logistic 模型。

从表 6 可以看出，女性、汉族、已婚、服务业、来本市年限较长以及在打工城市购房的农民工，家庭同住趋势相对更强。年龄变量对农民工家庭同住趋势的影响值得重视，越是年轻的农民工，家庭同住趋势越强，这意味着从长远来看，农民工的家庭化、城镇化趋势将越来越不可逆。但月收入更高的农民工，其家庭同住趋势反而稍弱，这可能与城市类型有关，因为大城市的农民工，总体上月收入更高，家庭同住趋势却比小城市弱。工种、受教育年限、是否获得职业技能证书、是否缴纳五险对农民工家庭同住趋势影响不显著。

表 6　城市类型与农民工家庭同住趋势

	与家人同住	两代以上同住	与子女同住	与所有子女同住	家庭式居住	完整家庭式居住
性别（女性＝0）	-0.744*** (0.129)	-0.424*** (0.116)	-0.23000 (0.137)	-0.13300 (0.156)	-0.639*** (0.153)	-0.273* (0.195)
民族 （少数民族＝0）	0.675** (0.229)	0.880*** (0.228)	0.672* (0.274)	0.936** (0.323)	0.435 (0.284)	1.126** (0.399)
婚姻（未婚＝0）	2.491*** (0.178)	1.679*** (0.170)				
行业（制造业＝0）						
建筑业	-0.02460 (0.174)	0.0988 (0.168)	0.148 (0.183)	0.295 (0.214)	0.0534 (0.190)	0.268 (0.253)
服务业	0.0893 (0.136)	0.636*** (0.124)	0.959*** (0.148)	1.056*** (0.170)	0.245 (0.164)	0.687*** (0.209)
管理类工种 （非管理类＝0）	-0.014900 (0.241)	-0.11200 (0.221)	0.00222 (0.258)	0.0976 (0.280)	0.360 (0.302)	0.326 (0.360)
来本市年数	0.0695*** (0.011)	0.0577*** (0.0090)	0.0571*** (0.0094)	0.0671*** (0.0109)	0.0718*** (0.0116)	0.0918*** (0.0144)
年龄	-0.0246*** (0.0065)	-0.0315*** (0.0060)	-0.0431*** (0.0067)	-0.0786*** (0.0080)	-0.0227** (0.0071)	-0.0793*** (0.010)

续表

	与家人同住	两代以上同住	与子女同住	与所有子女同住	家庭式居住	完整家庭式居住
月收入（对数）	-0.273 ***	-0.157 **	-0.10300	-0.17000	-0.21200	-0.302 **
	(0.102)	(0.0787)	(0.0877)	(0.0936)	(0.121)	(0.142)
受教育年限	0.0115	0.0179	0.0127	0.0431	-0.00010	0.0139
	(0.0225)	(0.0211)	(0.0235)	(0.0284)	(0.025)	(0.0334)
职业技能证书（无 = 0）	0.0206	0.00974	-0.15700	-0.17900	-0.00600	-0.093400
	(0.288)	(0.260)	(0.304)	(0.333)	(0.344)	(0.403)
缴纳五险（未缴纳 = 0）	-0.00600	0.0443	0.170	0.255	0.0629	0.298
	(0.198)	(0.173)	(0.195)	(0.219)	(0.225)	(0.271)
打工城市购房（未购房 = 0）	1.804 ***	1.058 ***	0.991 ***	1.197 ***	1.626 ***	2.005 ***
	(0.306)	(0.202)	(0.225)	(0.243)	(0.361)	(0.385)
城市类型（小城市 = 0）						
中等城市	-0.682 ***	-0.890 ***	-0.938 ***	-1.103 ***	-0.863 ***	-1.261 ***
	(0.146)	(0.131)	(0.151)	(0.171)	(0.171)	(0.213)
大城市	-0.665 ***	-0.952 ***	-1.067 ***	-1.101 ***	-0.786 ***	-1.027 ***
	(0.170)	(0.152)	(0.173)	(0.197)	(0.196)	(0.247)
常数	1.3040	0.0237	1.832 *	2.675 **	3.459 **	4.354 **
	(0.875)	(0.706)	(0.827)	(0.903)	(1.087)	(1.298)
Pseudo R^2	0.2526	0.1583	0.1338	0.2048	0.1117	0.2367
N	1970	1970	1423	1213	1424	860

*$p<0.05$, **$p<0.01$, ***$p<0.001$。

在控制上述变量后，城市类型对农民工家庭同住趋势的影响仍然非常显著。大城市和中等城市的农民工与家人同住、两代以上同住、与子女同住、家庭式居住的比例，都要显著低于小城市；同时，与上文列联表分析结果相似，大城市与中等城市的差别不大。以"与子女同住"为例，中等城市的农民工与子女同住的发生比是小城市的 0.3914 倍（$e^{-0.938}$），大城市是小城市的 0.3440 倍（$e^{-1.067}$）。

将"城市类型"替换成"城市规模"（表 7），则不难发现，城市规模越大，农民工的家庭同住趋势越弱。仍然以"与子女同住"为例，城市人口（对数）每增加 1（即城市人口规模增加 1.7183 倍），与子女同住的发生比便降低 0.2988 倍（$1-e^{-0.355}$）。虽然大城市和中等城市家庭同住趋势差别不大，但并未对这一总体趋势产生根本影响。不过从伪 R^2 值看，表 7 各个模型的解释力确实要比表 6 低一些，"城市类型"显然比"城市规模"更能预测农民工家庭同住趋势的差异。

表 7　城市规模与农民工家庭同住趋势

	与家人同住	两代以上同住	与子女同住	与所有子女同住	家庭式居住	完整家庭式居住
城市人口（对数）	-0.186 *** (0.0546)	-0.267 *** (0.051)	-0.355 *** (0.059)	-0.346 *** (0.0679)	-0.269 *** (0.0626)	-0.346 *** (0.0829)
Pseudo R^2	0.2479	0.1482	0.1271	0.1915	0.1057	0.2193
N	1970	1970	1423	1213	1424	860

$^*p<0.05, ^{**}p<0.01, ^{***}p<0.001.$

注：由于文章篇幅有限，表 7、表 8、表 9、表 10 将省略控制变量、常数项的非标准回归系数和标准误。如有需要，请联系作者，邮件地址：wjhmcg@ 163. com。

表 8 各个模型进一步引入城市非本县（区、市）户籍人口比例和流动的行政跨度两个变量。首先看这两个变量对农民工家庭同住趋势的影响。模型显示，城市非户籍人口比例越高，农民工家庭同住趋势越弱。以"与子女同住"为例，城市非户籍人口比例每增加 10%，与子女同住的发生比便降低 0.1486 倍（$1-e^{-0.334}$）。当然，非户籍人口比例在 6 个模型中的回归系数差别很大，其对"与所有子女同住""完整家庭式居住"影响较大，其次是"两代以上同住""与子女同住"，对"家庭式居住""与家人同住"影响较小。可见，非户籍人口比例主要直接影响农民工与子女同住的可能性。在上文曾经分析过，非户籍人口比例越高，流动人口市民化给地方带来的财政压力越大，城市公共服务对农民工的排斥性也越大。如此看来，可能正是子女教育这个最重要的公共服务的可及性，影响了农民工与子女的居住安排，进而影响农民工的家庭同住趋势。

表 8　非户籍人口比率、流动跨度、城市类型与农民工家庭同住趋势

	与家人同住	两代以上同住	与子女同住	与所有子女同住	家庭式居住	完整家庭式居住
非户籍人口比例	-0.89400 (0.633)	-1.960 *** (0.589)	-1.609 ** (0.704)	-3.063 *** (0.822)	-0.18700 (0.761)	-3.013 *** (1.024)
流动的行政跨度 (县内流动 = 0)						
跨县流动	-1.386 *** (0.209)	-1.173 *** (0.180)	-1.266 *** (0.216)	-1.210 *** (0.244)	-1.497 *** (0.257)	-1.552 *** (0.301)
跨市流动	-1.517 *** (0.245)	-1.537 *** (0.222)	-1.516 *** (0.259)	-1.434 *** (0.292)	-1.565 *** (0.292)	-1.669 *** (0.346)
跨省流动	-1.324 *** (0.251)	-1.667 *** (0.224)	-1.767 *** (0.261)	-1.811 *** (0.297)	-1.371 *** (0.302)	-2.007 *** (0.366)
城市类型 (小城市 = 0)						
中等城市	0.0834 (0.203)	0.221 (0.191)	0.222 (0.233)	0.354 (0.267)	-0.17900 (0.248)	0.177 (0.319)
大城市	0.324 (0.251)	0.691 ** (0.243)	0.572 * (0.290)	1.006 ** (0.344)	0.0161 (0.303)	1.109 ** (0.421)
Pseudo R^2	0.2766	0.1973	0.1713	0.2497	0.1387	0.2878
N	1970	1970	1423	1213	1424	860

*$p<0.05$, **$p<0.01$, ***$p<0.001$。

　　再看流动跨度的影响，总体而言，流动的行政跨度越大，农民工家庭同住趋势越弱。不过，县（区、市）内流动的农民工的家庭同住趋势要远高于跨县（区、市）、跨市、跨省流动者，后三者之间的差异相比而言并不大。另外值得一提的是，跨省流动对家庭同住趋势的影响，更明显地体现在"完整家庭式同住""与所有子女同住""与子女同住""两代以上同住"四个模型中；同时，在这四个模型中，跨省流动者相比跨市流动者的家庭同住趋势更低，其他两个模型显示的趋势恰好相反。由此可以

推论，跨省流动更有可能直接影响到农民工与子女的团聚，教育可能仍然是非常重要的因素，因为跨省流动者的未成年子女不得不面对异地高考问题。

在引入非户籍人口比例和流动跨度两个变量后，中等城市与小城市的差异在各个模型中不再显著；而在"完整家庭式同住""与所有子女同住""与子女同住""两代以上同住"四个模型中，大城市的农民工甚至要比小城市表现出更强的家庭同住趋势。总体而言，这验证了本文之前的推论：不同类型城市间农民工家庭流动趋势的差异，很大程度上可以通过非户籍人口比例和流动的行政跨度来解释。总体而言，大城市相比小城市，非户籍人口比例更高，农民工流动的行政跨度更大，他们获取城市公共服务的难度也更大，与家人同住（尤其与子女同住）的可能性因此更低。

四 农民工的家庭同住趋势与城镇化政策

结合数据分析结果，文章将进一步检视当前的城镇化政策。研究表明，农民工在打工城市的家庭化趋势总体上已经不可逆转。当前我国推动大中小城市和小城镇协调发展、放开中小城市落户限制的政策导向，无疑是非常符合农民工的家庭同住趋势的。不过，对大城市农民工的市民化进程予以更严格限制的做法似乎与农民工家庭同住的趋势有一定的冲突。毕竟从调查数据看，大城市农民工的家庭同住趋势与中等城市相比差别并不大。因此，矛盾的聚焦点仍然在大城市。

随着越来越多的新生代农民工进入大城市务工，这种矛盾将变得越发强烈。与总体样本显示的趋势类似，大城市农民工的年龄越小，家庭同住趋势也越强（见表9）。以往相关研究表明，相比其父辈，新生代农民工发展诉求更强，离乡土社会更远，更不认同其农民工身份，更渴望融入城市社会（王春光，2001；清华大学社会学系课题组，2012）。本研究对农民工家庭同住趋势的考察则进一步表明，新生代农民工的市民化、家庭化、城镇化诉求日趋强烈。无论是从当前大城市农民工的家庭同住趋势看，还是从年轻农民工代表的长远发展趋势看，当前政府严格控制大城市农民工市民化进程的做法，都亟待调整，否则将有可能引发更为突出的社会问题。

表 9 年龄与大城市农民工家庭同住趋势

	与家人同住	两代以上同住	与子女同住	与所有子女同住	家庭式居住	完整家庭式居住
年龄	−0.0443 ***	−0.0305 ***	−0.0256 *	−0.0533 ***	−0.0310 *	−0.0792 ***
	(0.0129)	(0.0116)	(0.0127)	(0.0149)	(0.0143)	(0.0203)
Pseudo R^2	0.2228	0.0811	0.0832	0.1230	0.1289	0.2693
N	561	561	403	353	403	229

*$p<0.05$, **$p<0.01$, ***$p<0.001$。

将农民工的市民化进一步区分为在流入地落户和平等享受城市公共服务两个维度（辜胜阻、李睿、曹誉波，2014），可能更有助于我们对相关问题的理解。从大城市农民工户口迁移意愿看（见表 10），想要将户口迁入工作城市的比例并不高（16.26%），完整家庭式同住的农民工想要迁入的比例要高一些，但也只有 26.09%，这两个数字都与大中小城市的总体平均值相近（18.13%和 26.71%）。可见，大城市农民工的落户意愿并不强烈，即便举家迁入工作地的农民工也是如此。

表 10 城市类型、家庭同住与农民工的市民化诉求

单位：%

	非常想/比较想把户口迁入工作城市				最迫切希望政府改善：子女教育			
	小城市	中等城市	大城市	总体	小城市	中等城市	大城市	总体
非家庭式	14.29	15.20	11.48	13.89	19.72	17.65	18.03	18.14
半家庭式	24.32	8.27	13.14	13.86	28.18	20.70	36.00	27.24
完整家庭式	30.98	22.83	26.09	26.71	23.91	34.22	61.74	36.83
总体	25.62	14.64	16.26	18.13	24.75	23.65	37.86	27.96

再进一步考察农民工对流入地公共服务的需求。问卷询问了农民工最迫切希望打工地政府改善的三个方面，一共有 18 个选项，这其中既包括"户籍"，也涉及与城市公共服务相关的四个选项："社会保险""子女教育""住房""社会福利"。农民工选择"户籍"的只有 1.91%，大城市中的比例略高（2.18%）。农民工选择"社会保险""子女教育""住房""社会福利"的比例分别为 27.48%、27.96%、25.15%、35.75%，在大

城市，这四个选项的比例分别为 21.60%、37.86%、24.76%、32.52%。可见，农民工对城市公共服务的迫切需求程度要远高于户籍。不过就"社会保险""住房""社会福利"三个选项而言，大城市农民工与中小城市的需求差别并不大。

在大城市，农民工最重视的公共服务莫过于子女教育，而且其对子女教育的关切要远高于中小城市的农民工（见表10）。进一步的数据分析表明，那些举家居住在大城市的农民工对流入地的教育问题最为关注。超过六成的被访者迫切希望打工地政府改善子女教育，在半家庭式居住的被访者中这一比例也有 36%。如果将上文列联表中的家庭同住指标换成"与家人同住""家庭代数""与子女同住"，同样能得出类似的趋势。如此看来，当前最紧迫的问题在于，如何回应那些已经实现家庭式迁移的大城市农民工在子女教育方面的需求。

本研究的数据结果与前人的实证研究结论是相符的，农民工更需要城市的公共服务而非户口本身。农村的土地、工作的流动性、城市的高房价高物价抑制了农民工转移户口的积极性，但农民工与城镇职工一样，对城市公共服务尤其是子女教育和升学有着强烈的需求（张翼，2011）。本研究进一步发现，对打工地城市改善子女教育资源供给的强烈期望，集中体现在那些举家迁移到大城市的农民工身上（当然，并不是说中小城市举家迁移的农民工不需要子女教育资源，他们之所以期望相对没那么强烈，可能是因为他们能相对容易地获得这类资源）。可见，当前"以人为核心"的新型城镇化，要尤其注重加强城市基本公共服务的供给（张翼，2011；辜胜阻、李睿、曹誉波，2014）。在大城市，则需要对农民工随迁子女教育问题的迫切性予以充分的重视。

五 结论与讨论

本文讨论了城市规模与农民工家庭同住趋势之间的关联，并进一步分析了农民工家庭同住趋势与当前城镇化政策之间的冲突。研究显示，总体上农民工的家庭同住趋势随着城市规模的增长而降低，但这种差异更多地体现在小城市和大中城市之间，中等城市和大城市家庭同住趋势的差距并不大。同样值得重视的是，农民工的年龄越小，家庭同住趋势越强。无论是从当前大城市农民工的家庭同住趋势看，还是从年轻农民工代表的长远发展趋势看，当前政府严格控制大城市农民工市民化进程的做法都亟待调整。

农民工家庭同住趋势在不同类型城市之间的差异，很大程度上受到城市非本县（区、市）户籍人口比例和流动的行政跨度两个变量的影响。从总体趋势看，规模越大的城市，非户籍人口比例越高，流动人口市民化给流入地政府带来的财政压力越大，对本地居民公共服务质量的冲击也越大，流入地越有可能制定严苛的、排斥性的城市公共服务政策；同时，大城市农民工流动的行政跨度往往也更大，那些跨省流动的农民工在子女异地中高考、社保转移接续等方面面临更大的困难。因此，大城市的农民工在与家人共同生活、居住方面往往要面临更强的制度性障碍。不过大城市相比中等城市，虽然在公共服务均等化方面有所不足，但在就业、发展机会、基础设施、薪酬待遇、公共服务质量上有一定的优势，因此农民工的家庭同住趋势在两者之间并没有呈现太大差异。

进一步的分析发现，农民工市民化需求更多地体现在以子女教育为核心内容的城市公共服务方面。研究表明，农民工在打工地落户的意愿并不强，他们更希望流入地的"社会保险""子女教育""住房""社会福利"能够得以改善。对于大城市的农民工而言，子女教育是他们最关心的公共服务，那些举家迁移到大城市的农民工尤其希望打工地政府能加强、改善教育资源的供给。当前最紧迫的问题，在于如何回应那些已经实现家庭式迁移的大城市农民工在子女教育方面的需求。

要想真正回应大城市农民工的家庭迁移趋势和市民化需求，增强城市的公共服务尤其是教育资源的供给能力至为关键。大城市农民工子女教育是当前最紧迫的问题，需要优先解决。而从长远来看，加强中央统筹，建立财政转移支付同农业转移人口市民化挂钩机制，改变当前流入地政府财权与事权不匹配的局面，对于提升城市公共服务供给能力，显得至关重要。当前无论是中央财政转移支付还是地方公共服务资源投入，都主要以户籍人口而非常住人口为依据。这样的资源配置方式既不符合市场经济背景下劳动力高度流动的特点，同时人为地制造了人与人之间的身份区隔，更阻碍了农民工基本的家庭生活需求和正常的城镇化进程，为大城市长期的健康发展和社会稳定埋下隐患。将财政转移支付同农业转移人口市民化挂钩、强化中央统筹的做法，既可以弥补当前地方政府公共服务投入能力和意愿不足的问题，为新型城镇化战略的落地提供基础保证；也可以减少城市之间公共服务质量的差异，防止出现"洼地效应"；还可以借此打破区域壁垒，进一步建立全国统一的社保、教育体系，方便社保在各省之间的转移接续，推动流动人口子女早日实现异地升学、异地高考。因此，只有切实加强中央统筹，建立财政转移支付同农业转移人口市民化挂钩机制，才能真正推进城镇基本公共服务常住人口全覆盖，才能真正有效回应农民工的家庭同住趋势和日益增长的市民化需求，才能逐步剥离户籍制度的资源配置功能、破除城市内部二元结构，确保国家早日实现以人为核心的新型城镇化。

参考文献

陈卫、刘金菊，2012，《人口流动家庭化及其影响因素——以北京市为例》，《人口学刊》第 6 期。

陈贤寿、孙丽华，1996，《武汉市流动人口家庭化分析及对策思考》，《中国人口科学》第 5 期。

段成荣、吕利丹、王宗萍、郭静，2013，《我国流动儿童生存和发展：问题与对策——基于 2010 年第六次全国人口普查数据的分析》，《南方人口》第 4 期。

段成荣、吕利丹、邹湘江，2013，《当前我国流动人口面临的主要问题和对策——基于 2010 年第六次全国人口普查数据的分析》，《人口研究》第 2 期。

辜胜阻、李睿、曹誉波，2014，《中国农民工市民化的二维路径选择——以户籍改革为视角》，《中国人口科学》第 5 期。

洪小良，2007，《城市农民工的家庭迁移行为及影响因素研究——以北京市为例》，《中国人口科学》第 6 期。

侯佳伟，2009，《人口流动家庭化过程和个体影响因素研究》，《人口研究》第 1 期。

刘林平、范长煜、王娅，2015，《被访者驱动抽样在农民工调查中的应用：实践与评估》，《社会学研究》第 2 期。

清华大学社会学系课题组，2012，《困境与行动——新生代农民工与"农民工生产体制"的碰撞》，载《清华社会学评论》（第 6 辑），社会科学文献出版社。

盛亦男，2013，《中国流动人口家庭化迁居》，《人口研究》第 4 期。

——，2014，《中国的家庭化迁居模式》，《人口研究》第 3 期。

王春光，2001，《新生代农村流动人口的社会认同与城乡融合的关系》，《社会学研究》第 3 期。

杨菊华，2015，《人口流动与居住分离：经济理性抑或制度制约?》，《人口学刊》第 1 期。

杨菊华、陈传波，2013a，《流动人口家庭化的现状与特点：流动过程特征分析》，《人口与发展》第 3 期。

——，2013b，《流动家庭的现状与特征分析》，《人口学刊》第 5 期。

叶苏，2005，《厦门市流动人口的居住方式及其影响因素分析》，《南方人口》第 1 期。

翟振武、段成荣、毕秋灵，2007，《北京市流动人口的最新状况与分析》，《人口研究》第 2 期。

张翼，2011，《农民工"进城落户"意愿与中国近期城镇化道路的选择》，《中国人口科学》第 2 期。

周皓，2004，《中国人口迁移的家庭化趋势及影响因素分析》，《人口研究》第 6 期。

第二编
流动家庭的困难与应对调适方式

家庭与性别评论（第 8 辑）

第 147~156 页

© SSAP，2017

离散中的弥合

——农村流动家庭研究[*]

金一虹^{**}

摘　要　中国农村劳动力的分散流动和生产、人口再生产的城乡分隔，使得农村家庭出现"离散化"现象。离散化给家庭在生产、抚育、赡养、互助、安全、情感和性的满足等诸种功能方面带来障碍以及角色紧张、冲突。但目前尚无充分的数据证明离散化已导致家庭出现结构性破损。多数家庭通过一系列适应、维系、修复性行为，顽强地维系着家庭基本功能，使其在离散中呈现弥合效应。但是为了维系离散家庭的相对完整，个体特别是儿童、老人和妇女付出了痛苦的代价。

关键词　离散化　弥合　农村流动家庭

一　家庭离散化：农村劳动力转移过程中的一个不容忽视的现象

自 20 世纪 80 年代末始，中国农村劳动力持续不断地从农村流向城市，据第二次农业普查资料显示，劳动力外出流动的比例已占到农村劳动

---

* 本项研究受国家社科基金"社会主义新农村建设与性别平等的理论与实践问题研究"资助（项目批准号 07BSH028）。本文原载于《江苏社会科学》2009 年第 2 期。

** 金一虹，南京师范大学金陵女子学院教授。

力总量的 26%。农村人口流动的一个显著特点是，这些劳动者大多不是以家庭为单位外出务工经商的。据国家统计局农村社会经济调查司的数据，2007 年举家外出务工的劳动力占全部务工者的 20%。这意味着，约80% 的农村劳动力是以分散流动的形式外出务工的。

大规模分散式流动给农村社会带来的影响，诸如农村"三留守"（留守儿童、留守老人和留守妇女），已引起政府和学界的普遍关注，尽管这仅仅是着眼于某一群体的困境。如果从家庭整体结构功能的角度来看，我们就会看到，大规模分散式人口流动持续的结果是，流动家庭成员长期分居和由此而来的农村家庭离散化趋势，以及它对农村家庭结构功能所产生的巨大冲击。

我国农村当前究竟有多少家庭因流动而呈离散状态？根据学者推算，"留守家庭"有 5000 万~6000 万（唐钧，2007）。也有其他报告称目前农村存在 4700 万~5000 万名留守妇女（算得保守些，每 8 对夫妻中就有 1对分离）（张俊才、张倩，2006），还有 5800 万的农村留守儿童（28.9%的农村儿童处于留守状态，平均每 4 个农村儿童中就有 1 个多留守儿童）。① 这些沉重的数字也证明了农村家庭离散化问题的普遍性。

正如费孝通（1998）先生所说，空间距离和社会距离虽说不完全相同，但对一个亲密团体而言，日常的合作、生活的配合，还是受到地域限制的。特别是夫妇之间，亲密合作和共同生活是分不开的。对于家庭这样一个成员间彼此依赖的礼会组织，共同居住、共谋生计是维系家庭功能正常运行的重要前提。因此，家庭离散显然是偏离常态的，会造成家庭结构功能出现部分缺损。

在农村离散家庭中，家庭核心成员缺席对家庭功能影响最大，它使家庭共同生产、共同消费、抚养教育子女、赡养老人和提供安全保护等功能的实现出现一定障碍。在各种离散中，又以夫妻被迫分居以及未成年儿童被迫与父母分离造成的后果最为严重。因为情感和性的满足需要共同在场方能实现。尽管异地抚养、赡养似乎在城市中并不少见（如子女进寄宿学校、老人由社会养老），但在公共物品供给贫乏，不得不以家庭抚育、家庭养老为主的农村，儿童、老人和抚养、赡养义务承担者被迫分离，带

---

① 《2008 年 2 月 27 日全国妇联召开未成年人家庭教育和农村留守儿童状况调查发布会》，人民网-中国妇联新闻，2008 年 2 月 27 日。

来严重的供养问题。因此有报告称留守家庭有"类单亲化"倾向，而由老一代隔代抚养的儿童被称为"制度性孤儿"。已婚男女性需求长期得不到满足等，不仅会带来夫妻忠诚问题，而且会带来性健康问题，因此亦有报告称留守妻子为"一群体制性寡妇"（廖保平，2008）。

因为家庭成员离散，原有亲属支持网也变得"七零八落"，家庭成员间的互助功能削弱，诸多离散带来的功能性缺损，使得家庭关系危机四伏。

离散化生存打破了原有分工模式，家庭成员因权利义务的再度分配而使冲突增加。这些冲突既可能发生在两代人之间（如在外子女把抚育第三代的重担抛给留守老人，但抚养费用支付不足、不固定，造成老人不堪经济和身心重负），也可能发生在夫妻之间（如留守妻子在家承担了更多的家庭责任，对丈夫"独自在外快活不顾家庭""不能承担养家义务"心生不满），也有发生在兄弟姐妹之间（就在家与在外成员间如何赡养老人的问题发生矛盾）的。特别是夫妻间因长期分居带来的婚姻危机最为常见。不少报告揭示出留守妇女因"不知丈夫打工收入"、担忧"丈夫的忠诚"，夫妻间互信遭到一定程度破坏（陈春园等，2005）；甚至因"夫妻感情冷漠导致家庭解体"（郑真真、解振明，2004）；还有研究报告称外出务工经商者有较高的离婚率（罗忆源、柴定红，2004）。

综上所述，家庭离散化对农村家庭带来的负面影响不容忽视。提起对流动家庭离散化趋势的关注是本文的目的之一。

本文使用了离散化的概念，用于描述家庭成员因长期分离而散居多处的现象。之所以使用"离散化"而不是用"碎片化"来描述流动家庭现状，是因为通过对流动家庭的研究分析发现：尽管离散家庭存在诸多困境，但目前尚无充分数据证明分散就业、分散居住已导致家庭普遍出现结构性破损。上述离散化过程中产生的角色紧张和由此引发的冲突还多属于功能性障碍，而多数离散家庭会通过一系列维持性行为，顽强地维持家庭完整，使其尽可能实现功能目标。因此家庭离散化同时也呈现弥合效应。

本文重点不在于描述离散化给农村家庭带来哪些负面的影响，而是试图通过实证研究分析处在这样一种家庭离散状态的农民，是如何努力弥合以避免家庭造成灾难性裂解的。同时也极想探索：是什么原因使处于离散状态的农民要苦苦维系这样的家庭？他们的动力，以及他们借助什么使之维系下来？

本文使用的分析资料主要来自笔者在 2005～2008 年对流入南京、无锡等城市的 35 个农民家庭和河南、安徽 13 户回乡农户和留守妇女的个案访谈记录，并借助相关研究文献。

在笔者所做的 35 户个案中，一般一家人分散在两三处，也有一家人分散到四五个地方的。

二 适应、维系和修复：离散家庭的弥合

从我们的研究可以看到，农民维持家庭的努力，表现为适应性行为、维系性行为和修复性行为三个方面。

（一）离散家庭的适应性行为

所谓适应，就是接受和面对离散的现实，做出相应的行为调适。离散家庭的适应行为表现在整体适应和个体适应两个层面。

1. 调整流动策略，努力使家庭成员共同外出

从所做 35 户流动家庭的个案研究看，目前流动家庭的目标有两个：第一，尽可能在流入地稳定发展；第二，早日团聚，把七零八落的家"拼接"到一起。这已和民工早期进城只打算挣钱回家不同，如今他们普遍希望在流入地长期居住。虽然在访谈时他们均表示，未来怎么打算不好说，在哪里扎根要走一步看一步，但没有一户说要回乡发展。有的是借子女之口说："儿子不想回去，说再不想回那个穷地方了"，"只要可能，我们肯定要在南京做下去，这儿比在农村老家种地强多了"（LJ13）。

长期在城市发展是第一位的，家人团聚也很重要，特别是配偶之间会通过调整流动计划，尽可能走到一起。在 35 户流动农民家庭个案中，有 15 户是夫妻一方先外出，立住脚后把另一方也带过来。还有 9 户是夫妻一起进城。其中比较典型的王先生，1995 年只身到南京卖菜，一年后回乡学习驾驶技术，2001 年回到南京做驾驶员。一年后把妻子接来，开了一家搬家公司。此后，2 个兄弟、姐姐、堂弟等家人都随他而来（个案 LJ1、LJ2）。另一个是王女士，自己随嫂嫂到城市做钟点工，之后陆陆续续把自己的丈夫、小姑、妹妹都带到同一个城市打工（个案 LJ8）。

尽管流动初始，同一个家庭中劳动力和赡养对象不能同时外出，不过一旦条件允许，先外出的人会努力把家庭成员逐个带出。对于还在家中的

未成年子女，很多外出者表示，除非他们考上大学，志在四方，不然将来早晚是要带出来一起打工的（LJ3、LJ20）。

有研究显示，已婚妇女外出务工更有可能带来家庭迁移。因为妇女外出后仍需承担抚育子女、赡养老人的责任，从而带动了非劳动人口的流动（中国农村劳动力流动百村跟踪调查课题组，1998）。个案研究也证实了这点，如夫妻都在小区做保洁的陶女士，打工挣钱后先回家盖房子，盖好房子后就把儿子接出来读小学，现在又计划把女儿接来读职高，尽管夫妻俩收入很低，供两个孩子读书很吃力，但她还是准备花这笔钱，因为担心"女孩到了青春期，再不和母亲待一起就不好了"（个案 LJ10）。35 户流动家庭个案中，目前有 14 户两代同城，4 户三代同城。只有两户配偶仍未在一起，而是母女或兄弟姐妹同城，没有孤身一人在外的。

从当前趋势来看，我国农村人口家庭型流动正在增多。在 1994 年的农村劳动力流动中，夫妻同行的不超过 9%（中国农村劳动力流动百村跟踪调查课题组，1998），而到 2001 年三城市调查则显示，流动性移民与配偶同住的比例为 17%~41%（王奋宇、李路路，2001：281），已有明显的增加。

2. 通过"外出-回乡"交替的模式，尽可能使家庭保持功能上的完整

当不具备举家外出条件时，多数情况下外出农民会采取"外出-回乡"交替模式，以使家庭各种功能得以实行。如农忙季节回乡参加农田播种收割、一年一度返乡团聚过年，一般外出流动人员一年至少回家两次。

当举家迁移的成本，如育儿和养老，超过了外出务工者的承受能力时，他们一般更可能选择让女性回乡。这中间子女往往是影响"外出-回乡"选择的最重要因素。

对流动民工家庭来说，当孩子到了入学的年龄，大部分会把子女送回家乡读书（除了经济原因，还有中学的学籍问题）。学龄儿童回乡，一般由爷爷奶奶和其他亲友做监护人，但到一定年龄，或出现问题时（老人管不了，或身体不允许），通常是母亲回乡。例如夫妻合伙经营搬家公司的王先生，2008 年两个子女到了上中学的年龄，妻子就和孩子们一起回乡了（个案 LJ11）。来自山东的朱女士，夫妻俩和哥嫂都在无锡打工，儿子在老家上小学，她准备等儿子上中学后自己一个人回去陪孩子（个案

LJ33）。此外还有因养老需要回乡的。个案 LJ5 是一对拾荒的安徽夫妇，来南京已有 7 年，家乡还有公公需要几兄弟轮养，"一替"半年，轮到他家，就由妻子回家接替养老。

3. 个体层面的适应性行为

流动农民在举家流动无望的情况下，不得不适应这种分离的生活，如暂时压缩个体需求，寻找相互适应的新模式生活等。比如为了多给家里寄钱，在外打工时尽量缩衣节食，在家里留守的，生了病挺着不治（个案 LF1、LF5）。

对因长期分居，无法正常满足的情感需求、性需求，离散家庭的成员或自我压抑（访谈中当被问及与亲人长期分离的感受，被访对象往往轻描淡写地用一句"习惯了"来回答），或寻求其他方式替代，如看黄碟、嫖娼，甚至发生婚外恋。

（二）离散家庭的维持性行为

1. 在原有的互助网缺损的情况下，通过角色调整、寻求替代等方式，尽可能维持家庭诸功能

调查中，最多见的是在原有核心成员间互助网缺损的情况下，留守妇女承担双重角色，把农田种植和管理家庭经济、料理家务、抚育子女和照料老人的任务都担于一身。此外，独支门户的妇女也会寻求替代性互助方式，如农忙时请亲友帮忙、和其他人换工、请雇工等方式来解决困难（个案 LF2、LF3）。

此外，留守老年人和其他亲属代母、代父照料留守儿童也十分常见。这些角色调整和替代尽管不一定出于自愿，但对努力维系家庭功能基本完整、防止家庭"四分五裂"是十分必要的。

2. 通过种种方式创造家庭团聚和增加家庭成员间互动的机会

有的农民选择离家较近的地方打工，甚至不惜放弃较高收入。有研究表明，一年只回家一次的男性很少，多数是半年回一次，已婚男性一般 1/3 的时间在家（郑真真、解振明，2004）。有时家里农忙，完全可以采取雇工方式解决，但外出的丈夫仍借农忙回来，因为可以"顺便回家看看"，一回家便待上一个月（个案 LF7）。

交谈中我们发现电话和手机等现代通信工具成为流动家庭克服空间分隔的最主要的沟通手段。个案访谈显示，通过电话向孩子说"妈妈很辛

苦，你要多体谅"，是向分居配偶间接表达思念之情的最常见方式。这种跨越空间的互动对维持家人感情有重要作用。访谈中一位眉目清秀、皮肤黝黑的留守妻子说，丈夫每周都要和她通电话三四次，感谢她为家庭的付出，并告诉孩子"妈妈一人在家辛苦全为了你"，说到此时十分动情，引起在座其他留守妻子的羡慕（个案 LF2）。

因此我们认为有意识地增加家庭成员间互动而增进情感上的维系力，是一些农民家庭在较长时间内分而不断、离而不散的一个重要原因。

（三）离散家庭出现关系疏离、矛盾冲突和婚姻危机时的修复性行为

不可否认，家庭成员因长期分居会带来家庭纽带松弛，夫妻感情、亲子感情淡漠等问题。

我们的研究显示：在因家庭离散出现关系疏离、矛盾和婚姻危机时，家庭成员自觉的修复行为对维持家庭稳定起到重要作用。

1. 补偿性行为

夫妇外出型家庭对子女和家人有较强的补偿心理和明显的补偿性行为。如出门在外打工的子女，会给父母寄钱、买礼品；在外打工的丈夫会努力多挣钱并寄回家；与孩子分离的父母会给孩子较多的零花钱、寒暑假接孩子到城里团聚、尽量满足孩子各种要求等。很多个案表示，他们对长期和孩子分离带来的情感疏远表示担忧。有一个母亲因为孩子寒暑假不肯进城与其团聚（孩子不愿一家人挤在一间出租屋里），每两个月就回家探望孩子一次（个案 LJ20）。另一常见的补偿性行为是外出丈夫对留守妻子许诺，等挣到钱就回乡，一定让她过上好日子（LF2、LF7）。

2. 处于利益受损一方的忍让和宽容，特别是对对方过失的宽容

多数外出的已婚流动者，供养家庭是他们挣钱的重要动力，但一些报告也揭示，有一部分在外打工的人家庭责任感淡漠，并未对家庭负起供养责任，其中最突出的莫过于婚外情。调查显示，有些丈夫在外嫖娼，甚至在外和别的女人同居。由于妇女在农村较低的社会地位以及家庭中对男性的依附性，有些留守妇女"对丈夫偶尔的性放纵"表现惊人的"宽容"。一个妻子甚至说："哪个老公在外都要嫖赌，我多喂几个猪就过去了。"（郑真真、解振明，2004：108）

三 维系离散家庭的动力探析

综上所述，农民流动家庭尽管因离散化存在功能障碍和缺损、家庭矛盾冲突增加等问题，甚至危机四伏，但多数家庭通过适应性行为、维护和修复性行为，仍使家庭达到一定程度的弥合。引起我们注意的是：是什么使处于离散状态的农民要苦苦维系已然"七零八落"的家？

有学者认为农村流动家庭相对稳定的原因有：①农村经济比较落后，许多外出打工者无力承担离婚与再婚的成本；②受到传统文化影响，农村夫妻对夫妻感情的期望值低；③以家庭整体利益为本位的价值观念成为维系农民工家庭的纽带（魏翠妮，2006）。当然这些分析有一定的解释力，但我们认为还不够。因为农民对偏离常态的家庭生活的耐受力不是与生俱来的，低的情感期待值亦不过说明他们正常的需求被压抑。维系家庭完整的动力也正是使他们陷于无奈的原因。为什么大多数流动农民不能举家迁移？我们认为劳动力市场特征左右着农村家庭外出的流动策略，特别是雇主的雇佣偏好——对劳动者年龄、性别、婚否的要求，造成了不同年龄、不同性别和不同婚姻状况的农村劳动者只能是差别化流动。

因此我们说，农民流动难的不仅是"出得去"，还有如何在城市"落得下"的问题。有数据显示，流入城市后真正在城市安家立业的农民仅占 30%（贺雪峰，2007）。而安不下家，就依然属于无根一族。

为什么进城农民即使有较稳定的工作仍不能真正在城市定居？因为在劳动力市场的分层中，进城农民始终聚集于低工资、低稳定就业的次级劳动力市场，因此他们多数无法支付城市高昂的生活成本。这就导致青壮农村劳动力到城市开展生产，而他们的劳动力再生产却要依靠农村来完成（在农村生养子女、赡养老人，本人将来也回到农村养老）（贺雪峰，2007）。这意味着在城乡二元结构、劳动力市场的二元性经济结构背后，还隐含另一个二元结构——生产和劳动力的再生产之间的城乡二元分割。流动农民家庭离散化，是基于城乡二元结构之上的中国式工业化和城市化的产物。

面对这一坚固异常的二元结构，农民无奈地接受边缘化生存的现实，但并不意味着他们永远接受分离。他们中具有顽强适应能力的一部分人，在城市的边缘站住脚后会逐步把配偶、成年子女一个个接出来。对未来团聚的期待，增强了他们对暂时分离的耐受力，前提是城市为他们提供一定的就业空间。当难以在城市立足之时——就如我们在 2008 年看到的，当金融飓风影响全球，2000 万农民工被迫回到自己的家乡之时，故乡的家成为他们重要的停泊地。35 户流动家庭，即使在城市发展很好，每一户都在家乡建造了房子（哪怕现在空着），重返土地的心理预期，是他们对城乡二元结构的适应性反映。在城乡二元体制继续存在的情况下，故乡的家对流动者更是具有永久归宿的意义，是流动者不可割断的根。我们必须重新评估"家"对这样一个不得不离散漂泊的群体的重要意义。家庭作为重要的经济、人口和礼会关系再生产的组织，对农民有着不可替代的作用。因此他们会尽最大努力维系之。

此外，传统文化规范为维系处于离散状态的家庭提供了重要的文化资源。正是家庭本位的价值观对家庭成员义务责任的强调，使家庭成员懂得忍受长期的分居，为家庭利益牺牲个人。在"为了家庭整体的利益"的信念支撑下，分离的家庭成员会不断调整权利和义务的分配机制并调整个人行为，使家庭功能大体得以维系。同样，这种家庭本位文化对亲属间相互支持的强调、对弥补家庭核心成员缺席造成的功能缺损也起到一定作用。在这一传统文化中，性别角色定位起到重要的维系作用。正是对"男主外、女主内"传统分工模式的强调，使人们将男性独自外出打工养家、女性承担起农田生产和无偿提供照顾性劳动的双重重担视为天经地义，同时使他们彼此更强烈地相互依赖。如魏翠妮所说，男子因支付不起婚姻解体和重组的代价而维系家庭。从夫居制度下的女性实际会为家的解体付出更大的代价（一个离婚的妇女，很可能失去土地和住所，甚至失去集体资源配享的资格，所以她们中有些人为了维持婚姻关系而采取了逆来顺受的态度）。

四 小结

尽管离散状态下的农民以自己的方式努力使家庭弥合，但只能起到暂时缓解矛盾的作用。我们在肯定农民弥合性努力的同时，也应看到这意味着农民对自己原本可以在常态家庭满足的正常需求的压抑，看到留守妇女、儿童和老人权益的更多牺牲，这是农民家庭为中国特色的流动付出的痛苦代价。随着农村社会变迁，在年轻的"流动二代"中，个体本位将逐渐取代家庭本位观念，他们是否还能忍受长期的分居？他们是否愿意压抑个人需求以寻求家庭的维系？

因此，真正要解决农民家庭离散化和由此产生的一系列问题，不仅仅要通过新农村建设为农民提供更多的公共品，更需要制定削弱城乡、劳动力市场和两种生产间的二元分割政策，使那些转移到城市工作又有定居愿望的农民能举家定居下来。

参考文献

陈春同等，2005，《走进农村留守妇女的现实生活心头的"三座山"》，《半月谈》11月 10 日。

费孝通，1998，《乡土中国　生育制度》，北京大学出版社。

贺雪峰，2007，《新农村建设：打造中国现代化的基础》，载黄平主编《乡土中国与文化自觉》，三联书店。

廖保平，2008，《农村留守妇女：一群"体制性寡妇"》，光明网，4 月 28 日。

罗忆源、柴定红，2004，《半流动家庭中留守妇女的家庭和婚姻状况探析》，《理论月刊》第 3 期。

唐钧，2007，《我国究竟有多少农村"留守家庭"？》，人民网，6 月 7 日，原载《北京青年报》。

王奋宇、李路路，2001，《中国城市劳动力市场——从业模式·职业生涯·新移民》，北京出版社。

魏翠妮，2006，《农村留守妇女问题研究——以苏皖地区为例》，南京师范大学硕士学位论文。

张俊才、张倩，2006，《5000 万"留守村妇"非正常生存调查》，《中国经济周刊》第 39 期。

郑真真、解振明，2004，《人口流动与农村妇女发展》，社会科学文献出版社，第 127 页。

中国农村劳动力流动百村跟踪调查课题组，1998，《中国农村劳动力流动的趋势分析》，《经济研究参考》第 6 期。

家庭与性别评论（第 8 辑）

第 157~170 页

© SSAP，2017

打工家庭与城镇化

——一项内蒙古赤峰市的实地研究[*]

王绍琛　周飞舟[**]

摘　要　学界对中西部农民打工群体的研究，在主题上较关注他们在东部大城市的生存处境以及社会融入的诸种困难，指出他们是一批难以在大城市生根落地的"半城市化"人口。本文侧重关注的则是东西部打工农民与他们家乡城镇化的关系，并且十分强调将打工者的个人行为置于家庭的框架内予以考察。根据在内蒙古自治区赤峰市诸村的实地调研，我们发现，一方面，城镇化打散了农村家庭原有的聚合状态，使其家庭成员在空间上的分工呈现高度的分散性，这体现了市场经济对劳动力在地域之间要实现高效分配的强大逻辑；但是另一方面，这种市场经济的逻辑又深深地镶嵌在打工家庭成员之间浓厚的血缘伦理关系之中。因此，他们得以在中西部家乡的城市"返乡落地"。

关键词　打工家庭　城镇化　家庭分工　婚姻　教育　返乡

自 20 世纪 80 年代经济体制改革以后，我国从农村进入城市打工的农民数量，已接近 2.7 亿人，也就是说，平均每 3 个农民就有 1 个不是经常

---

[*]　本文系北京大学社会学系与中国城市规划设计研究院合作项目"赤峰市域新型城镇化发展道路研究"的阶段性成果。本文原载于《学术研究》2016 年第 1 期。

[**]　王绍琛，中国社会科学院社会发展战略研究院助理研究员；周飞舟，北京大学社会学系教授。

性地在田间耕种，而是工作在城市的建筑工地、工厂的流水线或者各种服务型行业的岗位上。种地变成了中国广大农民的兼业。打工，区别于种地，构成了中国农民极其重要的日常生活内容，同时也构成了考察他们极具历史性转变的重要契机。

本文所要探讨的是中西部地区打工农民与城镇化的关系，确切地讲，是与他们家乡的城镇化的关系。中西部地区打工农民与东部地区城镇化的关系，我们较容易看到，并且有较多的研究已经证实：东部城市由于工业化以及市场化的程度较高，有着更多的经济机会，打工农民得以以劳动力的形式参与其中，但是由于高昂的入住成本，他们不足以在那里安家落户，而成为一批"寄居"在城市里不能"落地"的、融入程度较差的"半城市化"人口（吴维平、王汉生，2002；王春光，2006）。他们与自己家乡城镇化的关系是怎样的？存不存在这样一种可能性，即回到家乡的城镇"落地"？我们以家庭为单位来讨论这个问题。这不仅仅是因为分析的便利，家庭作为农民基本的生产单位和消费单位，对其进行分析已被经济学家充分认知。还因为就当前看来，对于打工农民而言，"返乡落地"是否可能，与家庭生命历程的关键阶段高度相关。

以空间来看，打工家庭的家庭成员高度分散，有着不同的分工，这种跨越地域的分工非常强烈地体现了市场经济对劳动力资源的优化配置要实现最大化的外在逻辑。如同马克思（2004）所说，他们是"资本的轻步兵，资本按自己的需要把他们时而调到这里，时而调到那里。当不行军的时候，他们就'露营'"。但是市场经济的外在逻辑能够在事实层面得以呈现，依赖的又是什么？打工家庭在空间分布上"分崩离析"，资本是不是纯粹和唯一的力量？打工家庭最后"返乡落地"，会是因为什么样的契机，其内在逻辑又是怎样的？其中有没有问题？在结合案例调查的实地材料来分析这些打工家庭与中西部地区城镇化的关系之前，针对城镇化与农村家庭的变迁，我们先做一个简单的历史考察，以期有一个脉络性的认识。

一 城镇化与农村家庭变迁的简略历史考察

联合家庭是我国传统社会农村家庭的重要形式，这被认为与土地所有制度高度相关。地主土地所有制要求土地集中于多个核心家庭并置的联合家庭里，以拥有较多的青壮年家庭成员，同时与之匹配形成的则是家父长式的支配形式。不过从数量上看，在农村占据主导地位、数量最多的家庭形式是核心家庭，因为农村自耕农的数量占据了绝对多数，而联合家庭是生活在城镇的不在乡地的家庭的主要形式。然而无论如何，土地作为小农生产最重要的生产资料，被认作传统家庭内大家长拥有权威的重要原因，子辈与父辈之间不但存在"反馈"模式，子辈还会相当程度地对父辈保持谦恭和顺从（费孝通，1986）。

自20世纪50年代开始，在国家早期工业化策略下展开的农村土地集体化运动，彻底改变了传统家庭生产与生活的组织方式，进而启动了家庭结构转型的历史进程。土地不再掌握在农村大家长手中，而是为村集体所占有，农村家庭成员的个人劳动成果得以清晰地转换为工分，年轻劳力对家庭的贡献一目了然，无须大家长的主观裁断，这改变了父权制度下的代际关系与结构，父辈的绝对权威受到削弱和挑战（费孝通，1983；王天夫等，2015；杨善华，2009）。自中华人民共和国成立初至1982年农村实行家庭联产承包责任制之前，我国一直实行重工业优先发展的战略政策，各种资源通过计划体制进行配置，以资本和劳动力为主的生产要素无必要也不被允许自由流动，由此配套形成的是严格的人口流动控制政策，农村居民既受制于户籍管控制度，也受制于集体的农村土地经营制度，除非是参军和升学，否则不可能实现由乡到城的流动（渠敬东、周飞舟、应星，2009）。

1978年底，农村集体合作的土地经营制度开始松动，1982年，以家庭为单位的联产承包责任制得到政策上的确认（罗纳德·科斯，2013），家庭重新变为农村最重要的生产组织单位。农民从吃大锅饭的劳动者变为相对独立的生产经营者，另外，农村家庭进一步呈现核心化或者说小型化的趋势，主干家庭数量进一步减少，而联合家庭则趋于消失。加之计划生育政策的实施，家庭人口规模也呈现不断缩小的态势。从土地与劳动力关系的角度来看，这项意义巨大的变革提高了农村的土地生产率和劳动生产率，农村劳动力大量剩余的问题却日益严重。1984年中央政府允许农民自带口粮到城市务工经商，这段时间农村的剩余劳动力主要被繁荣发展的乡镇企业所吸纳，直至90年代中期乡镇企业衰落之前，小城镇起到了人口蓄水池的重要作用，在农村出现了很多被吸收进乡镇企业务工，"每天放工回来，可以在田里做一些农活，在农忙时兼顾农业"的"新人"（费孝通，2010）。90年代中期以后，乡镇企业迅速衰落，小城镇不能够再强有力地留住人口，这批曾经在乡镇企业务工的农村新人，又迅速转变为离土又离乡的流动打工群体。与城镇化以及市场化的进程高度相关，农村家庭呈现强烈的非农化趋势，这是 90 年代以来农村家庭变化的最重要特征（杨善华，2009）。

在 1984 年之前，农民由于政策性的限制，固守在农村，难以融入城市化的进程之中，农村与城市呈现相当程度的分割性。90 年代中期以前，乡镇企业蓬勃发展，很多农民可以在家乡找到更多非农的经济机会，"离土不离乡、进厂不进城"是这个时期农民与城镇关系的新特点。1995 年以后尤其是进入 21 世纪以来，"土地城镇化"成为地方政府发展的主导思路，这在相当程度上改变了农民与城镇化进程的关系（孙秀林，周飞舟，2013）。近郊区的农村如果毗邻城镇，当城镇较快的扩张速率抬升了近郊土地的价值时，农民可能会以失去土地的代价换得入住城市的资格（李强、陈宇琳、刘精明，2012）。另外，在近年来遍及全国的"农民上楼"现象中，农民通过让渡出自己宅基地的形式，也可以获得入住类似于城市住宅小区的资格，但后者本质上依然是农村社区（周飞舟、王绍琛，2015）。不过，对于中西部地区的远郊农民或者未上楼的农民而言，离开家乡，去东部城市打工，寻求非农收入，是他们以劳动力的形式参与城镇化进程的起点。下面我们将结合赤峰市敖汉旗的调研材料，来回答前面提出的一系列问题。①

二 赤峰市农民打工的家庭经济伦理

家庭的共同事业，如果我们参照费孝通先生《生育制度》中相对结构功能主义的说法，那就是要将子辈顺利地抚育成人，实现社会继替的目

---

① 赤峰市位于内蒙古自治区东部，面积 9 万平方公里，辖 3 区 7 旗 2 县，北部旗县为牧区，地广人稀，草场面积广大，以蒙古族为主的农村居民以牧业生产为主。南部旗县为农区，农民的基本农业生产形态则以农耕为主，与中西部广大农耕地区生产生活形态差别不大。从劳动力流动情况上看，相对于东部，赤峰市工业基础相对薄弱，是中西部地区相对典型的劳动力外流区域。敖汉旗位于赤峰市东南部，西临内蒙古通辽市，东接辽宁省辽阳市，是一个工业基础较为薄弱、以农业生产为主的旗。全旗户籍人口有 60 万人，城镇化率为 35.7%，在中西部地区较为典型。敖汉旗农村人口约有 40 万人，其中劳动力人口约有 24 万人，而外出务工人口大约有 10 万人，占农村总劳动力的 41.6%，敖汉旗青壮年劳动力大量外流的现象严重，方向以京津冀地区和东北各大城市为主。我们重点调研的两个乡镇——四家子镇和古鲁板蒿乡，分别位于敖汉旗的南部和西北部。

的。子辈年纪越轻，这项事业反而越繁重，因为要针对未来投入的时间就越长，而且充满不可预计的变数。传统的庭院经济，意味着农村家庭是一个生产和消费高度合一的单位，家庭成员相当一部分的支出会被其自身的生产功能所消化。伴随着市场经济的发展，农村封闭的庭院经济被逐渐打破，家庭成员的消费，尤其是子辈的消费越来越倚重于货币，最突出的是教育和婚姻消费两个内容。对处于青壮年阶段的父辈而言，"养家"就意味着承担这笔总体的家庭支出。这是我们从最基本的家庭消费的角度，对农村家庭的生物及社会性的功能做出的说明。

单纯的粮食种植不足以支持家庭消费。敖汉旗粮食种植以玉米为主，像在古鲁板蒿乡的山咀村，人均耕地约为 3 亩，人均家庭人口数为 4.3 人左右，一个 5 口之家，可以拥有 15 亩左右的土地，普通的玉米种植，每亩的纯收入为 700~800 元，正常情况下，粮食种植收入每年为 15000 元左右。而家庭中一个小学生的支出就为 10000 元左右，显然单纯依靠粮食种植无法支持整个家庭的开支。因此，对于成了家的农民而言，必须寻求除了粮食种植收入以外其他的经济机会。就这一点来看，这批农民的面目更像是经济学家所说的"理性小农"，只不过理性考虑的范围溢出了农田，在土地收益率过低的前提下自觉地将劳动力更加有效地分配到粮食种植之外的经济机会上。这些机会，有可能依然是农业，比如养殖，也可以是现代农业、进当地的工厂或者打零工。但是这样的经济机会在家乡并不多见和固定。① 在这种情况下，外出打工成为除了西湾子村以外其他三个村多数青壮年农民的选择。②

在东部发达城市打工的农民绝大多数不会在打工地安家落户，山咀村改革开放 30 余年的时间里，去北京打工的村民数以千计，但是能在北京安家落户的、有名有姓的只有两位。其中一位徐姓村民，早年在家乡跑运

---

① 在我们所调查的四个村庄中，只有西湾子村的养牛业较为发达，之所以如此，是因为该村人少地多，大量的玉米秸秆可以作为牛的饲料，这极大地降低了养殖成本，另外该村养牛业历史悠久，户户养牛已成规模效应，其他三村不具备该条件。其他的经济机会，诸如现代农业，既需要高昂的投资，又有极大的风险，在四个村子的发展均不理想；而在当地打零工，或者进工厂之所以不被多数农民选择，是因为工资水平太低，他们对工资的预期无形之中总以在东部打工的同乡的工资水平为参照。

② 山咀村、牛汐河村、西湾子村、老虎山村的人口分别为 4300 人、2262 人、2100 人、2507 人，常年在外打工的人数则分别为 1000 人、650 人、200 人、700 人，分别占到总人口的 23.3%、28.7%、9.5%、27.9%，这四个村子除了西湾子村养殖业较为发达以外，其他三村农业均以种植业为主。

输，后来投奔本村在北京开保安公司的李姓村民，最后自己也成立了保安公司。但是像这两位一样有着卓越的个人能力，又能把握住幸运的、足以扭转个人乃至家庭命运的机会的村民，毕竟罕见。多数成了家的打工农民对自身在城市中的定位也很准确，他们能意会到自身在社会化大生产的逻辑链条中所处的位置，明白在东部打工的意义就在于赚取一定的经济收入，以完成将下一代更好地抚育成人的任务。东部城市于他们而言是过渡性的场所，尽管这种过渡实际上会占据他们生命中相当长的一段时间。

成了家的农民外出打工最明显的取向是经济性的，即赚取更多的收入。打工的经济动机始终镶嵌在家庭之中。一户核心家庭，外出从事建筑等行业的成员一般是青壮年男性，女性劳动力会在农村经营农业，如果家庭的子辈尚未成人，还要承担起抚育子女的任务，同时要兼及照料父母。女性劳动力得以独力耕种农业，得益于农耕技术的进步，其使平时单位面积需要的劳动力投入迅速减少，仅仅在农忙时期才需要男性劳动力的辅助。这是他们最典型的家庭合作与生产模式，打工经济总是与家乡的庭院经济紧密"配合"在一起。

新生代打工农民与他们的父辈非常不同。他们无疑也受着社会化大生产逻辑的影响，外出打工当然是因为家乡经济机会不足，但是追求经济收益的信念看起来并没有他们的父辈那般坚决。① 他们认同城市的生活方式，相信自己能够把握住镶嵌于社会结构之中的改善个人命运的机会，能成功发展出一份大的经济事业来，并慢慢意会到，自身在社会结构中的位置需要时间和契机。这个契机是婚姻，直到他们成立家庭，生育子女，他们心中的事业才会从模糊的追求个人的发展，转到家庭和下一代身上，像他们父辈所做的一样。

总之，在当前城镇化的进程之中，打工是农村家庭为了完成家庭"事业"所迈出的最基础的一步，他们必须从完全封闭的庭院经济中走出来，更深层次地参与到社会化大生产的过程中去。子辈的婚姻及教育构成了家庭事业的重要内容，同时作为家庭生命历程的关键阶段，我们也可以

---

① 以山咀村为例，在外打工的 1000 人里，有 60% 的是 20~30 岁的年轻人，他们在外多从事服务行业，有相当一部分就在同乡徐老板所开的保安公司里当保安，一个月的收入为 2000 元左右。他们不会去选择父辈们多从事的建筑业、工矿行业，虽然后者的工资水平更高，但意味着要付出更多的劳力；也不会在行业上呈现"两栖性"，即不会因为农忙季节性地返乡从事农业生产。两代农民工在职业选择上存在职业性的差异。

从中看到打工家庭"返乡落地"的内在逻辑。下面我们围绕打工家庭年青一代的"教育"与"婚姻"两个方面分述之。

三 "陪读"：基础教育与家乡的城镇化

在地方教育资源集中化的态势下，孩子的教育实际上构成了打工家庭涌向城镇的重要契机。[①] 打工家庭的家庭成员，或聚或散，或工或农，与孩子的教育阶段密切相关。为了孩子能接受更好的教育，从而在城区购置房产的户数，根据我们的调查，从村庄的角度看，实际上比例并不是太高。更多的打工家庭所采取的是一种折中的方式：一方面不完全破坏家庭稳定的经济基础，另一方面又顾及对孩子生活、情感方面的照顾。"陪读"就是最经济、最具权宜性的折中方式。

古鲁板蒿乡的两个村——山咀村和西湾子村，由于撤并了原先的村庄小学，小学生都需要到古鲁板蒿镇区的小学就读。西湾子村较为幸运，距离镇区较近，学生可早出晚归，不必寄宿。山咀村距离镇区较远，小学生不得不寄宿。这个村在镇上陪读的约有 20 户，陪读的人员主要是老人。这部分老人年龄多为 60 ~ 65 岁，他们外出打工已经难以找到经济机会，但是在身体条件允许的情况下，依然会在农村经营一部分土地和庭院经济。去镇上陪同孙辈念书，如果夫妇二人均健在的话，会审慎地采取降低机会成本的方式：祖辈夫妇中的一方去陪读，另一方则留在村中经营一部分生产事业，或者两位老人轮流去陪读。不过这依然伴随着社会性损失，意味着老人夫妇不可能经常见面。打工家庭在经济方面追逐收益或者降低损失的同时，总是难以避免社会性成本的增加。老人在镇上所要照顾的孩子的数量，从一个到三个不等，可以是堂兄弟姐妹或者表兄弟姐妹，因为他们这一代人的子女数量一般不止一个。如果孙辈年龄相仿，则同时陪读，年龄若相差较远，则"接力式"地陪读，即陪读完年龄较大的，再陪读年龄较小的。

打工家庭的年轻夫妇之所以能同时外出打工，利用的正是自己与父辈

---

① 敖汉旗自 1993 年起共经历了五次集中调整，共撤并初中 38 所，小学 306 所，教学点 314 个，目前全旗共有中小学校 89 所、幼儿园 107 所。形成了县城办初中、高中，农村办中心小学的格局。由于城乡教育资源的不均衡，城区的学校，无论是幼儿园、小学，还是初中，都比农村学校有着更强的吸引力。

的代际差，他们处于 30～35 岁的时候，孩子处于小学阶段，祖辈正好可以担负起照顾孙辈的职责。父母健在，成为农民去远处打工的有利条件。老人在镇上陪读，职责主要是照顾年龄幼小的孩子的生活，兼及村里的一部分庭院经济。孩子度过小学的成长阶段，待其基本具备照料自己的生活能力时，老人会回到乡村。这一方面是因为要降低陪读的家庭成本，另一方面则是由于身体原因。我们用图 1 来表示孩子读小学低年级时打工家庭成员的空间分布。

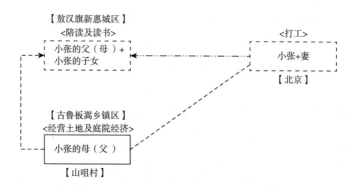

图 1　打工家庭小学陪读阶段空间分布

　　说明：我们用虚线框表示家庭成员只拥有临时性居所的地点，实线框则相反。用虚线表示家庭成员跨越空间的情感联系。用带箭头的虚线表示除了情感联系之外还有资金的支持。我们以"小张"为坐标，界定和标示他的亲属。下面几幅陪读示意图也是如此。这张示意图所表示的意思是，小张夫妇在北京打工，他们的孩子在镇上读书，他们的父亲或者母亲在镇上陪读，同时在山咀村经营土地及庭院经济。

　　不管是在镇上还是在新惠城区，读初中的孩子，家长陪读的数量较少。这一方面是因为孩子具备了基本的生活自理能力，另一方面则是因为在家长看来初中还不是孩子接受教育最关键的阶段。孩子到了高中，我们看到陪读的家长数量又多了起来，仅西湾子村在新惠城区陪读的家长数量就有约 100 人。陪读的主体由祖父母变成了母亲，而陪读的职责除了照顾孩子的生活之外，更多地变成了对孩子学习的监督，"我就长期跟踪你，到时候就跟你一起住，你早晨吃完饭上学，中午还会来吃饭，晚上也回来，这样比较放心"。[①] 这一追踪的职责显然更适合由年轻的亲辈来承担。

---

　　① 西湾子村村主任如是描述陪读母亲的陪读心理。

高中被家长认作孩子的关键阶段，这一点我们很容易理解。家庭已经对孩子进行了 12 年左右的教育投资，如果孩子在高中不能好好表现，不能考入大学接受高等教育，从而把握住实现向上社会流动的机会的话，那将意味着长期教育投资的失败。这是功能性的分析，事实上也伴随着心理层面的失落，"要飞的终于飞了"（费孝通，2007：522），却是以不尽如人意的姿态。打工家庭不允许这种情况发生，如果孩子在九年义务教育阶段就已表现出对学习不感兴趣的迹象的话，家庭会选择釜底抽薪的方式，及早终止对孩子教育的投资。如果孩子已经进入高中了呢？家长可以有两种选择：一是终止投资，亡羊补牢，为时未晚；二是在孩子学习的关键阶段进一步加大对教育的投资，以期挽回颓势。更多家长的选择是后者。读高中的孩子的母亲，他们的年龄多半已超过 40 岁，之前可能会利用自己与上一辈的"代际差"，同丈夫一起在城市打工，这时便会从城市撤离回来，放弃一部分经济收益，付出较高的机会成本，在城区陪同孩子读完高中。她们中的一小部分，较为幸运，能在城区找到工作机会，同时又能照看子女。为了保证家庭经济基础的稳定，孩子的父亲则必须坚守在远离家乡的城市。祖辈已经年纪较大，如果身体条件允许，可以经营一部分庭院经济，但多半在经济上已经需要子女的支持。这段时间家庭成员跨越空间的分工与合作我们用图 2 表示。

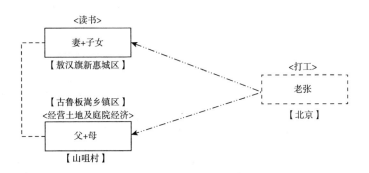

图 2　打工家庭高中陪读阶段空间分布

　　得益于敖汉旗较好的教育水平，也得益于高等教育的普及化，打工家庭的高中生超过一半可以升入大学继续接受教育，以大学生而不是农民工的身份进入城市，开始不同于他们父辈的生命历程。这个时期，是打工家庭自成立以来经济压力最大的时期，父亲仍然必须坚守在城市，并且想方设法获取更高一些的收入，打工的经济取向变得更强烈。母亲则会在农村，经营土地及庭院经济，她们这个时候年龄已为50岁左右，在城市里很难再找到工作，她们的父母也已超过70岁，需要人照顾。按照敖汉旗的传统，大学毕业生很少回到故乡就业，他们会散落到其他的城市。但无论是结婚还是生子，仍然离不开原先核心家庭的支持。与他们同龄的一群年轻人，放弃了接受高等教育的可能，在相当程度上开始重复他们父辈的历程。

家庭实现代际传承的功能总是与父母之于孩子的良好寄托联系在一起。将子女抚育成人，将"理想自我转移到孩子身上去"（费孝通，2007：517），这也是打工家庭之所以能分散在不同的地域，参与到市场经济中去，以谋求更好的经济回报的根本动力。只不过打工家庭在分工与合作的过程之中，由于地域及城乡发展的不均衡，任何致力于增进经济收益的做法总是会伴随着社会性成本的增加。壮年劳动力去东部城市打工，老人与孩子则留守在家乡，家庭成员在空间分布上是"分崩离析"的。从陪读这一现象中我们可以很明显地看到这一点。

四 "择城而婚"：子辈婚姻与城镇化

对于打工家庭而言，子辈的婚姻是极其重大的事情，家庭跨越空间实现分工与合作，积蓄多年的力量就是要实现这个目标。"现在乡下结婚就是个重灾。"① 之所以变成"重灾"，指的是这个一定要完成的目标变得艰巨起来，会给打工家庭造成很大的经济压力。核心家庭中的下一代要分离出去，独自成立家庭，完成家族绵延的任务，上一代总会附带一定的经济支持。在中国历史上农业社会的主干家庭里，子辈如果要分家的话，会从父辈那里得到住所和生产资料，包括土地和部分生产工具。新生代农民工的父辈在结婚时的所得也大概如此。由于农村从父居的传统，住所和生产资料一般均由男方提供。这些传统的习俗都没有改变，改变的是对住所性质的要求：房子要在城镇购买。

我们仍以山咀村为例，北京的房产价格是极其高昂的，在北京买房的2户人家就是我们提到的徐老板和李老板。老一代农民工在那里从事建筑

---

① 这是在四家子镇牛夕村调研时，一位村干部比较诙谐的一句话。

行业，做普通的工人，一年可以挣得 2 万元的纯收入，其中的包工头收入要高些，每年纯收入平均为 5 万~8 万元，年青一代的打工农民做保安，所挣得的收入基本与支出持平。年青一代的打工农民相对于上面讨论的已成家的打工农民，外出的经济取向不那么明显。父辈和子辈打工农民均无法在北京购置房产，在这种情况下，结婚要购置婚房最现实的是返乡，回到家乡的城镇。在年青的打工一代返乡购房的时候，他们会依照家庭经济基础的优劣呈现"层级分流"的态势（如图 3 所示）。

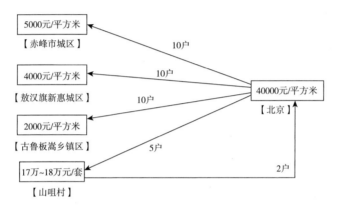

图 3 山咀村打工家庭购房路径

除了两户在北京买房外，经济基础最好的家庭会在敖汉旗城区甚至赤峰城区购房，次好的家庭则选择古鲁板蒿乡的镇区，最次的家庭只能在村里盖房。结婚购房有着极其理性的缘由，最明显的是可以享受更为优越的公共服务设施，脱离农村，过更具现代意味的城市生活，同时还可以一揽子解决未来子女的教育问题。结婚购房是刚性需求，如果不是为了子女结婚，那些有一定经济实力的老一代农户不会仅仅为了享受生活就去城里购房，除非他们优裕到可以不用考虑金钱的地步。农民的收入和支出，不管是打工还是搞副业，均区别于城市职工，带有更强的不可预计性，他们习惯将金钱储蓄起来，以应对未知的风险，比如家人罹患大病，而城市生活本身要求居民收入要有一定的稳定性，因为有些基本的生活开支是需要金钱定期支付的。况且对于在农村生活久了的农民而言，生活在城市中反倒有诸多不适，庭院经济和土地可以成为生活遭遇不测的最后一道防线。

实际上，山咀村能独力全款付清房款的农户仅占一小部分，其他的打工家庭则需要一部分借款。在向亲朋借款与银行抵押贷款之间，首要的选择是前者。农户总是倾向于一次性付完全款，这一方面是为了避免利息，另一方面则仍然与农民收入的不可预期性相关，除非是每个月都有固定的可以偿还贷款的收入，否则每次还完贷都伴随着对下一次还贷的担心。村庄里经济条件较好且自己的儿子年龄尚小、积蓄了一笔资金还未购置房产的农户，或者只有女儿、预期的经济压力相对较小的农户，最容易成为亲朋借款的对象。这让他们非常矛盾，"结婚是重灾"，传统的乡土伦理要求他们有抚恤邻里"灾情"的义务，但是资金一旦借出之后，既没有利息，再要讨还有碍情面。"不借给他们，他们就不开心，借了自己不开心。"① 矛盾的解决办法是自己去城里购房。房子有保值的功能，这样钱就会以房子的形式储蓄起来，非但不会被借走，还可以有理由反过来向别人借。我们所说的经济条件较好的农户，指的也只是在城区购房之后储蓄便所剩不多的农户，为子女购置房产是他们一生中最大的一笔消费。也有的农户在独立付完首付金之后，向银行抵押贷款，独力应对"重灾"。更普遍的则是用自己的储蓄资金以及向亲朋借来的资金完成首付，其他的款项则按揭贷款。②

成立了家庭的年轻人有部分会去工厂做一些带有技术性质的工作，或者经营小本买卖，诸如快餐、商店等。在家乡经济机会不足的情况下，多数依然要选择外出打工。他们的父辈，年龄已为60岁左右，这个年龄已经不适合去大城市，正是返乡的时候。他们的状态将由常年外出打工转变为农副结合：平时打零工，同时与妻子一道将更多的时间投放在土地和庭院经济上。不过，这属于过渡状态。子女成家以后，父母生物学上的任务算是完成了，但是社会性的任务还远远没有结束。等子辈家庭有了下一代之后，他们的任务就会转变为看护孙辈。年青一代在城镇的房产，尤其是在乡镇上购置的房产，经常会出现空置的情况，即使是在生育了子女将其托付给父母照看之后。这段时间，也就是孙辈正式上小学之前，父母更习惯将他们留在农村生活，这可以节省很大一笔开支，同时，也不至于完全无法经营土地和庭院经济。

---

① 敖汉旗四家子镇镇长在描述乡村借钱伦理的时候所说的一句形象的话。
② 一套在敖汉旗新惠城区购置的房产，以40万元计，它的资金偿还结构，对于典型意义上的一户农村打工家庭基本是这样的：由父辈支付15万元，父辈借款支付5万元，子辈20年按揭贷款，每月偿还1500元。

"战争的目的是在结束战争，抚育的目的是在结束抚育。"（费孝通，2007：527）父辈对于子辈抚育结束的标志是，子辈能从现在的核心家庭中分离出去，成立新的核心家庭。而结婚要在城区购置新房这样一个普遍性的风气，则要求家庭成员能最大限度地参与到市场经济中去，哪怕这是一个"重灾"，也要有应对的信念和精神。这种信念和精神使他们能够超越地域上的分散状态，围绕家庭的"事业"一直"配合"下去。尽管这种精神不像韦伯笔下清教伦理那般的强烈和外显，却心照不宣地散布在平常的日子之中。

五　结论

在空间上高度分散，在共同的信念上高度统一，共财，但不同居，这是打工家庭，尤其是中西部打工家庭最重要的外在特征。可以认为，市场经济对于农村劳动力在地域上的分配，之所以能呈现如此高度的流动性和空间分散性，正是基于家庭成员稳固的亲缘及血缘的凝聚力。不过对于打工家庭而言，这个过程并不是平顺和没有阻力的：东部城市不能"落地"，中西部城市不足以"养家"，这样的宏观背景，使因为子女结婚或者接受教育去家乡的城镇购房及陪读，成为打工者所经历的重要的生活事件，同时，客观上也成为中西部城镇积聚人气的重要力量。从打工者的生命历程来看，就当前而言，去东部大城市打工是打工家庭中的父辈参与城镇化的起点，而返乡——回到农村看守土地、房屋及孙辈——则成为他们参与城镇化进程的终点。与此同时，成立了新家庭的子辈则要更加深入地参与到城镇化的进程中去，踏上属于他们的起点。

这就像是一场接力赛。父辈渐渐在劳动力市场上不再占据优势，体力不支使他们慢慢退下阵来，留守在家乡，子辈则接过父辈手中的接力棒，继续奔赴大城市寻找较之家乡更好的经济机会。如果城乡发展以及地域发展不均衡的情况不能改变的话，可以预料这样的接力赛还会一直继续下去。在这样前赴后继的接力赛中，我们可以看到打工家庭为了完成家庭事业不断顽强地适应着市场经济，也可以看到这种顽强的适应背后所付出的高昂的社会性代价：人们为了完成"家庭事业"，按照市场经济的逻辑首先不得不分散在不同的地方，不得不先使家庭"分崩离析"，而为了获得完成这项事业所必需的经济收入，则不得不付出情感的代价。我们不得不说，这样的接力赛终究是带有几分悖谬含义的，是顽强也是艰辛的。

参考文献

费孝通，1983，《家庭结构变动中的老年赡养问题——再论中国家庭结构的变动》，《北京大学学报》（哲学社会科学版）第 3 期。

费孝通，1986，《三论中国家庭结构的变动》，《北京大学学报》（哲学社会科学版）第 3 期。

费孝通，2007，《乡土中国》，上海世纪出版集团、上海人民出版社。

费孝通，2010，《中国城镇化道路》，内蒙古人民出版社。

〔德〕卡尔·马克思，2004，《资本论》第 1 卷，人民出版社。

李强、陈宇琳、刘精明，2012，《中国城镇化推进模式研究》，《中国社会科学》第 7 期。

〔美〕罗纳德·科斯，2013，《变革中国》，王宁译，中信出版社。

渠敬东、周飞舟、应星，2009，《从总体支配到技术治理——基于中国 30 年改革经验的社会学分析》，《中国社会科学》第 6 期。

孙秀林、周飞舟，2013，《土地财政与分税制：一个实证解释》，《中国社会科学》第 4 期。

王春光，2006，《农村流动人口的"半城市化"问题研究》，《社会学研究》第 5 期。

王天夫、王飞、唐有财、王阳阳、裴晓梅，2015，《土地集体化与农村传统大家庭的结构转型》，《中国社会科学》第 2 期。

吴维平、王汉生，2002，《寄居大都市：京沪两地流动人口住房现状分析》，《社会学研究》第 3 期。

杨善华，2009，《改革以来中国农村家庭三十年——一个社会学的视角》，《江苏社会科学》第 2 期。

周飞舟、王绍琛，2015，《农民上楼与资本下乡：城镇化的社会学研究》，《中国社会科学》第 1 期。

家庭与性别评论（第 8 辑）

第 171~184 页

© SSAP，2017

城市化进程中农村代际关系的变迁[*]

汪永涛[**]

摘 要 通过对全国几个村庄的田野调查，探索当前中国农村代际关系的变迁。在城市化进程中，新生代农民工外出务工行为不再具有兼业性质，而具有职业性质，农村出现结婚即分家、自己养老、隔代抚养等新的代际规范，表现为失衡的代际关系。这可称为代际关系的辅助模式，亲代尽一切努力辅助子代向城市移民，人口和生产的再生产在农村和城市两个不同的空间完成。新生代农民工的城市化和传统家庭伦理本位的价值观在共同形塑着代际关系的辅助模式。

关键词 城市化 代际关系 辅助模式

一 问题的提出

代际关系是指单个家庭中因血缘和姻缘而产生的关系，即亲代与子代的关系。费孝通分别用"接力模式""反馈模式"来概括西方、中国的代际关系（费孝通，1983）。无论中西，父母都有抚养子女的义务，而且在中国儿女还有赡养父母的义务，在西方却不用。在中国的"反馈模式"下代与代之间保持着均衡互惠的关系。郭于华进一步指出中国传

---

[*] 本文原载于《南方人口》2013 年第 1 期。

[**] 汪永涛，中国青少年研究中心共青团工作所副研究员。

统的亲子关系是一种基于公平原则的代际交换关系（郭于华，2008）。无论是"反馈模式"还是代际交换的公平逻辑都说明了中国代际关系双向均衡的特征，它区别于西方代际关系单向传递的特征。并且中国代与代之间彼此承担着无限的责任与义务，而西方亲代对子代只承担有限的责任与义务。

转型社会中的中国家庭，其结构和功能都不断分化、解体，血缘纽带减弱，双向均衡的代际关系逐渐被打破。有学者认为这是国家力量的作用（郭于华，2008），还有学者认为这是个人权利意识膨胀导致的（阎云翔，2006：261）。总之，当前代际关系逐渐失衡，亲代对子代的付出不仅没有减少，而且有强化的趋向，子代之付出则呈现弱化之势（王跃生，2011）。代际关系的重心迅速下移，并严重向下倾斜。

以上学者都注意到转型期代际关系的失衡现象。一些学者认为这种失衡的代际关系只是一种暂时的过渡状态，它将被一种更加理性化、相对平衡的代际关系所取代（贺雪峰，2008；陈柏峰，2009；阎云翔，2006）。还有一些学者则认为虽然代际关系失衡，但是父系继承男性嗣续制依然保留（唐灿等，2009；金一虹，2010）。可见，中国农村家庭代际关系的变迁并不像现代化理论预设的那样，是个非此即彼、从传统到现代的转折过程，而是两者不断融合和互补的过程，父系家族文化结构和继替规则仍然在延续。

如何理解当前农村失衡的代际关系？已有的研究，从国家权力、农民的权利意识、农民的价值观等各个角度研究了农村代际关系的变迁。在这些研究中打工经济只是分析的一个宏观背景，它导致农民的权利意识和价值观的变化，却没有被当作一个专门的分析变量。打工经济不仅引发了农村生产生活方式的变革（桂华、余练，2010；田先红，2009），它根本上促进了新生代农民工的城市化进程。本文以城市化为视角，通过进入农民的生活逻辑，探究农村代际关系模式的变迁及其表现形式以及它是如何被形塑的。

笔者在江西、河南等地农村调研时发现，当前农村代际出现了许多新的变化：父母由在农村建房向在城市购买婚房转变；夫妻由一人外出打工向共同外出打工转变；小孩由在农村读书向到城市读书转变，并由亲代抚养向隔代抚养转变；老人由儿子赡养向自己养老转变……这些转变都是对原来的代际关系的调整，并形成了结婚即分家、城市购婚房、隔代抚养、自己养老等一系列新规范。当前农村代际关系主要表现为以下形式：亲代对子代负有无限的责任和义务，以"为子女多做贡献""不给子女增添负担"为自己的责任；而子代也将亲代的责任视为理所当然，对亲代只负有限的责任和义务。这种新型的代际关系既不是反馈模式，也不是理性的交换模式，可以称为辅助模式。它是在城市化的背景下，新生代农民工①有了移居城市的需求，亲代为辅助子代向城市流动而自愿付出、不求回报的关系，它重新规定了代际权利与义务，并通过家族的延续性而使代际关系重新获得均衡。

本文的实证调查材料来自笔者和研究团队对全国多个村庄的调查，调研地点主要包括江西吉安白术村②、江西安义前门村③和河南信阳大山头村④。调查方式主要以访谈为主，包括开放式访谈和结构性访谈。

二 结婚即分家：家庭财产转移新形式

代际所下传上承之事，一是宗祧，二是财产。子代具有继承父辈财产的权利，同时要承担赡养、丧葬和祭祀的义务。通过宗祧传承，祖先和子孙形成世代连续体。而这主要通过分家的形式来完成。一般而言，分家指的是已婚兄弟间通过分生计和财产，从原有的大家庭中分离出去的状态和过程（麻国庆，2007：70）。以正式分家产的标准来划定分家，家庭财产通过继承的方式分给下一代，因此分家是一种财产分配制度。分家经历了从均婚分家到渐次分家再到结婚即分家这样一个过程。分家的外部制约越来越少，家庭裂变的速度越来越快。在传统农村社会，土地私有制下的小家庭必须依赖大家庭。家长享有很高权威，以均婚分家为主，即所有儿子都成家后再分家。大集体时代，集体经济组织成员通过集体生产获得生活资料，彼此的依赖感降低，家长权威降低，小家庭倾向于财产独立。而这会加重大家庭的负担，影响家庭资金积累，小家庭和大家庭之间的摩擦不

---

① "新生代农民工"指年龄普遍较小，出生于 20 世纪 70 年代末 80 年代初，成长和受教育于 80 年代，基本上于 90 年代外出务工经商的农村户籍人员（王春光，2001）。本文借鉴了"新生代农民工"这个概念。

② 调研时间为 2008 年 8 月，是个人独立调研。

③ 调研时间为 2011 年 7 月，调研小组成员还包括王君磊、刘升等。

④ 调研时间为 2010 年 7 月，调研小组成员还包括刘锐、杜鹏等。

断增加，分家速度也随之加快，逐渐向渐次分家过渡，即结婚一个分一个。土地集体所有制下农民的家庭财产范围大大缩小，土地和大型农具不在分割范围内，于是住房成为分家的财产核心。到了分田到户后，多子家庭渐次分家已经成为趋势。到了 20 世纪 90 年代，缔结婚姻时女方一般会要求一所独立产权的住房，由于住房是家庭中最核心的财产，因此结婚与分家建立了直接联系，形成了结婚即分家的风俗（王跃生，2010）。结婚即分家习俗的形成，意味着结婚成为重要的家庭财产转移方式，家庭财产主要以住房、彩礼以及嫁妆的形式出现。结婚过程最能体现亲代对子代所承担责任的履行状况。打工潮兴起后，农村出现"分家的不分家"[①] 和"不分家的分家"[②] 的现象。这说明分家与否已经不再重要，重要的在于何种家庭形式最有利于小家庭的发展，对代际关系已经形成了新的期待，子代对亲代的依赖加强。而且父母并不要求儿子的回报，他们往往这样解释："他有自己的家，负担也挺重，我们尽量不给他增添负担。"

（一） 城市购婚房

一直以来，农民都有义务在村里给儿子建一栋新房，为儿子娶媳妇做准备。但是自从 2000 年前后开始，农民越来越不时兴在村里建房了，纷纷到县城购房。一些农民非常后悔当初在村里花了十几万元、二十几万元建房，因为他们还得去城市买房。现在农村，女方在缔结婚姻时往往要求男方在城市拥有一套住房，以便以后能够留在城市长期发展。因此，到城市购房已经成为一种趋势。而子女婚配是父母不可推卸的责任，男孩父母有义务给儿子在城市中购买婚房。当儿子到达适婚年龄，父母就要考虑为儿子在城市购买婚房，为娶媳妇做准备。儿子越多的家庭，经济负担也就越重。

表 1 是河南山头村两个村民组村民的购房基本情况，按户主的年龄进行排序。除去单过的老人，一共有 21 户，其中有儿子的户数为 15 户。在这 15 户中，有 8 户（不包括购二手房）已经在市区或者乡镇购买了住

---

① "分家的不分家"是指虽然在形式上父子已经分家，但是由于年轻人要外出务工，新成立的小家庭严重依赖大家庭，尤其表现在隔代抚养上，家庭之间的界限并不清晰。

② "不分家的分家"是指虽然父子没有分家，但是各个小家庭之间的界限非常清晰，各个小家庭都是围绕自己的利益而奋斗。

房，主要是在市区购买住房，年龄段主要为 40~50 岁。其他有儿子但没购房的家庭，也都表示以后肯定要到城市中购买住房。村里一个 35 岁的年轻媳妇说："我们现在是努力赚钱，赚钱，再赚钱，就是为儿子买房，减轻儿子的负担。农村的人就是干到死，也要完成这个心愿。现在的父母舍不得吃舍不得穿，也要为儿子吃方便、花方便。其实我当家也挺可怜的，一年又一年在外做苦工，能买到一套房子就为儿子买，实在买不起就自己盖。我们现在是当不了儿子的家、做不了儿子的主。但我们也怕儿子抱怨我们没本事，怕儿子有想法。毕竟人家老人给儿子买房，我们却不能尽到责任。所以以后尽量不打扰儿子，不找儿子要吃要喝。"在父母都给儿子买房的趋势下，为儿子在城市购房已内化为父母的义务，如果父母没有尽到义务，反而感觉亏欠儿子。年轻媳妇说："人家都那样，你不那样，你不就蕤（差）了，低落了。""我们队里的人都在筹备买房，都是小孩要买房，这是现在的奋斗目标，都得靠自己奔，要外出打工。"新生代农民工向城市移民已经成为一种趋势，为减轻儿子的负担，父母必须努力奔波为儿子在城市买房。在这个过程中，他们不仅不感觉这是在受儿子剥削，反而认为这是在给儿子办事，为儿子办的事越多，他们就越有满足感。可见，父母正是在为儿子办事的过程中实现了自身的价值追求，而这种内化行为也加速了新生代农民工向城市移民的进程。新生代农民工规模化地向城市移民，进一步强化了父母的义务，虽然他们面临很大的经济压力，但是只能义无反顾地为儿子而奋斗。

表 1 小组购房基本情况

序号	年龄	儿子数	购房时间	住房情况	职业	种田规模
1	68	1	／		在家务农	10 亩
2	59	2	／		帮儿子看店	0
3	52	2	2009 年	市区买房		0
4	52	2	／	租房	在外打散工	8 亩
5	49	2	／	准备购房	在家务农	30 多亩
6	47	1	2008 年	市区买房	在家种田，在市区打散工	12 亩
7	47	1	2008 年	市区买房	之前在家种田，去年在市区打短工	40 多亩
8	47	2	2008 年	市区买房	在外打短工	8 亩

续表

序号	年龄	儿子数	购房时间	住房情况	职业	种田规模
9	46	2	/	租房	打散工	0
10	45	1	2009 年	市区买房	国企上班	0
11	44	1	2008 年	市区买房	国企上班	0
12	40	1	/	租房	在外打散工	4 亩
13	38		2008 年	市区购二手房	在市区打散工	0
14	38	2	/	租房	打散工	0
15	37	1	2009 年	城镇买房	在北京打工	6 亩
16	37	1	2009 年	市区买房	打长年工	0
17	35		/	租房	下岗后在乡镇开店	0
18	33	1	/	租房	市区搞批发	0
19	32		/	租房	市区打短工	10 亩
20	30	1	/	租房	打长年工	0
21	25		/	和父母住一起	国企合同工	0

（二）彩礼和嫁妆

彩礼和嫁妆是男女婚姻缔结中的重要项目。彩礼是指男方按规矩支付给女方的金钱和实物。嫁妆是指女方按规矩陪嫁的首饰、器物和金钱。通常认为，彩礼和嫁妆是一种婚姻支付行为（吉国秀，2007）。费孝通在《江村经济》中提出彩礼不是一种经济交易行为，女方把男方的彩礼转化为嫁妆还给男方，嫁妆中还包括女方父母增添的一份相当于聘礼的财物（费孝通，2006：54）。阎云翔（2006）在下岬村进行实地考察时发现，当前农村婚姻彩礼既不是娘家支配也不是夫家支配，新房子与现金和实物财礼都归新婚夫妻支配，"彩礼不再是两个家庭之间礼节性的礼物交换或者支付手段，而是财富从上一代往下一代转移的新途径"，是已婚儿子在父母在世前继承家产的新形式。调查中发现，这是比较符合当前农村实际的。江西前门村黄姓村支书也说："男方给的彩礼，女方一般用来办陪嫁，只有极少数人才会扣彩礼，只要是要面子的人不会这样，只会贴钱，不会赚钱。对于女方来说也是如此，他们希望贴点钱，为他们小夫妻办点事。""为小夫妻办点事"很形象地说明彩礼和嫁妆是代与代之间的一种资助行为，是家庭内部财富转移的一种形式。

三 自己养老：养老新观念

农民根据多子还是独子选择分家与不分家，多子家庭一般采取渐次分家模式，即结婚一个分一个。之前独子家庭一般不分家，但是现在独子分家也逐渐多起来。农村老人主要有以下几种传统的赡养方式：一是单过，即独立居住，儿子称粮给他们；二是轮养，即老人轮流到各个儿子家中食宿；三是不分家，即和儿子儿媳妇一块住。

表2是对江西吉安白术村的罗家和永村两个自然村分家与赡养方式情况的统计。其中老人单过的比例占到65%，未分家的一般为独子，轮养方式在村里比较少，一般是行动不便的老人才轮流到儿子家吃饭。在反馈模式下，一旦分家，儿子就要开始承担赡养父母的义务，而不管老人自己是否有劳动能力。现年45岁的况谷香回忆起自己当初分家时公公向自己要赡养费的艰辛："我1987年结婚，1988年、1990年连生了两个女孩。我公公他们为了省办（满月）酒席的钱，在我怀（第一）胎九个月的时候分的家，分家一个月后我生下了小孩。他们就问我要钱（赡养费），一年500元。我当时没有现金，就用猪去抵。……我很苦，两个女儿，一个读初中，一个读高中，负担很重，可是为了免得吵架，我还是给他们钱。"

表2 老年人分家与赡养情况

单位：户

年龄	分家		未分家	总计
	单过	轮养		
60~69岁	15	0	4	19
70~79岁	4	0	1	5
80岁及以上	3	1	3	7
总计	22	1	8	31

注：表中数据是笔者2008年8月23日通过对白术村会计的结构性访谈逐户统计得出。

　　20 世纪 80~90 年代，虽然反馈模式已经在转变，代际关系逐渐失衡，有不赡养老人的现象出现，但是此时人们仍然共享"分家后儿子应该赡养老人"的共同观念。90 年代末期打工潮兴起后，出现新生代农民工向城市移民的趋势，逐渐形成一种新的赡养观念：老人应该尽自己所能养活自己，一直干到不能劳动为止，尽量不给儿子增添负担。老人有劳动能力时，儿子不需要赡养老人，如果老人叫儿子赡养，反而是不道德的无赖行为。况谷香就认为："小孩结婚后应该养大人，这是老思想。现在我的大女儿已经结婚生了两个小孩，我没有去问他们要钱。小孩自己要建房、要抚养小孩，还要买车，负担很重的。"

　　农村老人即便老了也仍然强调要劳动，并且形成了"劳动光荣，不劳动可耻"的观念。江西安义前门村的杨某，已经 60 多岁了，不过仍然自己种地生活，不靠儿子赡养。问他"年纪大了，怎么不叫儿子养？"他叫起来："（现在就叫儿子养）那叫堕落，不光彩，活在世上没脸面，太没本事了。如果老了动不了，自己养不活自己，让儿子养是可以的。我现在能动，一年下来还可以。能做不做是可耻，是无赖。人活在世上不是享福，靠自己天经地义。做不了了，养不活自己了，也就没什么活头了。60~70 岁能做不做不行，80~90 岁还可以。"笔者继续追问："有些老人不这样啊？"他很不屑地说："有些人爱享受，从来不干活的。人家都看不起，人家背后指他，社会上都这样，国家怎么办？"并且说："我能干一天是一天。为了活一个踏实，用得实在。在这里赚钱过自己的日子就可以了，不要增加他们的负担。也不可能给他们攒钱，能给当然更好。我的想法就很实在，能赚一点就赚一点，我看不起那种能干不干的人。"村里大部分人都对能干却不干活的老人看不上眼，"能做不做，活着就太没劲了"，"不能养活自己的时候，也就是活到头了"。而问他儿子，为什么他父母年纪大了还去种地？他想了一会儿说："他们要种，也许是不愿增加我们的负担。他们去下地干活，心里不空虚。能下地干活说明是好事，说明他们身体好。"事实上，老人正是抱着不给儿子增添负担的态度，才形成"自己养老"的观念。"老人不找儿子要就算好了，自力更生，自己奔一点是一点，奔不动了就不吃了。我们两个人现在还能奔，减轻儿子的负担。"他们认为"自己养活自己"是一件很光荣的事，如果无法做到，反而内心会感觉很愧疚。

四　隔代抚养：抚养新模式

在打工潮背景下，隔代家庭已经成了农村家庭结构的普遍形式。所谓隔代家庭是指隔代共同居住生活，由此隔代抚养也成为农村抚养的新模式。在笔者所调查的江西安义前门村80%的家庭都是隔代抚养，年轻夫妻到城市中务工或经商，他们在小孩出生后不久就将其留给农村的父母抚养，待小孩稍长大后，再由爷爷奶奶带到县城读书，他们很多都在安义县城购房了。这是因为年轻夫妇在外打工无法分身照顾小孩，即便爷爷奶奶愿意过去，店面只有十几平方米，也无法住，而且在城市中的消费成本较高，经济负担比较重。因此，在抚养小孩上，年轻人不得不依赖父母。而作为老人，他们考虑到儿子在外务工的实际困难，也就帮忙抚养小孩，尽量减轻年轻人的负担。长此以往，形成了隔代抚养模式，隔代抚养成了爷爷奶奶不可推卸的责任。如果老人拒绝隔代抚养，会与儿子产生矛盾，并受到村庄公共舆论的指责，"人家都带，你为什么不带？"

农村剩余劳动力往往要到年老后才考虑回到家乡。因此，隔代抚养不是短期行为，而是长期行为。笔者到前门村村主任家，杨主任正抱着小孙子，儿子和儿媳妇都外出打工了，留下小孙子在家里。他抱怨道："社会风气坏了，本来是他们的责任，现在变成我们的责任了，我们老人受气受苦，毕竟是下一代。"并且感叹道："享受了自己，害了小子，苦了老子。他们在外面赚钱，对下一代不负责任。"虽然他心里一肚子牢骚，却也无可奈何，他说："我们这里孙子孙女都是爷爷奶奶带，人家都这样带，你带不带？哎，等到我死了，（这）才算结束。"

相对于杨主任的牢骚满腹，大多数村民认为隔代抚养是父母应该做的。现年50多岁的李兴珍，她只有一个儿子。在她和丈夫在上海打工的十几年中，小孩由家里的婆婆一直带到18岁高中毕业。前几年他们才在外打工回来，而现在他的儿子也已经结婚三年了，媳妇生完小孩后，在家待了一段时间，就把小孩交给她抚养，和儿子一块出去打工了。"现在（年轻人）全部在外面，一年到头才回来一次。……小孩在外面干事业，我们肯定还要扶持一下他们。儿子成家立业了，就应该各奔前程。"

五　辅助模式的形塑

从上文中可以看出，新的代际规范在重塑亲代和子代的观念与行为，已经不能再用旧的道德观去评价他们的行为。农村代际关系的辅助模式是如何可能的？为什么会形成结婚即分家、自己养老、隔代抚养这些新的代际规范？而这些新的代际规范对中国的城市化进程又发挥着什么作用？中国传统的家庭伦理本位价值观在其中发挥着什么作用？

（一）新生代农民工的城市化

在中国城乡二元体制下，资源分配严重不均，城乡之间存在天壤之别。农民认为待在农村没有出路，跳出农门是农民普遍的愿望。在 20 世纪 90 年代中期之前，农民只能通过就学、参军等有限的几条途径跳出农门，成为人们眼中的幸运儿，进城对于大多数农民来说是可望而不可即的。从 90 年代中后期开始，第一代农民工因为务农收入有限，纷纷进城务工以贴补家用，他们仍然严重依赖农业收入，返乡是其归宿，因此这种务工行为属于兼业性质。但这也造成了家庭成员的长期分离，出现了农村留守问题。到了 2000 年前后，新生代农民工陆续进城务工。新生代农民工脱离土地，在经济收入上完全依赖于外出务工，因此他们对待农村、农业的态度完全不同于第一代农民工。他们对待土地没有感情，不会干农活，认为种田没有出息，赚不到钱。此时，外出务工的意涵已经发生变化，对于新生代农民工来说，它不再具有兼业性质，而是具有职业性质，返乡也不再是他们的归宿。他们在生活方式上逐渐城市化，越来越无法适应农村生活，但在大城市务工也非长久之计。他们将如何面对这种新的变化？

年轻人一般都是夫妻二人共同去一个城市务工，由于他们从事的是非农职业，对于他们来说移民城市是一个比较理想的选择。介于大城市与农村之间的家乡所在地的中小城市就是他们比较理想的移民城市。一是家乡所在地的中小城市的房价和消费水平相对较低，在农民的经济承受范围之内；二是中小城市能够提供大量的就业岗位，他们可以寻找到谋生途径；三是城市的教育质量比农村高，有利于子女的培养；四是离家乡较近，方便亲属之间的往来；五是具有相似的语言和风俗习惯，更易找到归属感。

新生代农民工向城市移民的进程由此开始。然而这仅凭新生代农民工一己之力很难在短期内实现，而需要通过家庭代际分工模式在城乡两个不同的空间完成人口的生产与再生产。人口再生产通过自己养老、隔代抚养由老人承担，而生产再生产则由农村最强壮的劳动力到城市打工完成。老人不被纳入城市化的进程中，他们的归宿仍然是农村，然而老人对此却发挥着重要的辅助作用。他们用自己的毕生积蓄帮儿子在城市购房，承担起代际人口再生产的成本，尽己所能减轻儿子负担。代与代之间通过家庭财产的转移、隔代抚养、自己养老等方式来实现新生代农民工向城市移民。新生代农民工的城市移民现象并不仅仅是因为他们羡慕城市人，更是他们在面临种种现实的困境中所寻找到的一条出路。

（二）家庭伦理本位的价值观

为什么农村老人自愿辅助子代向城市移民？这就要考察农民的"家"的观念。中国家庭以父子关系为主轴，父子关系一系相承，至于无穷，每一组父子关系都只构成由众多父子关系组成的大链条中的一环：在横向上可以不断扩展至家族、宗族乃至氏族；在纵向上，上可追溯到已经死去的祖先，下可以延伸到未出世的子孙（郭星华、汪永涛，2012）。家是个具有延续性的事业社群，农民具有强烈的"香火"观念，家族的延续性对农民来说具有宗教作用（费孝通，1998；梁漱溟，2005；林耀华，1998；杨懋春，2001；弗里德曼，2000；许烺光，2001）。

延续香火、传宗接代构成了农民的意义世界，他们的人生都是围绕家庭而转，为了一家的前途而共同努力，父母的人生幸福感建立在子女幸福的基础上。前门村的杨亚义用很朴实的语言表达了这个观念："儿子生活好，自己就幸福，儿子生活不好，自己也不幸福。很牵挂儿子，天下父母心，儿子牵挂父母的少……赚钱、买房买车都是为了儿子，为了给他们铺好路。为他攒钱，为他奔波，为他添砖加瓦，儿子生活好了，做父母的也就生活好了。……有钱的人可以同时为了儿子和自己考虑，要是没钱，首先考虑的还是孩子。房子、车子、票子、儿子，这是人生的追求，都有了，才是幸福美满，缺少一样都睡不着的。得奔波，车子我现在想都不敢想，有房子才有家，活着就是围着家转。"山头村已经69岁的张医生也说："中国人都是为了下一代，不会想到自己过得舒服点，老人图回报的几乎没的，多为子女，为孙子着想，如果儿子没娶上媳妇，老人过得再好，别人也会说他不成事。如果为儿子累得瘦干，别人会说这个人可以。给子女做贡献，值得。……老人都不求回报，中国人都这个思想，不提自己的事，不顾小孩，只顾自己叫'不成事'，这是对他最大的蔑视。……我们老一代思想是，我们自己受苦、受累，为子女多做贡献。"

在父系父权制家庭的嗣续制度下，中国人最初和最终的责任是对祖先和后代尽心尽力（许烺光，1990：53）。整个亲属关系内的各种关系都是为了延续家族的父系（许烺光，2001：94）。"家"是不可分割的概念，家产是属于家的，而不是属于个人的。在父系家庭中，儿子天然具有继承家庭财产的权利，子代是通过明确亲代的义务来主张其财产权利。父母将把家业留给儿子视为自己的责任，如果没有尽到责任则会对儿子感到愧疚。从这也就很好理解农民用毕生积蓄给儿子在城市购房的行为。

从表面上来看，代际的关系是失衡的。然而代际关系的辅助模式就如同西方的接力模式，它是乙代取于甲代，而还于丙代，通过单向的代际无限传递关系而达到均衡。它在形式上类似于西方接力模式的单向传递性，却是以父系家庭的男性嗣续制为原则，在亲代完成义务的过程中，既实现了家族的男性嗣续，也实现了个体的人生意义。而且在父系家庭的男性嗣续制原则下，农民有着长远的预期，可以确保亲代的单向传递行为一直延续下去。

由此可见，农村代际关系的辅助模式是新生代农民工的城市化和传统的家庭伦理本位价值观相互作用而共同形塑的。新生代农民工向城市移民是解决当前他们所面临的困境的一条出路，具有必然性。而中国传统的家庭伦理，使父母在子代城市化的进程中发挥着重要的辅助作用，并形成了代际关系的新规范，亲代也正是在这个过程中实现自己的人生意义和价值追求。

六　结语

在国家以及现代化因素对家庭的改造下，中国家庭呈现自由、平等的现代家庭特质，如一夫一妻制、核心家庭、浪漫爱情等，而中国现代性的展开也正是基于现代家庭的特质（吴飞，2009；阎云翔，2006：261）。在城市化的进程中，农村家庭呈现现代西方家庭的核心化、空巢城市化进程中农村代际关系的变迁化等特征，但并没有由此转变为西方式的家庭，代际关系也没有转变为西方式的接力模式，而是演变为辅助模式。亲代对子代的责任和义务不仅没有减弱反而加强了。中国家庭一方面呈现自由、平等的现代家庭特征，另一方面又不断融合传统的家庭伦理本位价值观。在两者的相互作用下，代际责任与义务也随之发生变化。通过代际关系的调整以及代际新规范的形塑，人口和生产的再生产得以在城市和农村两个不同的空间完成，这最大限度地降低了城市化的成本与风险，也构成了中国城市化进程的独特性。

参考文献

陈柏峰，2009，《代际关系变动与老年人自杀——对湖北京山农民自杀的实证研究》，《社会学研究》第 4 期。

陈月新、袁冰心，1999，《人口老龄化过程中家庭代际关系的变化》，《南方人口》第 3 期。

费孝通，1983，《家庭结构变动中的老年赡养问题——再论中国家庭结构的变动》，《北京大学学报》（哲学社会科学版）第 3 期。

费孝通，1998，《乡土中国 生育制度》，北京大学出版社。

费孝通，2006，《江村经济——中国农民的生活》，商务印书馆。

弗里德曼，2000，《中国东南的宗族组织》，刘晓春译，上海人民出版社。

桂华、余练，2010，《婚姻市场要价：理解农村婚姻交换现象的一个框架》，《青年研究》第 3 期。

郭星华、汪永涛，2012，《农民行动逻辑的演变》，《黑龙江社会科学》第 4 期。

郭于华，2008，《代际关系中的公平逻辑及其变迁——对河北农村养老事件的分析》，载《家庭与性别评论》第 1 辑，社会科学文献出版社。

贺雪峰，2008，《农村家庭代际关系的变动及其影响》，《江海学刊》第 4 期。

吉国秀，2007，《婚姻支付变迁与姻亲秩序谋划——辽东 Q 镇的个案研究》，《社会学研究》第 1 期。

金一虹，2010，《流动的父权：流动农民家庭的变迁》，《中国社会科学》第 4 期。

梁漱溟，2005，《中国文化要义》，上海世纪出版集团。

林耀华，1989，《金翼——中国家庭制度的社会学研究》，生活·读书·新知三联书店。

刘立国，2004，《农村家庭养老中的代际交换分析及其对父代生活质量的影响》，《南方人口》第 2 期。

麻国庆，2007，《分家：分中有继也有合——分家制度研究》，载《中国家庭研究》（第一卷），上海社会科学院出版社。

唐灿、马春华、石金群，2009，《女儿赡养的伦理与公平——浙东农村家庭代际关系的性别考察》，《社会学研究》第 6 期。

田先红，2009，《碰撞与徘徊：打工潮背景下农村青年婚姻流动的变迁》，《青年研究》第 2 期。

王春光，2001，《新生代农村流动人口的社会认同与城乡融合关系》，《社会学研究》第 3 期。

王跃生，2010，《婚事操办中的代际关系：家庭财产积累与转移——冀东农村的考察》，《中国农村观察》第 3 期。

王跃生，2011，《中国家庭代际关系内容及其时期差异——历史与现实相结合的考察》，《中国社会科学院研究生院学报》第 3 期。

吴飞，2009，《家庭伦理与自由秩序》，《文化纵横》第 4 期。

许烺光，1990，《宗族·种姓·俱乐部》，薛刚译，华夏出版社。

许烺光，2001，《祖荫下——中国乡村的亲属、人格与社会流动》，台北南天书局。

阎云翔，2006，《私人生活的变革：一个中国村庄里的爱情、家庭与亲密关系（1949—1999）》，龚晓夏译，上海书店出版社。

杨懋春，2001，《一个中国村庄：山东台头》，江苏人民出版社。

张开敏，1992，《论代际关系》，《南方人口》第 3 期。

家庭与性别评论（第 8 辑）
第 185～196 页
© SSAP，2017

义务教育阶段提高流动儿童学业成绩所面临的障碍[*]

张 绘[**]

摘 要 本研究采用质性研究方法构建了一个四维的研究框架，分析流动儿童在义务教育阶段提高学业成绩所面临的制度障碍、社会经济障碍、文化障碍和心理障碍，采用详细的案例材料更全面、清晰地描述流动儿童学业成绩面临困难的状况。针对流动儿童学业成绩面临的教育障碍，提出了改善其教育状况的政策建议。

关键词 流动儿童 制度障碍 社会经济障碍 文化障碍 心理障碍

义务教育阶段儿童的学业成绩是儿童升学的重要考核指标，因此学生、家长和研究者对其非常关注，有大量的文献用理论分析和实证研究两种方法考察学习成绩的主要影响因素。本研究采用质性研究方法构建了流动儿童学业成绩障碍的四维分析框架，这些教育障碍体现在学生的个体特征、家庭特征和学校特征中。

Henan Chen（2010）分析了我国云南省昆明市流动儿童的调研样本，从流动儿童家庭生活、自我意识、学习障碍和人际关系四个维度构建了质性研究的分析框架，并且对少数民族流动儿童和非少数民族流动儿童分别做了研究，是一篇全面反映流动儿童学习障碍的文献。本研究借鉴了这篇

---

* 本文原载于《中国流动儿童教育发展报告（2016）》，社会科学文献出版社。

** 张绘，教育经济与管理专业博士，中国财政科学研究院教科文研究中心副研究员。

文献的分析步骤和研究工具，采取质性研究，与以往研究结果相比，能更全面、清晰地描述流动儿童学业表现面临困难的状况。

一　研究方法

　　研究者从 2013 年 12 月到 2014 年 8 月完成了本研究质性研究材料的收集。材料收集由研究者独自参与整个调研过程完成，共调研了 6 所学校。以个体访谈、关注群体小组讨论和班级行为观察等方式获得了以下调研对象的信息，其中学校校长（包括分校区校长）7 位、教师 18 人、学生 18 人、家长 9 人，此外还访谈了 2 位中国流动儿童教育研究的专家，1 位教育管理者，总计 55 人。① 其中昌平区调查的打工子弟学校为 ZX 学校、PY 学校、DFH 学校，石景山区为 HA 学校。这四所打工子弟学校中 DFH 是有办学许可证的打工子弟学校。两所公办学校分别是海淀区的 LQ 小学、东城区的 YLW 中学（分为初中和高中部，初中部有一半的学生是流动儿童且没有北京户口，高中部几乎没有流动儿童）。访谈的地点有时在学校的会客室，有时在老师的办公室，有时在流动儿童家里。个体访谈结束后还对被访谈对象进行一段时间的连续电话询问、工作和学习场景观察。现场观察的班级数为 8 个，观察人数为 11 人。在调查中组织了多次专题小组讨论，包括 3 次教师、2 次学生和 2 次学生家长的讨论。专题小组讨论相对于单独访谈，访谈者感觉会相对轻松，能够放开讨论很多问题。在后续随访调研中，研究者和访谈人员与现场的一些学生和学生家长进行了交谈，从中了解到一些最新信息。

表 1　质性研究访谈学校文中代码说明和访谈人数统计

单位：个，人

学校代码	学校基本信息（按校区统计）			参与调研的人数		观察的班级数和人数
	大概入学人数	学校性质	所在区	个人访谈	小组讨论	
PY	幼儿园、小学、初中总计 700 人	无办学许可的打工子弟学校	昌平区	校长 1 人、教师 3 人、学生 2 人、家长 2 人	教师小组讨论 1 次 4 人；家长讨论 1 次 3 人	观察班级 2 个观察人数 2 人

---

　　①　根据研究者与被访谈对象在访谈之前的协议，所有访谈学校的名称、访谈个人的姓名都将用代码显示。

续表

学校代码	学校基本信息（按校区统计）			参与调研的人数		观察的班级数和人数
	大概入学人数	学校性质	所在区	个人访谈	小组讨论	
ZX	幼儿园、小学、初中总计600人	无办学许可的打工子弟学校	昌平区	校长1人、教师2人、学生2人	学生小组讨论1次5人	观察班级1个观察人数2人
HA	小学、初中560人	无办学许可的打工子弟学校	石景山区	校长1人、教师2人、学生1人	—	观察班级1个观察人数1人
DFH	小学、初中总计550人	有办学许可的打工子弟学校	昌平区	校长2人、教师2人、学生2人、学生家长2人	教师小组讨论1次4人；学生家长讨论1次3人	观察班级2个观察人数2人
YLW	初中部350人	非重点公立学校	东城区	校长1人、教师2人、学生2人、学生家长3人	学生小组讨论1次6人	观察班级1个观察人数2人
LQ	小学、初中600人	非重点公立学校	海淀区	校长1人、教师2人、学生2人	教师小组讨论1次4人	观察班级1个观察人数2人

二 研究发现

本研究质性研究部分将考察流动儿童家庭面临的问题，包括家庭经济状况困难、父母与流动儿童沟通少、当地人的偏见和歧视等现象对流动儿童在学校的学业成绩方面产生的影响，进一步分析流动儿童自身是否无意识地给自己在获得高学业成绩上制造了不必要的障碍。

（一）流动儿童教育面临的制度障碍

1. 没有户口

流动儿童在学校读书期间由于没有北京户口，除了不能接种免费的疫苗外，其余的教育教学活动只要流动儿童家庭能够支持其参与的，多数和本地孩子一样。流动儿童没有户口造成的障碍主要还是没有办法在当地参加升学考试。公立学校的一位老师描述道："重点校不愿意培养这些孩子

（流动儿童），害怕以后这些孩子为了回家参加中考而走掉，把他们培养出来反而流失掉。我们这所学校也面临这样的问题，学习成绩好的孩子（流动儿童）在初二、初三就需要转学回去参加户籍所在地的中考。"（公立 YLW 教师 BZD）

表 2 流动儿童教育障碍质性研究分析框架

流动儿童面临的障碍		流动儿童面临的障碍	
制度障碍	没有户口 当地居民的歧视 公立学校的入学障碍 打工子弟学校办学设施较差 打工子弟学校教师不足 打工子弟学校班级规模较大	文化障碍	存在方言障碍 学习基础较差 打工子弟学校师资水平偏低，课程设置存在缺陷 家长没有能力辅导孩子的学习 家长缺少对子女的教育意识 家长有害的教养方式（家暴）
社会经济障碍	家庭收入低，社会地位低 家庭高度流动 父母受教育水平低 兄弟姐妹较多，生活压力大 家庭和社区生活环境较差 家庭缺少教育资源 健康状况较差 缺少早期幼儿教育 缺少参与课外辅导和活动课程 在学期间成为"童工"	心理障碍	由于没有户口家庭社会经济地位低而缺乏自信 缺少父母参与到整个教育过程中，与父母沟通交流少 长期与一些重要的亲人隔离 在公立学校受到的歧视，使其变得敏感、自闭 教育期望低

注：由于篇幅限制，下文中所描述的教育障碍，只选取了一些比较有代表性的方面，并且其他一些教育障碍在所举的案例中也有涉及，因此不再单独分析。

由于担心培养的流动儿童要回去参加中考而流失掉，很多公立学校的教师并不愿意花精力培养这些孩子。这种情况在小学和初中都存在，只是初中阶段更加突出。流动儿童离开流入地参加中考将导致教育财政外溢，如果没有政绩的考核，地方政府担心"洼地效应"，怕有更多流动儿童涌入后造成更大的财政困难，而不愿意对其进行财政支持，这也是在公立学校就读的流动儿童学习成绩一般位于中下等水平的原因。

2. 公立学校的入学障碍

在北京，流动儿童要想进入公立学校学习要办齐"五证"，即北京暂住证、在北京实际居住证明、务工证明、户籍所在乡镇政府出具的当地没有监护条件的证明、全家户口簿，多年以来公办学校接收流动儿童的准入条件一直没有松动。近年来公办学校接收流动儿童的能力没有增加，反而下降，以北京市流动儿童最为集中的朝阳区来看，小学数量在逐渐减少，学校数量的减少必然带来接收学生规模的下降。近年来北京市教育控人政策愈演愈烈，流动儿童想要到公立学校就读面临更为严峻的形势。

流动儿童家庭在北京主要的择校形式为"以钱择校"。北京地区"择校"现象的存在已经是不成文的学生入学"潜规则"。虽然政府和教育相关部门出台各种规定禁止义务教育阶段的"择校费""赞助费"，但是这个情况并没有完全杜绝。

家庭条件比较好，但是学习成绩仍然不理想的流动儿童在公立学校相对多一些。能够去公立学校就读的流动儿童，很多家长（大约80%）缴纳了"择校费"——学校巧立名目为"捐赠费"。多数流动儿童家长都希望学校不收赞助费，简化办入学证明的手续，希望流动儿童能够享受与城市儿童同等的教育机会。

3. 打工子弟学校设施、教师和班级规模等问题

一方面，调研发现，除了流动儿童本身的学习基础较差外，许多打工子弟学校连最基本的化学、物理实验器材都没有，很多打工子弟学校所用的教材也和公立学校存在差异。另一方面，打工子弟学校较差的学校设施以及教师不足、班级规模过大等问题，无疑也会影响到在这些条件较差学校就读儿童的学习状况。打工子弟学校的教师工资待遇低，教师质量较差且流动性很大，是对流动儿童学习非常大的危害。

（二）流动儿童教育面临的社会经济障碍

1. 流动儿童家庭状况较差

下面是两位公立学校教师对流动儿童学习状况的描述。从描述中我们可以对前面提及的包括家庭生活压力大、父母经济社会地位低、家庭教育资源少、家庭收入低、较差的家庭生活和居住环境等信息有一个更加直观的认识。

外地学生学习好的很多都是靠自己。家长很着急孩子的学习但是很无奈。家长着急就打小孩。这些孩子的父母打工做苦力的比较多，家里一般有两个左右的小孩，家长也管不过来。（公立 YLW 教师 ZLS）

外地来的家庭家长没办法督促孩子的学习。父母工作很忙，管孩子只在孩子犯错时。家长无能为力，流动儿童学习能力不强。家庭教育的重要性和学校教育的重要性一样，甚至家庭教育更加重要一些，需要家庭教育来配合学校教育。（公立 LQ 教师 WLS）

在调研的过程中，也有女学生表示父母更疼爱弟弟，更加愿意把钱花在男孩身上。如果是多子女家庭，父母更倾向于将男童带到城市里求学，这使得来到城市求学的女童更加珍惜学习机会也更加自律，许多女童的学习成绩要好于男童，但是很多女童初中毕业就被父母早早嫁掉。这说明流动儿童家庭受传统"重男轻女"思想的影响，流动女童面临更大的失学风险。

2. 流动儿童健康状况较差

流动儿童的健康状况包括生理和心理健康。调研发现，由于家庭收入低、生活压力大、生活环境差、缺少父母的关怀，流动儿童和本地儿童相比更容易产生健康问题，比如慢性病和营养不良。

在打工子弟学校 PY，一位老师描述了他们学校学生营养不良的问题："你会发现我们学校的学生相对会显得比较瘦弱，平均身高也会矮一些。我们的体育活动和课程很少，学校也没有专门的体育老师，校长担心让孩子做太多体育运动万一出了什么事情，学生家长会找学校算账。"（无证打工子弟学校 PY 教师 MLS）

健康状况较差直接对流动儿童的学业成绩产生不良的影响。一些孩子患有贫血或肠胃炎，有些儿童常常不吃早餐就到学校学习。这是这些学生在学校学业成绩差的一个重要原因。一位同学讲述了他由于身体状况不佳影响考试发挥的问题。"我有贫血，所以我常常觉得头晕和吃力，有一次数学考试，我发现自己头晕所以我没法集中注意力。"（有证打工子弟学校 DFH 学生 WXD）

流动儿童在心理上更容易出现过度焦虑、上课注意力不集中的问题，有些还会出现难以和同学及老师交往、强迫症、暴力行为。一位打工子弟学校的校长指出："由于这些孩子的父母不知道如何教育孩子，常常采取暴力等简单粗暴的方式，这些学生可能从他们的父母那里学到了一些暴力行为，学生之间时常打架斗殴。"（PY 校长 WXZ）

3. 流动儿童缺乏儿童早期教育

儿童早期教育是指一个儿童学习阶段的前五年时间，是一个非常重要的身心成长、知识和社会关系发展时期。在世界范围内，普遍承认一个良好的儿童早期教育对儿童基础知识的掌握和今后的成功有非常重要的影响。根据大量校长和教师对此的描述，缺乏早期教育对流动儿童学业成绩主要产生了两个方面的负面影响：首先，容易造成流动儿童不良的学习习惯；其次，缺乏基础知识和认知技能。

访谈中多数教师认为不良的学习习惯是导致流动儿童在学校表现较差的一个非常重要的原因。而这些习惯是在儿童早期教育中形成的，在儿童长大后很难纠正。与城市孩子不同，流动儿童在学校遇到的学业问题很大一部分是因为没有养成好的学习习惯。一位公立学校的教师描述了流动儿童缺乏早期儿童教育对教师教学和学生自身造成的影响："与本地孩子相比，许多流动儿童没有机会接受良好的早期儿童教育。由于没有接受幼儿教育，这些孩子一开始在学校没办法适应。同时，他们没有养成好的学习习惯，不守纪律也缺乏自制力。这让我们疲于应对。"（公立 LQ 教师小组讨论）

另一位老师描述了由于缺乏早期儿童教育，流动儿童的知识和认知存在缺陷："你能容易地发现流动儿童和本地儿童的区别。当第一天让大家互相做自我介绍时，当地孩子能够非常清楚地告诉我们他的个人信息和父母的信息还有个人的特长爱好等，但是流动儿童常常不知道应该怎样组织语言。我认为是早期儿童教育导致流动儿童和本地孩子出现教育差别，流动儿童从一开始就输在了起跑线上。"（公立 LQ 教师小组讨论）

4. 缺乏参与课外课程和实践活动的机会

学校组织的一些课外课程和实践活动不仅能够促进儿童的身心健康发展，而且有利于增强儿童的凝聚力和促进同学关系。这些课程和活动对那些在学业成绩上表现不良的孩子无疑是证明他们其他方面能力的一个机会，因此有利于树立他们的自信心。

由于打工子弟学校办学条件的限制、贫困的家庭状况和缺少父母对教育的支持，多数流动儿童缺少参加课外课程和实践活动的机会。多数打工子弟学校没有合格的教师和良好的教学设施。音乐、美术和体育课程在这些学校的开设非常困难，更别提课外实践和一些才艺类的课程了。孩子们非常羡慕在公立学校的孩子能够参加这些课程和活动。

公立学校由于良好的设施和充足的资金能够为学生提供包括夏令营、表演秀、舞蹈和文艺晚会、足球和篮球比赛等活动。公立学校 YLW 中学的校长告诉笔者："提供这种课外活动和课程对于流动儿童是非常重要的，参加足球比赛和表演能够帮助他们建立友谊，并且树立自信，从而有利于提高他们的学业成绩。"

根据公立学校的校长和教师的描述，多数流动儿童父母还是比较赞赏学校的做法的，但是也有一些父母认识不到这方面的重要性。公立学校 LQ 的一位班主任告诉笔者："学校要组织一个篮球或足球队常常会遇到困难，除非学校支付包括运动服和器具在内的所有费用。"另一位老师告诉笔者："我班里有个学生获得了参加全国绘画比赛的机会，但是他父母刚开始不愿意出 80 元的参赛费，后来我们说服了他父母，才让他能够去比赛。"打工子弟学校 HA 的一位老师向笔者抱怨说："一些父母的态度是非常有问题的，他们愿意花更多的钱在打麻将上，却不愿意给孩子 10 元钱去参加春游。"

5. 上学期间成为"童工"

调研对"童工"采用的定义是 UNICEF 的定义，即年龄在 12 岁以下的儿童，每周从事超过 1 小时的生意，或者超过 28 小时的家务劳动。因为对于一定年龄段的儿童从事生意，或者一定数量的家务肯定会花费他们大量本该用于学习知识的时间。

流动儿童从事一些比较简单的生意或家务的情况较为普遍。与以往研究结论一致，本研究发现在贫困流动人口家庭中的女童更容易参加包括洗碗、打扫家庭卫生和照顾弟弟妹妹等家务，在家女童有更多的机会参与包括阅读、听广播等学习活动，而男童更容易帮着父母从事一些生意。在对 ZX 学校的调研中一个 15 岁来自安徽省的流动男童 XD 描述了他一天的活动：

> 在周末时，我常常去早市，从早上 8：00 工作到下午 2：00 左右。顾客不是特别多时，一般在下午 2：00~5：00，我会回家做家庭作业。平时和周末晚上放学回家后，从晚上 8：00 开始我会帮父母和大哥收拾一下卖剩下的鱼和第二天要去卖的鱼，帮清点一下一天卖了多少钱，记账。有时候还需要早起帮忙去运鱼。

XD 的班主任老师 MLS 告诉笔者，她知道 XD 每天要花很多时间帮家里卖鱼，"班里的同学也不喜欢他身上的味道，不愿意和他同桌"。虽然 XD 告诉笔者，他帮父母干活不会影响他的学习，但是 MLS 称："他本可以获得更高的成绩，但是他花了很多时间在家里的生意上。"这样的孩子在打工子弟学校的初二、初三年级里比较普遍，特别是男孩，需要帮家里做一些生意的情况较多，这既会影响他们的学业成绩，也会对初中后的教育选择产生一定的影响。

（三） 流动儿童教育面临的文化障碍

1. 家长没有辅导子女的能力且缺乏教育意识

流动儿童父母受教育水平较低，流动儿童缺少"具体的"文化资本。一方面，家长没有能力辅导孩子；另一方面，家长不知道该如何教育和培养孩子，一些有才华的孩子毁在了无知的父母手里。

> 这些家长（流动儿童父母）不会去辅导孩子，一些家长只有小学文化或者根本就没读过什么书。
>
> 虽然我们是打工子弟学校，但是学校里有些孩子特别棒，学习、绘画、唱歌、跳舞都很好，但是家长不知道孩子有这方面的才华，更不知道怎么去培养他。（打工子弟学校 PY 教师小组讨论会）

2. 家庭暴力时有发生

父母的教养方式对流动儿童教育也有非常重要的影响。在流动儿童家庭里暴力时有发生，老师、学校校长和流动儿童都常常描述一些家长对孩子的辱骂、拳打脚踢等身体语言上的伤害。虽然在中国，家长对孩子的体罚很常见，但是调研中了解的一些情况大大超乎我们的想象。"家长对待孩子，常常表现得非常极端，要么是非常溺爱孩子，要么是对孩子拳打脚踢。有一次我们班一个孩子和同学打架，我请他的家长到学校来，他父亲一来就死命地打孩子，后来都打出血来了。我们连家长会都不敢找这个孩子的家长。"（有证打工子弟学校 DFH 教师 MLS）

此外，流动儿童还存在方言障碍和英语基础较差等语言障碍。在北京这样的大都市，普通话和英语是非常重要的文化沟通工具，流动儿童语言和学习基础的缺陷也是其文化障碍的另一种体现。

（四）流动儿童教育面临的心理障碍

1. 缺少父母参与到整个教育过程中，与父母沟通交流少

在前面的一些分析中已经涉及流动儿童与父母及亲人缺乏交流，父母很少能参与到孩子的教育中，并且在调研中很多流动儿童不能很清楚地说出父母对其学习有什么要求，或者有什么期望，因此他们在学习中也非常迷茫，没有清晰的方向。"外地孩子相对来说学习自制能力更差，他们一般比较内向，缺乏自信，对自己的归属和未来没有目标。"（无证打工子弟学校 ZX 教师 H）

2. 在公立学校受到的歧视，使其变得敏感和自闭

在无证打工子弟学校 PY，一位老师描述了一个她所教的学习成绩非常好的流动儿童转学到一所公立学校后的经历："她刚去的时候还好，半年后我有一次在路上碰到她，发现她低着头很不开心，看到我后跑过来抱着我说想回我们学校。她告诉我一开始班上同学都不知道她是外地人，但是同学们知道她是外地人后都不和她一起玩，她非常难受。"（无证打工子弟学校 HA 教师 LLS）

在调研中许多老师提及，在管理和教育流动儿童上需要比城市孩子花费更多的精力和时间，效果却不理想。有一位老师这么描述："多数外地孩子学习习惯不好，学习基础较差，而且在课堂上自制力比较差。下来还需要给他们额外补课，本地孩子有些问题讲一次就清楚了，外地孩子告诉他很多次都不明白。"（公立学校 LQ 教师 DLS）由于这些问题是流动儿童的通病，因此教师们很明白，短期内提高这些孩子的成绩是不可能的，还不如多花点时间培养本地基础好的孩子，这样对学校的发展更有利。流动儿童在班级中的学业成绩一般比较靠后，这是本地孩子不愿和流动儿童交往的一个重要原因。

三 研究结论和政策建议

本研究从流动儿童面临的制度障碍、社会经济障碍、文化障碍和心理障碍四个方面进行了剖析。相对于男童，虽然女童成绩相对较好，但是父母对女童的教育投入明显不足。由于打工子弟学校的办学条件较差，课程设置不齐全，在这类学校学习的儿童缺乏参与学校组织课外课程和实践活动的机会。研究还发现，流动儿童存在自卑、自闭心理，学习基础差，转学频繁导致很多课程跟不上，流动儿童缺乏早期教育，家长没有辅导子女的能力且缺乏教育意识，父母的教养方式存在问题，流动儿童存在方言障碍，缺少父母参与到教育过程中。这些都是导致流动儿童学业成绩较差的原因。

提高流动儿童的学业成绩最关键还是要从制度上改善流动儿童的教育状况，逐步使流动儿童在城市中有一个更加公平、公正的社会地位。中央和省级政府应该通过财政激励，引导地方政府加大对公立学校接收流动儿童的鼓励政策，建立对主要接收流动儿童公立学校的激励机制。比如，将教师工资或管理者薪资与增加接收流动儿童的比例挂钩，加大对主要接收流动儿童公立学校的地方财政资金投入，提高改善流动儿童教育在政府政绩评价中的比重。省级和地方政府应该出资创办有特色的流动儿童学校，规范打工子弟学校的办学行为，改造薄弱打工子弟学校。

为了缓解地区教育差异和因流动儿童普通话和英语语言环境缺乏所产生的学业困难，学校应该有针对性地对其提供一些学业上的辅导，帮助流动儿童跟上班里的学生，并且对流动儿童开展一些积极的心理辅导，帮助其树立自尊和自信。

学校应该加强同流动儿童家长的联系，使家长充分认识到子女教育的重要性，并对家长的家庭教育观念和方法进行必要的指导，使其认识到家庭教育对孩子所产生的重要影响。政府可以开设一些成人教育课程，建立家长学校，帮助家长树立正确的子女教育意识，使其在子女教育投入上更加理性，避免家庭教育投资性别歧视现象进一步发生。

调研还发现打工子弟学校的教师工资很低，教师流动性较高。建议教育相关部门加大对打工子弟学校教师的培训力度，同时提高教师工资和福利，吸引高水平教师前来任教。

最后，流入地政府要对大城市人口发展有一个前瞻性预判，不要用行政手段人为制造流动儿童的入学障碍，阻碍城市发展所需的劳动力资源，致使流动儿童成为一种社会不安定的因素。

参考文献

Henan Chen（2010）. Education Barriers for Migrant Children in China：A Mixed-Methods Analysis Focused on Ethnic Minorities. Doctoral Dissertation of Teachers College Columbia University.

第三编
流动人口家庭化的政策应对

家庭与性别评论（第8辑）

第 199~219 页

© SSAP，2017

就近城镇化与就地城镇化[*]

李　强　陈振华　张　莹^{**}

摘　要　改革开放以来东部沿海地区的快速发展形成了"异地城镇化"和人口向特大城市集聚的特点，导致"农民工"和"留守现象"等一系列问题。应该依托地级市和县级城镇，促进人口集聚，并鼓励有条件的小城镇和村庄就地改造，探索就近就地城镇化模式。这一方面可以降低城镇化的制度障碍和成本，促进区域均衡发展；另一方面有利于农业和乡村可持续发展。同时，就近就地城镇化也符合当前农民工的城镇化意愿。对于中国这样一个幅员辽阔的大国，就近就地城镇化符合城镇化人口流动规律，具有重要的意义。

关键词　就近城镇化　就地城镇化　异地城镇化　新型城镇化　人的城镇化

一　就近城镇化与就地城镇化的提出

关于中国的城镇化模式，历来有大城市论、中等城市论、小城镇论和

---

*　本文系"清华大学公共管理学院产业发展与环境治理研究中心"基金研究项目部分研究成果。本文原载于《广东社会科学》2015 年第 1 期。

**　李强，清华大学社会学系教授；陈振华，清华大学社会学系博士研究生，北京清华同衡规划设计研究院战略所高级工程师；张莹，北京清华同衡规划设计研究院城乡社会经济所研究员。

多元模式论等不同的争论，其区分更多着眼于城市的规模。主张大城市发展论的观点认为大城市资源集中，效率高，而小城镇过于分散，基础设施和公共服务效率低；主张小城镇发展论的观点则认为小城镇具有拦阻和蓄积人口流动的作用，是防止人口向大城市过度集中的"蓄水池"（费孝通，1984），以及连接城乡，具有"离土不离乡，进厂不进城"的优点，有利于实现就近、就地转移（赵新平、周一星，2002）；中等城市发展论则认为强调大城市和小城镇的观点各有偏颇，主张采取中庸道路。20 世纪 90 年代中期以后，前一阶段粗放型小城镇发展的问题逐渐暴露，农村产业发展动力不足，小城镇生活条件差，公共服务落后。以发展小城镇为主的理论开始强调促进小城镇发展应适度集中，以发展县城或县域中心城镇为主（辜胜阻、李永周，2000）。

在国家政策层面，从改革开放初期到 90 年代的"八五"规划和"九五"规划时期，我国一直强调"严格控制大城市"的方针。这一个时期内，伴随着乡镇企业的快速增长，小城镇发展迅速。2000 年以后，提出"多样性城镇化道路"的方针，不再提"控制大城市规模"，改为"完善区域性中心城市功能，发挥大城市的辐射带动作用，防止盲目扩大城市规模"。而到 2006 年以后提出，应把"城镇群作为推进城镇化的主体形态"。在不同时期，围绕城市规模和布局的政策也有所调整。

随着东部沿海地区的快速工业化和城镇化，学术界开始从迁徙距离的角度注意到就近和就地城镇化的现象。一些学者研究发现，在中国东南沿海部分城镇化发达地区，乡村人口并未大规模向城镇迁移而是实现了就近和就地城镇化（Zhu，2004）。Friedmann（2005）认为这种现象是中国自 20 世纪 80 年代以来最不寻常的转变过程之一，一些学者还视其为当今城乡界限淡化条件下人类聚落系统发生重大改变的证据之一（Champion and Hugo，2004；Hugo，2006）。联合国人口基金的《2007 世界人口状况报告》甚至专门以案例的形式报道了关于泉州市就近就地城镇化现象的初步研究（Zhu and Qi，2007）。由此，部分学者提出，就近和就地城镇化是中国城镇化进程中有别于异地城镇化的一种独具特色的道路（辜胜阻、易善策、李华，2009）。董宏林等认为，政府要依据农民的意愿、生存发展能力和经济实力，引导他们及其供养的农村人口，就近循序迁入县级市及县城、建制镇、乡集镇及中心村就业、定居，从而减少农村人口，让农民享受改革的成果（董宏林、刘刚、黄亚玲，2007）。很多学者强调了县域经济带动对农村和农民实现就近和就地城镇化的重要性（辜胜阻、刘传江、钟水映，1998；蔡荣、虢佳花、祁春节，2007；张建华、洪银兴，2007）。更多学者从空间与内涵双重视角进行概念界定，认为就近就地城镇化是指农村人口从过去向大城市、中心城市迁移转变到向其户籍所在地的小城镇（包括中心镇、乡政府所在集镇和一般集镇）迁移，这有利于实现人口的"就近城市化"，以及农民职业非农化、生活方式城市化和思想观念现代化（潘海生、曹小锋，2010）。也有学者将城市近郊农村城镇化定义为"就近城市化"，如谭炳才认为，"就近城市化就是以原区域内的中、小城市为核心，按一定的人口容纳规模，把城郊的农村地区纳入城市总体规划，拉大城市骨架，就地建设中心城市的过程"（谭炳才，2004）。

在就近就地城镇化的微观机制方面，部分学者研究了东部沿海地区就地城镇化的影响因素，提出发达地区乡村的拉力（就业机会、收入水平、社会保障与乡土情结）的作用强度要远高于大中城市（就业机会与收入水平、居住环境、子女教育等）（祁新华等，2012）。也有学者研究了近年来的资产置换和股份模式，即农民通过宅基地的置换，进入重新规划的"城镇化功能型社区"集中居住；通过土地的股权置换，进入新的农业工厂、工业园区、城镇化之后的服务业工作（张向东，2010）。

总的来看，现有研究对农村人口就近就地实现城镇化的现象、动力和问题进行了一定的研究，但是在具体内涵和空间指向上存在一定的差异，大多偏向于小城镇的发展和建设，当然也有不少观点同时强调了县城和县域经济。此外，对于就近就地城镇化的意义更多依据东部沿海发达地区的现实经验，缺乏从中国城镇化整体战略角度的思考。在就近就地城镇化的微观机制方面的研究以总结现有模式为主，缺乏对农民流动意愿、制度设计和引导政策方面的研究。

就近就地城镇化的特别意义在于有利于解决中国城镇化面临的一系列问题，包括降低城镇化的制度障碍，促进城镇化的合理布局与保障中国农业、乡村的可持续发展。同时对就近城镇化和就地城镇化进行了区分："就近城镇化"是指原农村人口不是远距离迁徙，而是近距离迁移到家乡附近的市镇，主要界定为以地级市和县级城镇为核心的城镇化，"就近"主要是相对于跨省和跨地级市的长距离流动而言。从中国的地理特点来看，地级市和县级行政单位，不仅在地域文化上具有相似性，同时随着交通机动化的发展而进入通勤距离范围以内，非常有利于城乡流动和一体发展。而"就地城镇化"则更突出了农村的就地改造，即农民并没有迁移到其他地方，而是在世世代代居住的乡村地区，完成了向城镇化、现代化的转型。

二 就近就地城镇化与城镇化健康发展

就近就地城镇化的提出，首要的原因是有利于城镇化的健康发展，在中国区域发展差异巨大和制度衔接面临巨大成本的情况下，有利于减少城镇化的制度障碍和降低农村人口城镇化的社会成本。

1. 改革开放以来的人口"异地城镇化"现象

改革开放以来，我国区域发展呈现明显的非均衡发展特征，以珠三角、长三角和京津冀为代表的东部沿海地区快速发展，出口导向型的劳动密集型加工制造业不仅吸引了本区域的农村劳动力，也吸引了大量中西部的农村劳动力，形成了大量农村人口跨省流动的"民工潮"现象，并成为中国城镇化的一个显著现象。

段成荣、杨舸（2009）利用历次全国人口普查数据分析了流动人口变动趋势，结果表明（见表 1），东部地区所吸引的流动人口在全国流动人口中的比例大幅度上升，1987 年达 43.8%，1990 年接近全国的一半，2000 年达 57.0%，2005 年则进一步提高到 2/3 左右。

表 1　1982~2005 年三大区域流动人口比例

单位：%

地区	1982 年	1987 年	1990 年	2000 年	2005 年
东部	38.4	43.8	49.2	57.0	64.6
中部	37.9	28.7	29.0	20.4	17.2
西部	23.7	27.5	21.8	22.7	18.3

数据来源：段成荣、杨舸，2009。

如果以省为单位分析可以看到，2000 年跨省流动人口达到了 4242 万人，而 2010 年迅速增长到 8588 万人，在 10 年里增长了一倍（见表 2）。

表 2 跨省流动人口规模和比例（全国流动人口跨省迁移率）

单位：万人，%

年份	跨省流动人口	全国人口	占全国人口比例
2000	4242	124399	3.41
2005	4779	130628	3.66
2010	8588	133354	6.44

而国家统计局农民工监测报告表明，2013 年外出农民工约 1.66 亿人，其中跨省流动 7739 万人，而省内流动到省会城市的还有 1908 万人。如果将跨地级市作为"就近"和"异地"的分界线，可以看到外出农民工中"异地"流动的比例超过一半（见表 3）。

表 3 2013 年按城市类型分的外出农民工人数及构成

单位：万人，%

指标	合计	直辖市	省会城市	地级市（包括副省级）	小城镇	其他
外出农民工人数	16610	1410	3657	5553	5921	69
跨省流动	7739	1115	1749	3064	1742	69
省内流动	8871	295	1908	2489	4179	0
外出农民工构成	100.0	8.5	22.0	33.4	35.7	0.4
跨省流动	100.0	14.4	22.6	39.6	22.5	0.9
省内流动	100.0	3.3	21.5	28.1	47.1	0

2."异地城镇化"模式下农村人口城镇化的困境

在人口长距离流动的"异地城镇化"模式下，由于农民工的低工资和低收入以及区域间财税体制和转移支付的限制，人口流动中各种权利转换和保障衔接的难度大大增加，农村进城人口基本上很难获得城镇户籍和相应的社会保障、子女教育等公共服务权利，形成所谓"半城镇化"现象。根据 2010 年六普数据，城镇常住人口和户籍人口分别为 6.66 亿人和 3.84 亿人，占总人口的比重分别为 49.68% 和 29.14%，相差约 20 个百分点。

从地方政府的角度来看，户籍改革的问题实际上是公共服务责任与支出的问题。放开户口实际上意味着社会福利的放开，势必导致地方财政的巨大压力，所以地方政府户籍改革的动力非常不足。而对于一些超大城市，为了控制人口规模，更难对农民工放开户籍。

在社会保障方面，我国社会保障统筹层次低，信息化建设有待提升，只能以县、市为单位，省内统筹和全国统筹困难很大，同时养老、医疗保险等存在账户积累等复杂的技术问题。提升社保统筹层次，不是短时间可以实现的。农民工跨省流动需要退保、重新参保，面临统筹账户的利益损失，导致参保率非常低。国家统计局农民工监测调查数据显示，2013 年雇主或单位为农民工缴纳养老保险、工伤保险、医疗保险、失业保险和生育保险的比例甚低，分别为 15.7%、28.5%、17.6%、9.1% 和 6.6%。

从住房的角度来看，长距离流动的城镇化，导致农民工在城里居住条件非常差，同时留在农村的宅基地和住房根本难以得到有效利用，呈现长期空置的状态，造成社会财富的巨大浪费。目前城镇建设用地约 4 万平方公里，而农村集体建设用地超过 16 万平方公里。据统计，目前全国所有村庄中，"空心村"内老宅基地闲置面积占 10%~15%，部分地区"空心村"空置住宅率超过 30%（李勤、孙国玉，2009）。农村大量集体建设用地的闲置，与城镇建设用地指标的短缺形成强烈的反差。城镇化本来有利于建设用地的集约节约，但农民工"候鸟式"的流动导致"两栖现象"和"两头占地"。

3."就近就地城镇化"有利于消除农村人口城镇化的障碍

就近就地城镇化，在我国区域之间发展水平差异较大的现实下，有利于解决社会保障、公共服务等制度衔接和城乡资产权利置换等一系列问题，以及消除农村人口城镇化的障碍。

以社会保障衔接为例，市县内的流动更有利于社会保障的衔接，例如一些地方推出"农地换城镇户籍和社会保障"的政策，虽然存在如何衡量农地承包权的价值、用财产权益置换社会保障是否公正等争论，但客观而言创造了一种城乡身份转换的机制。

就近就地城镇化也有利于解决农村转移人口的住房权益问题：一方面在就近流动和就业的情况下可以利用现有的农村住宅；另一方面可以在城

镇化过程中对农村的土地权益（特别是建设用地权利）和住房权益进行必要的迁移和转换，例如通过设计"宅基地换房"等进城农民有偿退出农村资产或者置换为城镇住房的机制，实现农民"带资进城"或者"带指标进城"，减少城镇化的障碍。目前国家土地管理部门已经制定了"城乡建设用地增减挂钩"的政策，建设用地权利转换有利于化解耕地保护与城镇发展之间的矛盾，在市县域内有利于进行整体统筹和政策实施。

三 "就近就地城镇化"与城镇合理布局和区域均衡发展

对于中国这样一个幅员辽阔的大国，提出重点培育地级城市和县级城镇，有利于区域均衡发展。这在改革开放以来我国人口出现过度向特大城市和大城市集中的背景下，尤其具有重要的意义。

1. 我国城镇行政等级与城市规模现状

从我国城镇发展实际来看，在经历了20世纪80年代东部沿海的小城镇迅速发展以后，90年代大中城市开始获得明显优势，主要原因是在我国行政体系下，更高行政层级的城市在建设用地指标、招商引资及各类政策方面都具有优势，特别是1998年新一版《土地管理法》颁布以后，事实上地级市以上城市获得了更大的发展机会。从GDP统计来看，2001年县域经济GDP约为4.86万亿元，占全国总量10.97万亿元的44%，而到2010年县域经济GDP只有11.41万亿元，占全国总量40.12万亿元的28%，比例明显下降。此外，根据农民工监测报告数据，从2001年到2009年农民工的分布和变化来看，地级以上城市所占比重一直呈现上升趋势，2009年达到63.3%。以2011年为例，在直辖市务工的农民工占10.3%，在省会城市务工的占20.5%，在地级市务工的占33.9%，综合统计在地级以上大中城市务工的农民工达到64.7%。由此可以看出，21世纪以来人口和产业都明显向地级以上城市集聚。

从城镇布局的合理性来看，截至2010年底，全国共有县和县以上城市2322个，其中地级以上城市287个，县级市370个，县城1665个。

按照我国《城市规划法》的界定，20万人口以下为小城市，20万~50万人口为中等城市，50万以上人口为大城市，100万人口以上为特大城市。而中国社会科学院编制的《中国中小城市发展报告（2010）》提出将市区常住人口 50 万人以下的城市界定为小城市，50 万～100 万人的城市为中等城市，主要依据是许多县级城市市区人口规模已经达到 20 万人、50 万人的临界值。城市化经济理论认为，330 万人口规模城市化经济效应最显著。王小鲁、夏小林（1999）研究认为，中国城市 50 万～400 万人口规模的全要素生产效率最高。考虑到要素集聚和中国人口规模巨大的国情，如果以 50 万人口规模为划分大城市和中小城市的界限，可以看到县级市和县城基本属于中小城市，相当一部分地级市也属于这一行列。

表 4　我国城市行政等级与城市规模的关系

单位：个，%

级别	数量	中小城市数量（50 万人以下）	占比
直辖市	4	0	0.0
地级市	283	129	6.0
县级市	370	364	16.9
县城	1665	1659	77.1
合计	2322	2152	100.0

资料来源：《中国城市统计年鉴 2011》《中国城市建设统计年鉴 2010》。

从城市人口规模分布来看，170 个人口超过 50 万人的大城市中，又有 62 个人口超过 100 万人，这些百万人口以上的特大城市集中了 1.66 亿人。以 4 个直辖市、重要省会城市和副省级市为代表，特大城市的"巨型化"趋势显著。2011 年底北京市常住人口已超过 2000 万人。2001 年到 2010 年，人口规模超过 400 万人的超级大城市从 2001 年的 8 个增长到 14 个。同时，根据统计，我国 20 万人以下的县城多达 1560 个，县城以外的建制镇有大约 1.77 万个，这两个层级分别集聚了 1.26 亿和 1.46 亿城镇人口。[1] 由此也可以看到，在大城市和特大城市高速发展的同时，我国相当一部分地级市和县级城镇的人口规模却普遍偏小，达不到经济发展和城市发展的适宜规模。

---

① 根据《中国城市建设统计年鉴 2010》资料整理。

表5 我国大中小城市分布

单位：个，万人

城市类型		城市/城镇数量	城区人口
特大城市 （100万人以上）	直辖市	4	16605
	地级市	58	
大城市 （50万~100万人）	地级市和县级市	102	6039
	县城	6	
中等城市 （20万~50万人）	地级市和县级市	232	7274
	县城	78	
小城市 （20万人以下）	地级市和县级市	261	3594
	县城	1560	12600
城镇	县城以外的建制镇	17654	14555

资料来源：《中国城市统计年鉴2011》《中国城市建设统计年鉴2010》。

2. 培育地级市和县级城镇的重要意义

从前述分析可以看到，近年来中国城镇化的推进，已呈现明显的集中效应，珠三角、长三角和京津冀三大城市群已成为中国经济发展的主要引擎和人口集聚的主要区域。而全国正在规划和形成中的城市群则更多。

毋庸置疑的是，未来以大都市为核心的城市群将继续在中国城镇化进程和参与国际竞争中发挥巨大的作用。但目前中国的"大城市病"已经开始显现，北京、上海、广州等城市人口规模正从1000万人向2000万~3000万人迈进，城市群人口规模则更大。核心城市群未来在产业和人口集聚方面，应该更加注重竞争力的提高和创新能力的提升，将劳动密集型产业向更大的区域进行疏散。

纵观各国的城镇化历史，都先后经历了集中发展大城市和注重均衡发展两个阶段。法国早期的工业化大多集中在巴黎、里昂、马赛等传统中心城市，其城镇化也主要凭借大城市的扩张实现，小城镇在"二战"后才逐渐发展起来（孟春、高伟，2013）。而日本在1920年到1950年阶段也同样经历了大量人口向四大工业带——京滨工业区、中京工业区、阪神工业区和北九州工业区聚集的过程，到"二战"后形成了以东京、大阪、名古屋为中心的三大都市圈，由此引发了国土均衡计划和"过疏地区"

振兴计划。韩国也曾经历过人口膨胀造成大城市社会问题频发的阶段。从1980 年到 2005 年，通过卫星城的发展和国家对欠发达地区的政策扶持，韩国的城市发展才渐趋平衡（李强等，2013）。

客观来看，我国区域间经济社会发展水平和公共服务差距很大，如教育水平的差异、各地高考录取分数之间的差异，导致大量移民向少数特大城市高度集聚。城镇化过程中既要发挥核心大都市圈的积极作用，又要避免人口的过度集聚，如日本、韩国等首都都市圈人口占全国 1/4 到 1/3，对中国国情是不适宜的。而以地级市和县级城镇为单位，有利于促进区域间的平衡。

从我国现实国情看，地级市市域大多数面积为 5000~20000 平方公里，市区交通辐射距离为 200 公里以内。地级市一般是我国重要的工业基地、商贸中心、交通枢纽和地区政治经济文化中心，在我国工业和服务业发展中具有重要战略地位。在人口城镇化方面既具有很强的动力，又有制度上的便捷。我国 283 个地级市中，大部分城市人口规模为 50 万~100 万人，未来将迈入 100 万以上人口规模的大城市。但仍有 129 个地级城市人口规模不足 50 万人。从地理分布、宜居性和城市规模效应看，将大部分地级市培育成为 50 万~200 万人口的城市，对城市的规模效应、城镇体系的合理布局和国土均衡发展都具有非常重要的战略意义。

县级行政单位大多数面积为 1000~4000 平方公里，交通距离不超过50 公里，在区域公共服务中扮演着重要的角色。县域经济是在县级行政区划内，以县城为中心、以乡镇为纽带、以广大农村为腹地的区域经济。县域经济能形成核心竞争力，解决基层农村非农业就业问题，直接推动城镇化进程和城乡一体化。但目前只有东部地区经济发展较好的县级城市，如义乌、绍兴等城市人口超过了 50 万人，1560 个 20 万人口以下的县城平均城市规模只有 8 万人。加强县级城市的人口集聚能力仍然是未来一个时期城镇化的重要任务。

从人口流动的角度来看，欧美国家的城镇化历程表明，人口的迁移也呈现链式移动的特点：近郊的农业人口向城市流动，而其他地区的农业人口填补近郊的空白；小城市的人口向大城市流动，而农村人口向小城市流动。中国当下的人口流动也呈现这样的特点，如本文调查所反映的，高学历人口向大中城市集中，农民工倾向于地级市和县级城镇，而本地农民则倾向于邻近的县城或者小城镇。因此，在这样的背景下，加大各类公共资源向地级市、县城的投入，同时以体制机制改革给予农村更多选择和活力，推动就近就地城镇化，对解决农村人口的城镇化尤其重要。

四 就近就地城镇化与农村可持续发展

以市、县为核心的就近就地城镇化，不仅有利于降低农村人口融入城镇的成本和障碍，也有利于城乡一体化发展。近距离迁移避免了远途迁徙的各种困难和障碍，也有利于区域文化的传承和社会关系网络的延续。

1."留守现象"及其引发的社会问题

在"异地城镇化"模式下，"留守儿童""留守妇女""留守老人""空心村"等现象突出。历次普查数据表明，农村年轻人口比重不断下降。20~39岁年龄人口从2000年到2010年下降了约4.5个百分点，0~19岁下降了约7个百分点，40~49岁人口比重上升，50岁以上人口比重上升（见表6）。许多调查也表明，近年来农民工整体外出的比例在不断上升。而发达国家的经验早已表明，城镇化过程中乡村社区的衰败成为一个很大的问题，但由于中国农村人口基数庞大，尚未引起足够的重视。

表6 我国农村人口年龄分布

单位：%

	0~19岁	20~39岁	40~49岁	50岁以上
2000年	33.28	33.76	12.96	20.00
2005年	28.05	30.87	15.45	25.63
2010年	26.15	29.25	17.04	27.56

数据来源：国家统计局2000年、2010年人口普查和2005年1%人口抽样调查，转引自韩占兵，2014。

"六普"数据显示，我国农村地区没有成年男性在家的家庭户达到了26.48%，而只有老人、儿童在家的情况，也达到15.85%（见表7）。

表 7　农村家庭结构情况

单位：%

农村家庭结构	频数	占比
有成年男性在家	142857	73.52
只有老人在家	24826	12.78
只有儿童在家	2873	1.48
只有老人、儿童在家	3096	1.59
只有妇女在家	6313	3.25
只有妇女、儿童在家	5408	2.78
只有妇女、老人在家	5420	2.79
只有老人、妇女、儿童在家	3529	1.82

数据来源：根据"六普"1%抽样数据计算获得。

　　显然，以"留守儿童、留守妇女、留守老人"等为代价的城镇化流动模式是不可持续的，导致种种社会问题。学术界也对此进行了很多研究，例如留守妇女本身作为一个弱势群体，承担着生理、心理、安全等多重负担（许传新，2009）。留守的少年儿童正处于成长发育的关键时期，他们无法享受到父母在思想认识及价值观念上的引导和帮助，成长中缺少父母情感上的关心和呵护，极易产生认识、价值上的偏离和个性、心理发展的异常，一些人甚至会因此而走上犯罪道路。而农村留守老人面临的诸多问题也日益凸显，生存状况不容乐观。实证调查的结果表明，农村留守老人的物质生活水平偏低，生活质量差，劳动强度大，精神缺乏慰藉，情感生活匮乏，身体健康状况不佳，生活无人照料（杜鹏等，2004；王俊文、曹涌，2009）。这些问题不仅会影响大量留守家庭的生存与发展，也会影响整个农村社会的和谐稳定（孙鹃娟，2006）。有些留守老人则由于监护孙辈，出现了代际经济的逆向流动，加重了留守老人的生活负担（叶敬忠、贺聪志，2009）。

　　2. 与城镇化相结合的农村可持续发展

　　由于劳动力大量外出，"空心村"现象也引发了农地撂荒和农业可持续问题。经济学界对"农民荒"，从粮食安全（杨明洪，2010；张洪州，2012）和现代农业发展及新农村建设的负向效益方面进行了研究（戴星冀、孟维华，2008；李首成等，2006）。这表明中国的城镇化战略必须充分考虑乡村的可持续发展问题。只是由于我国农民数量庞大，"农民荒"的现象尚未充分显现。

由于农业劳动的季节性很强，兼业化一直是农业发展的一种模式选择。改革开放以来，中国广大农村家庭事实上是通过"代际分工"和"家庭分工"实现了兼业化。对此，学术界也存在争论。部分学者认为农业兼业化与规模化和专业化相矛盾，对农业长期发展产生负面影响（速水佑次郎、神门善久，2003；胡浩、王图展，2003；袁军宝，2009）。但另一些学者认为农业兼业化是工业化过程中世界各国农业发展的共同现象，有利于提高农业资本投入和集约化以及劳动生产率，是对小农经济效率的改进（董智明、王建红，2004；向国成、韩绍凤，2007）。

从世界范围内来看，农业兼业化经营模式在日本、美国、德国和墨西哥等国家已经存在多年。和中国国情相似的日本，农业兼业化非常典型。20世纪50年代中期以来，日本农民兼业化比重迅速提高。专业农户比重从1950年的50.0%下降到1985年的14.3%，兼业农民比重相应从50.0%上升到85.7%（梅建明，2003）。美国的大型农场模式、法国的中型农场模式分别可以达到几千亩和几百亩规模，但日本家庭农村经营的规模一般仅为1公顷~2公顷。

我国自20世纪80年代实行家庭联产承包责任制以来，分散的小农生产方式表现出难以适应市场化、科技化和规模化的弱点。近年来围绕农村土地制度尽管存在强化集体所有制和强化农户权利、加快土地流转的不同观点，但在促进农业规模化和产业化方面具有一致性。从我国农业生产条件来看，以东北平原、华北平原和长江中下游平原为主的平原地区耕地大约占全国农地一半，另一半为丘陵和山地。平原地区适于机械化和规模化经营，便于将农村人口从农业中释放出来，向城镇转移。但是对于我国中西部大部分丘陵山地地区，规模化经营具有一定难度，无论是从零碎农地的维护和利用，还是从民俗文化和边疆安全等角度，都需要保持一定数量的农村人口。

从农村人口城镇就业的角度来看，农村人口进入城镇多以制造业和非正规的服务业为主。国家统计局农民工监测报告显示，农民工中从事制造业的比例为31.4%，而从事批发零售、交通运输仓储、住宿餐饮和居民生活服务业等的比例也高达33.1%，从事建筑业和其他行业的分别占22.2%和12.3%。而本地农民工中从事制造业和建筑业的比例略低，但从事服务业的比例明显高于平均水平，达到 39.5%。这些在城镇从事服务业的本地农民工，对兼顾家庭农业无疑具有很大的便利性。

通过就近就地城镇化促进农业的兼业化和职业化经营，逐渐使农民不再是一种身份而是一种职业，让农民进城者享受城市文明、实现收入提高和确保家庭团聚，在乡者便会愿意为土地耕种倾注心力，也能获得与之付出相匹配的收益。农民成为一种骄傲体面的职业，而不是一种缺少光彩的身份标签。农村面貌发生根本变化，田园风光醉人，具有独特的魅力。农民居民享受城市文明，农民素质提高，生产生活方式、思想观念发生根本变化，农业实现现代化，城乡公共服务实现均等化，社会保障完善，这些本身就是符合人的城镇化的内在要求。这会使农民对农村和农业获得自豪感和认同感，主动去改造传统农业，再造乡土中国。

因此对我国西部和广大山地丘陵地区，城乡兼业是提升农民收入和兼顾农村发展的适宜模式，而长距离流动的"异地城镇化"模式不可避免地导致农村发展出现困境。就近就地城镇化则有利于通过季节性投入、家庭分工和代际分工来支持农业的持续发展。事实上，西部地区已经非常重视就近就地城镇化和兼业型的城镇化模式，例如，西南地区的云南省在编制新型城镇化规划和制定城镇化政策时就明确提出促进就近就地城镇化、允许进城农民保留农村资产等政策。这些政策和实践都表明就近就地城镇化在城乡协调和城镇化健康发展方面具有积极意义。

五　就近就地城镇化的现实基础与政策引导

就近就地城镇化不仅有利于城镇化的健康发展和城乡一体化发展，也具有深厚的现实基础，并得到农民的支持。

1. 就近就地城镇化与农民工的流动意愿

就近就地城镇化，与当前农村人口城镇化的趋势是非常符合的。从近年来农民工流向来看，本地农民工的比例不断上升，且增速快于外出农民工。

从 2009 年到 2012 年农民工流向变化的比例可以看到，省内流动农民工从 29% 上升到 33%，本地（乡镇内）流动农民工一直保持在 37% 左右，而跨省流动农民工比例从 33% 下降到 29%。这些变化表明，农民工"回流"的趋势开始逐渐显现。

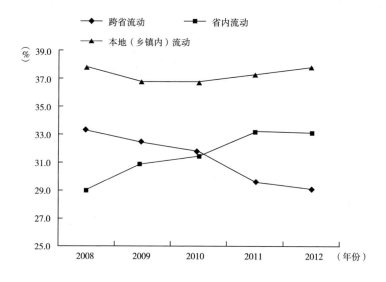

图1　2008~2012年农民工流动去向比例

数据来源：国家统计局《2008~2012年农民工监测调查报告》。

随着新一代青年群体对生活品质的重视，调查表明，地级市和县级市开始受到更多人的青睐。2010年和2014年，"中国经济生活大调查"调查了人们愿意在哪里定居。① 2010年选择直辖市的人最多（31.3%），其次是省会城市（18.5%）。但到2014年，更多的人愿意首选在地级市居住（28.6%），其次是县级市（24.8%），省会城市排名第三（21.8%），第四选择是镇（12.9%），排在最后的是北上广深（10.2%）。

农民城镇化定居意愿的调查数据也证明，农民在选择定居城镇时，大部分都希望到县和县城以上的城市定居。清华大学城镇化调查，询问被访者"如果您能在城镇定居，根据您或家人的条件，您最想定居在什么地方？"调查发现，愿意在城镇定居的农民工群体中，76.7%的人愿意在地级市、县城或镇上居住，仅有23.3%的人愿意在省会或直辖市定居（见图2）。而国务院发展研究中心的调查同样表明，只有23.7%的人希望定居在省会或直辖市（李强，2013）。国家统计局的农民工监测调查关于外出农民工住宿情况的数据表明，乡外从业回家居住的比例上升最为明显，从2008年的8.5%上升到2012年的13.8%。

① 参见相关新闻报道，http://finance.sina.com.cn/hy/20140925/133320142026.shtml。

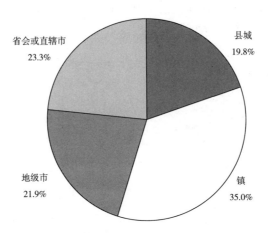

图 2　农民工最想定居在各级城镇的比例

数据来源：清华大学 2012~2013 年中国城镇化调查。

　　而清华大学社会学系在四川德阳和河南舞钢两个地区针对本地农民的调研结果则表明，本地农民在城镇化中，大多数还是选择附近的小城镇和县城（参见表 8）。

表 8　如果放弃承包地和农村住宅，迁到城镇居住，

您期望去什么样的城镇？

单位：人，%

	四川德阳地区		河南舞钢地区	
	人数	占比	人数	占比
附近小城镇	374	65.3	143	57.2
附近县城	110	19.2	98	39.2
附近城市市区	69	12.0	5	2.0
其他城市	20	3.5	4	1.6
合计	573	100.0	250	100.0

　　因此，依托地级市和县级城市的就近就地城镇化，非常符合相当一部分农民工和本地农民改善生活和居住条件的需求，已经具备很强的现实基础。

2. 就近就地城镇化的政策引导

从历史发展来看，改革开放以来，比较成功地实现了就近就地城镇化的案例比比皆是，如浙江一些乡镇和村庄、河北的白沟镇，以及一批明星村庄如大邱庄、华西村等。这其中可以看到几个明显的动力。

第一是农村的非农产业发展。人民公社时期，农村的社队企业就已经存在。改革开放以后，农村的乡镇企业更是得到了突飞猛进的发展，一部分乡村因此实现了工业化带动下的就地城镇化。而随着国民经济社会发展和收入水平的提升，乡村旅游和休闲的需求大大增加，促进了一部分乡村地区旅游产业的蓬勃发展，实现了旅游带动下的就地城镇化。

第二是交通的便捷化。近年来，中国大陆基础交通网络建设极为迅速，很多农民到附近城镇就业，当天就可以往返，这与城市居民上班下班的交通方式没有本质区别，在大城市周边的小城镇和乡村尤为明显。这推动了城市近郊社会形态的急剧变化。

第三是农民改善生活的需求和居住方式的转变。随着农民收入水平的提升，农民对居住品质也开始有了更高的要求。许多较为富裕的农村，农民已经开始从平房居住变为上楼居住，再加上自来水管道的建设和电话、互联网的普及，生活方式和城镇差别日渐缩小。新型农村社区建设等受到相当一部分农村居民的欢迎。

因此，在中国城镇化的多元模式中，应该充分发挥地级市、县级城镇和中小城镇的优势，促进农村人口的就近就地城镇化。这其中除了放开中小城镇户籍、加快城乡社会保障一体化等制度改革以外，改革土地制度是关键，应释放基层和农村发展活力，为广大农民提供更多的选择。

在市县层面，应继续完善"城乡建设用地增减挂钩"的实施机制，建立更多"宅基地换房"等城乡资产和权益转化机制，允许农户自由选择，给予那些愿意退出农村进入城镇的农民更多选择。

在农村积极探索小城镇和新型农村社区建设，政府需要划定未来集中聚集区，并给予基础设施和公共服务设施配套方面的补贴和支持，让具有建房需求的农民自发渐进地向小城镇和新型农村社区迁移，这样就可以自然而然实现农村居民点的调整。

对于具有一定产业基础的小城镇和村庄，应探索通过就地改造来实现城镇化的模式和政策，积极引入社会资金参与村庄改造整治和建设。例如一些地区探索的"村企合作"模式：通过企业和社会资本向农村投资发展产业，整治村庄，改善生产生活条件，实现农民、企业和政府的多赢。

需要注意的是，就近就地城镇化本质上是给予农民更多的选择自由，实现城乡之间居住地迁徙和身份转换的自由选择，而不是行政推动或者强制推行——搞运动式的"一刀切"的"农转城"或者逼迫农民进城。当前农村的发展是明显分化的，调查结果表明，那些非农收入（打工收入、经商收入等）比较高的家庭，愿意卖掉农村住宅搬到城镇居住的比例要高一些。而完全没有非农收入的家庭更愿意在生活成本相对较低的农村居住。对于主要依靠农业收入的这部分群体，进入城镇可能反而导致其生活负担加重。由于信息不对称，政府并不知道农民家庭的收入情况，在这种情况下应让农民根据自身情况"用脚投票"，鼓励有意愿的农村家庭、高收入的农村家庭自愿进入城镇，这也有利于降低政策阻力。

如果说大中城市发展体现了市场导向和政府主导性，体现了"自上而下"的特点，就近就地城镇化模式则利用乡镇本地的特色资源、产业优势等，因地制宜地推进城镇化建设，推动政府、市场和社会的多元合作，尤其是充分发挥了基层的能动性、积极性和巨大活力，体现了城镇化进程中"自下而上"的城镇化特征。

总之，中国作为一个幅员辽阔的大国，在城镇化的路径和模式选择方面，应该高度重视就近就地城镇化的作用。从未来城镇化发展来看，核心城市群在提升国家竞争力和城镇人口集聚方面仍然具有很大的优势，但从中国区域均衡发展、城乡均衡发展等来看，必须重视地级市和县级城镇的发展，通过"点面结合"促进城镇化的健康发展。而改善农村生产生活条件、促进建设用地集约的客观需求也凸显出引导农村城镇和村庄集聚，有选择培育小城镇和新型农村社区的意义。应该从土地制度改革、公共服务投入方面给予基层更多活力，让广大农民根据自身情况和意愿选择适宜的城镇化路径。

参考文献

蔡荣、虢佳花、祁春节，2007，《县域经济与城镇化的协调发展》，《统计与决策》第18 期。

程遥、杨博、赵民，2011，《关于我国中部地区城镇化发展特征及趋势的若干思考》，《城市规划学刊》第 2 期。

崔功豪、马润潮，1999，《中国自下而上城市化的发展及其机制》，《地理学报》第

2 期。

丁仁能，2006，《为留守妇女多做实事》，《中国妇女报》1 月 9 日，第 3 版。

董宏林、刘刚、黄亚玲，2007，《西部新农村建设的低成本之路：农民就近转移与住房多模式置换机制相结合》，《宁夏农林科技》第 4 期。

董智明、王建红，2004，《日本的经济增长与农户兼业化》，《日本问题研究》第 2 期。

杜鹏、丁志宏、李全棉、桂江丰，2004，《农村子女外出务工对留守老人的影响》，《人口研究》第 6 期。

段成荣、杨舸，2009，《中国流动人口状况——基于 2005 年全国 1% 人口抽样调查数据的分析》，《南京人口管理干部学院学报》第 4 期。

费孝通，1984，《小城镇大问题（之二）——从小城镇的兴衰看商品经济的作用》，《瞭望周刊》第 3 期。

辜胜阻、李永周，2000，《实施千座小城镇工程，启动农村市场需求》，《武汉干部管理学院学报》第 1 期。

辜胜阻、刘传江、钟水映，1998，《中国自下而上的城镇化发展研究》，《中国人口科学》第 3 期。

辜胜阻、易善策、李华，2009，《中国特色城镇化道路研究》，《中国人口·资源与环境》第 1 期。

国风，1998，《中国农村工业化和劳动力转移的道路选择——论我国的小城镇建设》，《管理世界》第 6 期。

国家统计局，《2008~2012 年农民工监测调查报告》。

韩占兵，2014，《破解"农民荒"：基于一个跨期限演进的动态分析框架》，载《2014 中国社会学年会城镇化与城乡统筹论文集》，未出版。

胡浩、王图展，2003，《农户兼业化进程及其对农业生产影响的分析——以江苏省北部农村为例》，《江海学刊》第 6 期。

胡少维，1998，《加快城镇化步伐，促进经济发展》，《经济问题》第 5 期。

胡小武，2011，《人口"就近城镇化"：人口迁移新方向》，《西北人口》第 1 期。

李强、陈宇琳、刘精明，2012，《中国城镇化"推进模式"研究》，《中国社会科学》第 7 期。

李强，2013，《中国特色新型城镇化发展战略研究（第四卷）·城镇化中的人口迁移与人的城镇化》，中国建筑工业出版社。

李强等，2013，《多元城镇化与中国发展：战略及推进模式研究》，社会科学文献出版社。

李勤、孙国玉，2009，《农村"空心村"现象的深层次剖析》，《中国城市经济》第 1 期。

李首成、孙园园、何蕾、高本均、姜文韵、曹晓宁，2006，《解决农村空心化与社会主义新农村建设关系的探讨》，载民革中央、中华爱国工程联合会、河北农业大学、中国农民大学编《推进社会主义新农村建设研讨会论文集》，未出版。

刘奇，2013，《中国城镇化的新思维：大学带城、企业造城、市场兴城》，《行政管理改革》第 12 期。

刘巍，2011，《农村人口空心化现状及影响因素分析》，南京师范大学博士学位论文。

梅建明，2003，《从国内外比较看我国农户兼业化道路的选择》，《经济学动态》第 6 期。

孟春、高伟，2013，《世界城镇化的发展趋势与我国城镇化的健康推进》，《区域经济评论》第 4 期。

潘海生、曹小锋，2010，《就地城镇化：一条新型城镇化道路——浙江小城镇建设的调查》，《政策瞭望》第 9 期。

祁新华、朱宇、周燕萍，2012，《乡村劳动力迁移的"双拉力"模型及其就地城镇化效应——基于中国东南沿海三个地区的实证研究》，《地理科学》第 1 期。

全国妇联，2013，《中国农村留守儿童数量超 6000 万》，新华网，5 月 10 日，http：// news. xin-huanet. com/politics/2013-05/10/c_ 115720450. htm。

邵怀友、朱宇，2007，《大城市周边城乡融合区人口的就地城镇化——以福州市为例》，《市场与人口分析》第 1 期。

〔日〕速水佑次郎、神门善久，2003，《农业经济论（新版）》，中国农业出版社。

孙鹃娟，2006，《劳动力迁移过程中的农村留守老人照料问题研究》，《人口学刊》第 4 期。

谭炳才，2004，《促进农村人口就地城市化》，《广州日报》6 月 22 日。

王俊文、曹涌，2009，《新农村建设视野下的"留守老人"问题研究》，《农业考古》第 6 期。

王小鲁、夏小林，1999，《优化城市规模 推动经济增长》，《经济研究》第 9 期。

向国成、韩绍风，2007，《小农经济效率分工改进论》，载湖南省科学技术协会《推动新型工业化 促进湖南经济发展——2007 年湖南科技论坛》。

许传新，2009，《农村留守妇女研究：回顾与前瞻》，《人口与发展》第 6 期。

杨建军，1996，《面向 21 世纪的我国乡村城镇化走向》，《地域研究与开发》第 1 期。

杨明洪，2010，《农村空心化比粮价上涨更可怕——四川农村空心化背景下的粮食安全战略选择》，《四川党的建设》（城市版）第 10 期。

叶敬忠、贺聪志，2009，《农村劳动力外出务工对留守老人经济供养的影响研究》，《人口研究》第 4 期。

袁军宝，2009，《我国农业现代化进程中的农户兼业经营问题研究》，兰州大学博士学位论文。

张洪州，2012，《农村空心化挑战粮食安全》，《共产党员》第 1 期。

张建华、洪银兴，2007，《都市圈内的城乡一体化》，《经济学家》第 5 期。

张向东，2010，《昆山：消逝的乡村》，《经济观察报》2 月 25 日。

章光日、顾朝林，2006，《快速城市化进程中的被动城市化问题研究》，《城市规划》第 5 期。

赵新平、周一星，2002，《改革以来中国城市化道路及城市化理论研究述评》，《中国社会科学》第 2 期。

周祝平，2008，《中国农村人口空心化及其挑战》，《人口研究》第 2 期。

朱冬静，2013，《国内就近城镇化研究的动态与展望》，《才智》第 13 期。

Champion T. and Hugo G. J. 2004. *New Forms of Urbanization*：*Beyond the Urban-rural Dich-*

otomy. Aldershot: Ashgate.

Friedmann J. 2005. *China's urban Transition*. London: University of Minnesota Press.

Graeme Hugo. 2006. "Population Geography." *Progress in Human Geography*, 30 (40).

Zhu Yu and Qi X. H. 2007. Case Study: Peri-urbanization in Quanzhou Municipality, Fujian Province, China//United Nations Population Fund. *State of World Population 2007: Unleashing the Potential of Urban Growth*, New York.

Zhu Y. 2004. Changing Urbanization Processes and in Siturural-urban Transformation: Reflections on China's Settle-ment Definitions//Champion A, Hugo G. *New forms of urbanization*, Aldershot: Ashgate.

家庭与性别评论（第 8 辑）
第 220~261 页
© SSAP，2017

农民工市民化进程的总体
态势与战略取向[*]

国务院发展研究中心课题组[**]

摘　要　农民工向市民角色的转换，是顺应广大农民工意愿和我国现代化建设要求的重大转变。推进农民工市民化已有一定的现实基础。基于对全国 6 个城市的实地考察和 20 多个城镇 6232 名农民工的问卷调查发现，农民工市民化意愿强烈，但在方式上，不愿意以"双放弃"换取城镇户籍。就农民工市民化公共成本而言，按照 2010 年不变价格计算，每个农民工市民化的政府支出公共成本约在 8 万元。稳步推进农民工市民化，必须以扩大农民工转移就业、保障农民工合法权益、完善农民工公共服务和安置农民工进城定居为重点，深化户籍制度改革，扎实提高人口城镇化水平，促进农民工共享改革发展成果。

关键词　农民工　市民化　户籍制度　城镇化

农民工是改革开放进程中成长起来的新型劳动大军，是现代产业工人的组成部分，是我国现代化建设的重要力量。农民工这一概念与我国特有的户籍管理制度相联系，主要是指户籍在农村，但主要在城镇从事非农产业的劳动人口。广义的农民工还包括在农村内部从事

＊　国务院发展研究中心重大课题"统筹城乡发展，推进农民工市民化进程"课题组授权《改革》独家发表。本文原载于《改革》2011 年第 5 期。
＊＊　课题主持人：侯云春、韩俊、蒋省三。执笔：韩俊、何宇鹏、金三林。

二、三产业的人员。2009 年，我国共有 22978 万农民工，其中外出务工的农民工有 14533 万人，占 63.2%，在本乡镇务工的农民工有 8445 万人，占 36.8%。

在我国，"市民"特指那些在城镇居住、拥有非农业户口的城镇居民。农民工尽管在城镇就业和居住，有的已经实现举家迁移，但他们的户口还是农业户口，还不能和城镇居民享有同等的就业和福利待遇。从制度安排上说，户口是造成城乡居民待遇差别的最大障碍。长期以来，在消除城乡差别的改革思路上，多以户籍改革为手段，试图通过户籍改革来一次性解决农民工的差别待遇。但是，户籍改革的牵涉面广、成本高、障碍多，实际上这也成为户籍制度改革难以深入推进并饱受社会诟病的原因。这样，在城镇化进程加快的背景下，原有的城乡二元结构非但没有被打破，反而正在向新的城镇居民、农村居民和城镇农民工三元结构转变。因此加快实现农民工市民化，不仅是破除城乡分割体制改革的需要，也是推进城镇化健康发展的需要。

农民工市民化的过程，实质是公共服务均等化的过程。在这个过程中，户口的转换是形，服务的分享是实。要通过逐步增加和不断完善农民工的公共服务，最终达到消除户口待遇差别的目标。在此，将农民工市民化的内涵界定为：以农民工整体融入城市公共服务体系为核心，推动农民工个人融入企业、子女融入学校、家庭融入社区，也就是农民工在城市"有活干，有学上，有房住，有保障"。当农民工的公共服务逐项落到实处后，传统户籍制度的消亡，将如粮票的取消，是一个水到渠成的过程。

为使研究对促进农民工市民化的政策设计更有针对性和更具操作性，课题组对重庆、武汉、合肥、郑州、东莞、嘉兴 6 个城市和全国 20 多个小城镇进行了调研，了解了各地推进农民工市民化的政策举措，测算了农民工市民化需要支付的公共成本。课题组还对全国 7 个省市 7000 名农民工进行了问卷调查，收回有效问卷 6232 份，在此基础上分析了农民工市民化的意愿和要求。报告主要侧重于进行宏观分析和判断。

一　推进农民工市民化的现实基础及其价值

经过多年的流动，农民工进城就业已趋于稳定，家庭化特征越来越明显。特别是新生代农民工已成为农民工的主体，他们要求融入城市的愿望强烈。推动农民工市民化，不仅符合农民工的需求，也是统筹城乡发展的重要措施。

（一）农民工流动的历史演进

农村劳动力向非农产业和城镇转移是农民工市民化的必经阶段，农民工流动开始之时，即是城镇化和市民化开始之日。改革开放以来，农民工的流动经历了三个阶段，在空间分布上出现了两大特征。

第一阶段是 20 世纪 80 年代，以就地转移为主，乡镇企业是农民工就业的主要渠道。这一阶段，外出就业农民工数量从 20 世纪 80 年代初期的 200 万人左右发展到 1989 年的 3000 万人左右。

第二阶段是 20 世纪 90 年代，以跨地区异地流动为主，城市二、三产业成为农民工就业的主要渠道。这一阶段，乡镇企业发展趋缓，各种限制劳动力转移的制度逐渐放开，外出就业农民工数量从 20 世纪 90 年代初期的 6000 万人左右发展到 20 世纪末的 1 亿人左右。农民工流动范围扩大，跨省流动比重大幅上升。1993 年全国跨省流动的农民工约为 2200 万人，跨省流动的比重达到 35.5%。

第三阶段是 21 世纪以来，农村劳动力供求关系进入重要转折期，农民工数量增长稳中趋缓。2002～2008 年，全国外出就业农民工数量年均增长 595 万人，年均增速为 5% 左右，低于 20 世纪 90 年代的平均增速（15%），进入稳定增长阶段。虽然总体上农村劳动力仍然富裕，但结构性供求矛盾开始突出，农村劳动力供求关系正从长期"供过于求"转向"总量过剩、结构短缺"。农村青壮年劳动力大量转移到非农产业，供求明显偏紧，有一技之长的农民工供给严重不足，农民工供求的区域矛盾突出，"招工难"开始由沿海向内地扩散，有蔓延和加剧之势。

第一个特征是随着国家产业结构和区域经济布局的调整，西部大开发、中部崛起政策的深入实施，以及沿海地区劳动密集型产业向中西部转移，农民工的区域流向发生明显变化。国家统计局 2009 年的调查显示，与 2005 年相比，东部地区吸纳外出农民工占外出农民工总数的比重由 75.4% 下降到 62.5%，中部地区由 12.3% 提高到 17%，西部地区由 12% 提高到 20.2%。虽然外出农民工的就业地仍以东部地区为主，但农民工流动开始从东部地区向中西部转移，跨省外出的比重开始下降。

第二个特征是农民工外出务工以大中城市为主，但县域经济和小城镇的作用不容忽视。从外出农民工就业的地点看，2009年，在直辖市务工的农民工占9.1%，在省会城市务工的农民工占19.8%，在地级市务工的农民工占34.4%，在县级市务工的农民工占18.5%，在建制镇务工的农民工占13.8%，在其他地区务工的占4.4%。总体而言，在地级以上大中城市务工的农民工占63.3%，大中城市是外出农民工的主要就业场所。但从农民工的总量分布上看，在地级以上大中城市务工的农民工为9199万人，占农民工的40%，在县域（含县级市）务工的农民工为1.38亿人，占农民工的60%。县域经济特别是小城镇的发展对农村劳动力转移尤其是就地转移有着重要影响。需要指出的是，东部地区县域经济和小城镇的发展，已构成以城市群为主体推动城镇化战略的重要组成部分。大体上，东部地区主要以城市群"面状"吸纳农民工，特别是以小城镇为主吸纳本地农民工，中西部地区主要以大城市"点状"吸纳农民工。

（二）推进农民工市民化的现实基础

从农民工流动的特征和环境看，推进农民工市民化已经有了一定的现实基础。

1. 农民工就业的稳定性得到显著提升，流动的"家庭化"趋势明显

一是完全脱离农业生产、常年在外务工的农民工已经占到较大比重。根据国家统计局有关数据推算，2009年，农村劳动力转移率已达到45.8%，将近一半的农村劳动力已在二、三产业实现就业。

二是举家外出的农民工已经占到一定比例。据国家统计局资料，举家外出的农民工数量不断增长，2009年达到2966万人，占外出农民工的20.4%。

三是农民工外出就业趋于长期化。问卷调查表明，2010年，农民工外出务工的年数平均为7.01年，56.7%的人累计外出务工年数为5年以上，28.6%的人累计外出务工年数为10年以上。①

四是农民工在同一城市就业和居住趋于稳定。问卷调查表明，2010年，农民工在当前城市务工和停留的时间平均为5.30年，其中40.7%的人在当前城市5年以上，18%的人为10年以上。农民工外出的时间越长，

---

① 农民工外出务工就业长期化趋势也得到了其他调查的证实。

在一地稳定就业和居住的可能性越大。平均而言，初次外出 2 年以后，农民工务工地选择趋于稳定。

2. 新生代农民工成为主体，融入城市的意愿强烈

20 世纪六七十年代"婴儿潮"时期出生的进城农民工已步入中年，并逐步退出城市，他们的子女即新生代农民工开始成为农民工的主要构成部分。目前，20 世纪 80 年代以后出生的、年满 16 周岁的青年农民工已经超过 1 亿人。新生代农民工多数不具备从事农业生产的技能，不会再回到农村。虽然在户籍上还是归属于农民，但他们中的多数人在城市成长甚至出生在城市，已经从上一代农民工的"城市过客"心态变成了"城市主体"心态。新生代农民工对土地的情结弱化，思想观念、生活习惯、行为方式已日趋城镇化。新生代农民工代表着农民工的主流，渴望市民身份认同、待遇平等及融入城市，正发生由"亦工亦农"向"全职非农"的转变、由"城乡双向流动"向"融入城市"的转变、由"寻求谋生"向"追求平等"的转变。

（三）推进农民工市民化的重大意义

实现农民工向市民角色转型，是一个顺应亿万农民工意愿和我国现代化建设要求的重大转变。推进农民工市民化的重大现实意义主要有以下五个方面。

1. 从根本上解决好"三农"问题的需要

农民工不能在城市安居乐业，家分两地，长期奔波于城乡之间，这种不彻底的转移方式，起不到减少农民，使土地向务农劳动力稳定流转集中的作用。同时，农村青壮年的黄金时间用在城里，实际是把人口红利留在发达地区和城市，从长远来看，这样会进一步导致城乡、区域差距的扩大。我国"三农"问题突出，城乡居民收入差距持续扩大，根本原因在于农村人口多、农民转移不彻底、农业劳动生产率水平低。农民在户均不足半公顷的土地上搞农业，是不可能达到全面小康水平的。只有减少农民、增加市民，从根本上改善城乡资源配置，才能扩大农业经营规模和农产品市场规模，才能为发展现代农业、持续增加农民收入创造条件，才能富裕农民和繁荣农村。

2. 推进城镇化健康发展的需要

从第五次人口普查开始，我国将进城就业、居住半年以上的流动

人口（主体是农民工）计入"城镇常住人口"。按照这一口径计算，目前，每4个城镇常住人口中，就有1个是外来流动人口。近年来，我国城镇化水平的提高很大程度上主要来源于农民工进城就业。沿海各省份城镇化率的提高，主要来自农民工进城人数不断增加（分子变大），浙江、北京、上海、天津和广东，农民工流入对城镇化的贡献率分别为30.7%、27.9%、24.7%、24.4%、18.6%。内地各省份城镇化率的提高，主要来自农民工离乡人数不断增加（分母变小），四川、河南、安徽和湖南农民工流出对城镇化的贡献率分别为9.5%、10.6%、13.3%和16.6%。但是，在我国目前的城乡分割二元体制下，农民工仍被视为城市的"过客"，不能享受同城市居民同等的待遇，没有获得市民身份。从这个角度看，我国城镇化是"夹生"的。城镇化要以吸纳农民并使之向市民转变为目标。大量农民工不能沉淀在城镇，工业化进程与农民工市民化进程相脱节，是严重制约城镇化健康发展的突出矛盾。随着我国城镇化进程的加快，农村劳动力将继续大量涌向城市，推进农民工市民化是大势所趋。必须改变将进城农民工拒于城市社会之外的制度环境，促进农民工向市民的整体转型。

3. 扩大内需，促进国民经济平稳较快发展的需要

目前，农村居民人均消费水平还不到城镇居民的1/3，主要耐用消费品拥有量大大低于城市居民，住房质量和环境也远远落后于城市居民。伴随农民工在城镇安家落户，其消费环境的改善、消费能力的提高和消费意愿的改变，必然会促进其衣食住行等方面的消费升级，必然会带动城市基础设施投资的增长。农民工市民化创造的巨大内需，无疑会为保持我国经济平稳较快发展提供重要支撑。

4. 加快产业结构优化升级的需要

农民工不能在城镇定居，流动性强，使企业不能形成稳定的、不断积累经验和技术的产业大军，对企业的人力资本积累、技术进步和产业升级造成了不利影响。无论是加强传统产业的技术改造、发展先进制造业，还是加快发展战略性新兴产业，都需要为农民工在城市定居创造条件，努力造就一支稳定的熟练工人队伍。服务业是扩大就业的重要渠道，服务业发展的规模，与人口城镇化和人口集聚的规模密切相关。我国服务业发展严重不足，推进农民工市民化可以带动服务业发展，提高服务业比重，优化经济结构。

5. 促进社会和谐发展的需要

世界各国现代化过程中最基本的人口变动特征就是农民进城变成工人和市民。我国长期以来实行的是城乡分治的户籍管理制，农民虽已进城务工，但农民的身份没有变，未被城市认同接纳为城市居民，于是出现了大批农民工。农民工现象无疑是中国的特色。农民工长期处在城市的边缘，只被当作廉价劳动力，不被城市认同接纳，乃至受到忽视、歧视或伤害，融不进城市社会，享受不到应有的权利，如此定会累积很多矛盾，不仅他们自身的合法权益难以得到保护，还会导致农民工对城市社会普遍怀有疏离感，处理不好会造成重大的不稳定隐患。农民工市民化，不仅关乎内需，更关系到民生。从发展趋势看，城乡分割体制下出现的农民工现象终将会终结。在城市管理体制和政策上，应当转变观念，以开放和包容的胸襟，把进城农民工作为城市居民的一部分，对农民工要由排斥到容纳，由以管制为主转向以服务为主，改变农民工"边缘化"的社会地位，给农民工摘掉农民的"帽子"，逐步做到权利平等。这样做，有利于农民工在城市安居乐业，对促进城市社会安定和谐、健康发展，有着不容置疑的重要作用。

总之，农民工市民化涉及几亿农村人口转入非农产业和城镇的社会经济结构变迁，涉及几亿农村人口生产方式和生活方式的转变，是我国社会主义现代化进程中一个重大战略问题。这个问题驾驭得好，我国的现代化进程就可以比较顺利，处理不好则可能造成重大的不稳定因素。解决好农民工问题，不仅直接关系到从根本上解决农业、农村和农民问题，也关系到工业化、城镇化乃至整个现代化的健康发展，而且关系到从城乡二元经济结构向现代社会经济结构转变，以及改革发展稳定的全局。必须进一步转变观念，站在全局战略的高度，充分认识在全面建成小康社会和实现现代化的进程中推进农民工市民化的重大意义。

二　推进农民工市民化的政策进展与主要问题

改革开放以来，对农民工问题的认识经历了不断深化的过程。为适应建设社会主义市场经济体制的要求，尊重农民的创造和选择，政府适时调整了政策。20 世纪 80 年代的政策基调是消除农民"离土"的限制，允许农民"离土不离乡，进厂不进城"；20 世纪 90 年代的政策基调是消除农民"离乡"的限制，允许农民跨地区流动和进城务工；进入 21 世纪，政策基调正在向允许农民工在城镇定居转变。2002 年，中央提出了对农民进城务工就业实行"公平对待，合理引导，完善管理，搞好服务"的方针，此后，在清理与取消针对农民进城就业的歧视性规定和不合理收费、简化农民跨地区就业和进城务工的各种手续、保护进城务工农民的合法权益等方面出台了一系列政策。党的十六大以来，农民工政策取得重大突破，特别是 2006 年颁布了《国务院关于解决农民工问题的若干意见》，形成了较为完整的农民工工作政策体系。各地区各部门将农民工工作摆在重要位置，突出解决好转移培训、权益维护、社会保险、子女入学等农民工最关心，也是最直接、最现实的利益问题，在推进农民工市民化方面进行了很多有益的探索。但总的来看，保护农民工合法权益的长效机制还没有形成，农民工进得了城但留不下的问题仍很突出，农民工管理制度还没有从根本上摆脱城乡分割二元体制的影响。

（一）保护农民工合法劳动权益取得了一定进展，但城乡平等的就业和收入分配制度还未形成

20 世纪 90 年代以后，一些城市沿用计划经济体制下劳动用工管理的办法，对企业使用农民工实行总量指标控制，硬性规定企业使用本地工和农民工的比例。一些大中城市为了保证城市居民就业，规定了限制或禁止农民进入的职业和工种。这些做法损害了进城农民平等的就业权利，对外出就业农民带有明显的歧视性。2003 年，国家制定了《2003~2010 年全国农民工培训规划》，农民工的就业服务和培训开始被纳入公共财政的范畴。2004 年中央一号文件提出了对农民进城就业取消行政性限制，保护合法经济权益，提供公共服务和培训等政策。2006 年发布的《国务院关于解决农民工问题的若干意见》强调要消除农民工就业歧视和促进机会平等。2007 年颁布了《就业促进法》《劳动合同法》《劳动争议调解仲裁法》，基本形成了消除农民工就业歧视和促进机会平等的法律框架。各地清理和取消了针对农民工进城就业的歧视性规定、不合理限制和乱收费做法；开放城市公共职业介绍机构，免费向农民工提供就业信息、职业指导和职业介绍服务等，农民工权益保护力度明显加大。尽管在保障农民工权益方面取得了明显的进展，但仍存在一些薄弱环节和突出问题。农民工工资水平普遍偏低，城乡劳动者同工不同酬，导致农民

工在城市压低消费水平，影响其在城镇安居，也对整个经济内需扩大造成不利影响。劳动用工管理不规范，签订劳动合同的比例还不高，合同期限短、内容不规范、履约不理想，农民工超时间劳动比较普遍。农民工劳动安全条件差，职业病和工伤事故较多。农民工组织化程度低，工会维权职能发挥不够。

问卷调查表明，农民工对务工所在地的环境总体满意。60.7%的农民工对所在城镇的环境表示基本满意或很满意，比 2006 年国家统计局农民工生活质量调查的满意程度提高了近 9 个百分点。农民工的就业趋于稳定，农民工累计外出务工平均年数达 7.01 年，在同一城市就业时间平均为 5.30 年，在同一企业就业时间平均为 3.99 年。近三年中，没有更换过工作单位的农民工达到 57.9%。稳定的就业也带动了农民工家庭收入的提高，2009 年，农民工家庭人均纯收入为 6616.7 元，比全国农村居民人均纯收入高 28.4%。农民工家庭的人均纯收入，在按收入五等分的排列中，位于农村居民家庭的中高收入组（60%~80%）。特别是在工资拖欠的治理上，政策效果非常显著。调查中，只有 4.3%的农民工被拖欠工资，比 2006 年下降了近 16 个百分点。

与就业的稳定性增强相比，工资待遇问题成为农民工最关心的问题。问卷调查表明，2009 年农民工月工资平均为 1719.83 元，平均工作时间为 9.86 月/年。62.5%的人月工资为 1000~2000 元（见图 1）。农民工家庭人均纯收入比城镇居民家庭人均可支配收入低 61.5%，仅比城镇居民家庭 10%的最低收入户高 1363.5 元，比城镇居民家庭 10%的低收入户低 1545.4 元，位于按收入五等分排列的城镇居民家庭收入最低的 20%以下组。特别是农民工每天工作时间平均为 9.19 小时，每个月的加班时间平均达 4.79 天，可见上述工资主要是通过加班加点获得的。调查表明，农民工通过加班等获得的工资补贴为 511.1 元，占月工资的 30%。① 与 2006 年国家统计局农民工生活质量调查数据相比，农民工对工资不满意的程度由 32.94%上升到 59.70%，提高了 26.76 个百分点（见图 2），这也是农民工最希望政府帮助解决的问题（见图 3）。由此看来，收入分配问题已取代就业问题，成为未来几年农民工相关事件的热点。

---

① 按照国家统计局提供的数据推算，2009 年，农民工通过加班得到的工资为 457 元，占月工资的 32%，与调查的数据基本一致。

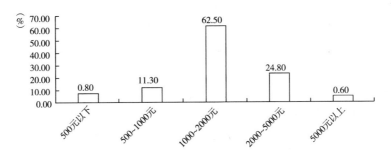

图1　2009年农民工月工资收入分布

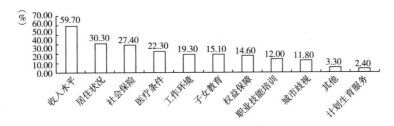

图2　农民工最不满意的公共服务排序

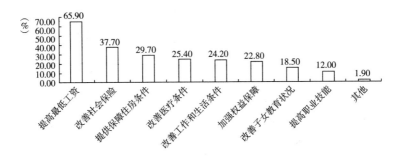

图3　农民工对政府的主要诉求

（二）农民工各项社会保障从无到有，但参保的比例还不高

2003年出台的《工伤保险条例》和2006年的《国务院关于解决农民工问题的若干意见》共同构筑了当前农民工工伤保险政策体系。近年来，农民工工伤保险工作取得较快进展。现行城镇职工基本社会保险制度在制

度层面并不排斥正规就业的农民工，但农民工参加养老保险的比例很低，大多数农民工还没有参加城镇医疗保险。

根据人力资源和社会保障部以及国家统计局的调查，2009 年，外出农民工参加养老保险、医疗保险、工伤保险和失业保险的比例分别为 18.2%、29.8%、38.4% 和 11.3%，其中，雇主或单位为农民工缴纳各种城镇社会保险的比例分别为：养老 7.6%、医疗 12.2%、工伤 21.8%、失业 3.9%、生育 2.3%。农民工参保率普遍偏低，其中，既有农民工就业状态不稳定而难参保等客观问题，也有用人单位怕参保增加人工成本，地方政府担心推进农民工参保会影响本地投资环境等主观问题，还有现行制度不适合农民工方面的问题。

一是参保费率相对偏高。以武汉市为例，承担农民工各项社会保险，企业缴费约占工资总额的 31%（养老 20%，医疗 8%，失业 0.5%，计划生育 0.7%，工伤 0.5%~2%），个人达到 10%（养老 8%，医疗 2%）。这样，2010 年，一个农民工要交足各项职工保险，企业要支付 516 元/月，个人要支付 165.71 元/月。由于社保缴费基数是按上年度在岗职工平均工资 60% 确定的，而农民工的平均工资低于城镇在岗职工平均工资，故农民工实际缴费占到了当年月均工资的 12% 左右，缴费负担对农民工来说是比较重的。企业调查表明，制造业的工资成本占 10%~15%，服务业的工资成本占 30%~35%。如果缴齐农民工社保，企业成本将增加 1.8%~6%，而许多中小企业的利润也就在 5% 左右，缴费负担对企业来说是比较重的。在农民工和企业都有避缴意愿的情况下，双方很容易达成行动上的一致。

二是尽管农村各项保险水平相对较低，但因为有政府补贴，受到广大农民的欢迎。以武汉为例，新农保个人缴费分 200 元/年~1200 元/年六档，政府补贴 55 元，集体按个人标准 10%~50% 补助，年满 60 岁的老人可领取基础养老金 100 元/月；新农合人均筹资水平为 185 元/年，其中各级财政补贴 155 元/年，农村居民仅缴纳 30 元/年。这样户籍在武汉远城区的农民工多宁愿选择新农保和新农合，而不参加城镇职工养老（个人缴费 133.28 元/月）和医疗保险（个人缴费 32.43 元/月），按低标准计算，一年缴费可节省 1782.52 元。

三是养老保险接续麻烦，多数农民工处在流动中，在一地缴够 15 年养老保险可能性不大。除去跨地接续的问题外，农民工多盼望新农保和城镇养老保险间能实现接续。

四是医疗保险不能实现异地结算，由于新农合以县为单位统筹，参合农民工在务工地就医不能即医即报，住院费用补助率也较低，他们迫切希望能如银行"一卡通"那样，建立新农合的跨区域结算体系。

此外，农民工尚未被纳入当地医疗救助体系。从计划生育方面看，农民工计划生育管理和服务经费已纳入流入地财政预算，农民工免费享受"三查四术"（查孕、查病、查环、人流、引产、上环和结扎）和避孕药具，但手术补助和独生子女奖励政策仍在户籍地进行。农民工被排斥在城镇低保救助体系之外。

问卷调查表明，社会保险问题已列农民工最不满意的公共服务项目第三位（见图2），并成为农民工希望政府解决的仅次于工资收入的第二位问题（见图3），近40%的农民工希望政府改善社会保险。调查发现，65%的农民工在农村老家参加了新型农村合作医疗，11.8%的农民工在农村老家参加了新型农村养老保险（与第一年10%的覆盖比例大体相当）。这证实了农民工并非不愿意参加社会保险，而是在保险的机制上，希望能够实现城乡对接和异地结算。农村保险由于个人缴费较低，又有政府补贴，受到农民欢迎。大约有30%的农民工在农村老家未参加任何社会保险，与调查农民工25%的举家迁移率和29.8%的城镇医疗保险参加率大体相当，可能表明在城镇稳定就业的农民工趋于选择城镇社会保险，而大多数农民工趋于选择农村社会保险，也预示如果政府增加对城镇保险的补贴，部分农民工有可能选择城镇社会保险。因此，完善社会保障的政策设计，是农民工有保障地融入城市的关键。

（三）一些地方开始采取措施改善农民工居住条件，但覆盖农民工的城镇住房保障体系还没有建立

住房是各项公共服务中进展最慢，同时也是农民工最关心的项目之一。问卷调查表明，住房是农民工不满意程度仅次于收入待遇的服务项目（见图2），也是农民工希望政府加快解决排名第三的服务项目（见图3）。

从农民工的居住方式看，目前，农民工在城市居住主要靠三种渠道解决：由用工单位提供住房、租房和购房。据国家统计局调查，从外出农民工住所类型看，由雇主或单位提供宿舍（包括在生产经营场所和工地居住）的占51.8%（后者占17.9%），租房的占47.4%（其中9.3%的外出

农民工在乡镇以外从业但每天回家居住），仅有 0.8% 的农民工在务工地自购房。从外出农民工的居住成本看，50.5% 的农民工由雇主或单位提供免费住宿，7.4% 的农民工雇主或单位不提供住宿但有住房补贴，42.1% 的农民工雇主或单位不提供住宿也没有住房补贴。雇主或单位不提供免费住宿的农民工每人月均居住支出为 245 元，相当于 2009 年农民工月均收入的 17.3%。但是，从大城市特别是东部沿海地区情况来看，在城乡结合部租房的农民工占大多数。如重庆市 53.6% 的农民工居住在出租屋，武汉市 67.7% 的农民工居住在出租屋，嘉兴市 82.6% 的农民工居住在出租屋。多数农民工居住面积在 10 平方米以下。

问卷调查表明，农民工居住条件总体上难以令人满意，居住在有厨房和卫生间的成套单元房的农民工仅占 1/5 强，约八成的农民工居住在设施不完善的各类简易住房中（见图 4）。从居住方式看，在用工单位提供的住房中，约 3/4（74.3%）的人和工友同住，这种方式适用于单身年轻外出时间短的农民工或部分行业如建筑业的农民工，且个人不用支付成本或支付成本低（70.9% 的人不用交房租，另 29.1% 的人平均支付 56 元/月），但集中居住（平均 5.6 人/间，而出租屋为 2.9 人/间）带来的心理健康问题需要关注。在出租屋中，58.6% 的人与家人同住，这种方式避免了集中居住的心理问题，但需要支付个人成本，农民工受收入水平所限，多选择城乡结合部条件较差的简易房，公共卫生和安全问题存在隐患。调查表明，2010 年农民工的租房成本为 420.8 元/月，比国家统计局 2009 年的调查数据高 71.8%，相当于其月收入的约 1/4（24.5%）。由于出租屋位置较远，距离上班地点平均有 5.1 公里，也给城市公共交通发展提出了挑战。

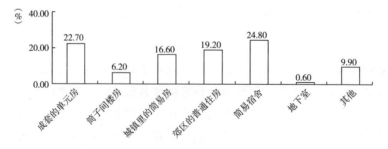

图 4　农民工居住的住房类型

各地开始采取一些办法改善农民工的居住状况，主要有两种方式。一是鼓励企业特别是工业园区建设农民工宿舍。如湖北省对招用农民工数量较多的企业，在符合规划的前提下，可在依法取得的企业用地范围内建设农民工集体宿舍。农民工集中的开发园区和工业园区，可建设统一管理、供企业租用的农民工宿舍。2008年，武汉市启动3万平方米的企业进城务工人员专用住宅建设；咸宁市长江工业园区投资1550万元，开工建设1.6万平方米的农民工公寓，共356套，主要套型为24平方米和31平方米，都设有独立的厨房和卫生间，用来解决农民工的居住问题。二是政府建设保障性住房，供农民工租用。如合肥市从2008年起，利用政府划拨的保障性住房建设用地，加大公租房建设力度，投资1.1亿元，建成3.8万平方米公租房，共730套，包括37平方米、45平方米和50平方米三种户型，房租平均在每月400元左右，低于周边价格20%，解决了4000名农民工居住问题。东莞市从2009年起，政府投资10亿元，用于农民工廉租房建设。主要包括两种方式：一种是政府新建廉租房小区，已在市区和8个镇先行试点，如石牌镇投资3.8亿元，规划建设农民工公寓两期4000套；另一种是统包统租模式，即政府将出租屋统租下来转变为廉租房，再以低于市场的价格转租给农民工，实行统一管理。

目前，解决农民工住房保障的探索还是局部性的，城市的经济适用房、廉租房等公共住房基本上不对农民工开放，农民工住房仍游离于城镇住房保障体系之外。这种情况与农民工希望定居城市的意愿形成鲜明对照，并成为他们融入城镇的最大障碍之一。问卷调查表明，在现实情况下，至少有58.8%的农民工打算在城镇定居，其中40.2%的农民工打算在务工所在城镇定居，只有15.6%的人明确表示愿意回农村定居（见图5）。尽管多数农民工定居城镇的意向明确，但农民工意愿的房价和房租与现实差距巨大。那些想在务工地购房的农民工，能够承受的商品房单价平均为2214元/平方米，能够承受的商品房总价平均为21.82万元，能够承受的月租金平均为292.7元，都大大低于务工地的一般房价和房租水平。因此，将农民工尽快纳入城镇住房保障体系，成为农民工市民化的重要内容之一。

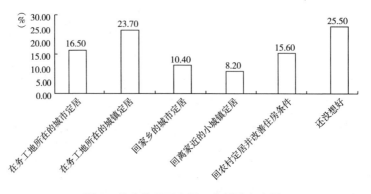

图5 现实情况下农民工定居地点意愿

（四）义务教育阶段以公办教育为主接收农民工子女就学的格局基本形成，但地区不平衡，农民工子女高中阶段就学问题突出

自2003年国务院颁布《关于进一步做好进城务工就业农民子女义务教育工作的意见》，明确农民工子女义务教育"以流入地为主，以公办学校为主"的政策导向后，各地采取切实措施，多数地方基本实现了以公办学校为主接收农民工子女接受义务阶段教育。目前，约80%的农民工子女在城镇公办学校就读。据调查，武汉市共有义务教育阶段农民工子女14.4万人，在公办学校就读的有13.2万人，占91.7%。郑州市14.4万农民工子女，在公办学校就读的有12.4万人，占86.1%。一些地方不仅将农民工子女纳入学籍管理，安排教育经费，享受和本地学生同等待遇，可以异地参加中（全体学生）、高考（省籍学生），还大力推进"融合教育"，通过一系列干预手段，促进农民工子女融入城市学校。不少地方还积极推进义务教育和职业教育间的衔接机制建设。如武汉市中等职业教育实行开放入学，农村学生凭义务教育完成证书，即可注册入学，并可转为武汉市户籍。但是，随着农民工数量的逐年增加，农民工随迁子女的教育需求日益增长，许多城市公办学校教学资源未能相应扩充，还有相当多的农民工子女就读于农民工子弟学校。如嘉兴市农民工随迁子女有11.3万人，在公办学校就读的有7.1万人，占62.8%。东莞市47.1万农民工子女，在公办学校就读的有12.5万人，占26.5%。民办的农民工子弟学校教学条件普遍不高，收费标准参差不齐。多数民办农民工子弟学校得不到政府的扶持，其义务教育经费没有被列入财政预算，只是靠向农民工收费维持运

转，影响教育质量，加重农民工负担。我国高中教育还没有被纳入免费义务教育范围，农民工家庭高中阶段教育负担较重。根据对 53 个国家公立普通高中学费情况的分析，只有 7 个国家收费，我国年均学费 1139 元，是 7 个国家中收费最高的。义务教育和高中教育的衔接成为农民工子女能否在城市顺利就业的关键，非本省籍农民工子女的中高考问题日益突出。由于负担重，农民工子女初中毕业后弃读高中的现象比较普遍。

问卷调查表明，农民工子女在老家及随父母外出的基本上各占一半（见图 6）。其中，48.2% 的农民工子女随父母在务工城镇就读。在务工地就读的农民工子女中，81.3% 的人在公办学校接受教育，18.7% 的人在民办学校接受教育，基本证实了 80% 的农民工子女在城镇公办学校就读的判断。近年来，在"两为主"政策的推动下，农民工对子女在城镇接受教育的不满意程度，由 2006 年的 19.79% 下降到 2009 年的 15.10%，已经明显退居较后位置（见图 2）。但是，也要看到，还有 51.8% 的农民工子女在农村老家学校接受教育。在农民工市民化速度加快的情况下，如果他们进入城镇就读，势将对城镇公办教育资源的承载能力形成新的压力。还要看到，21.9% 的农民工希望子女能在务工城镇参加中考和高考，这个比例大致与举家迁移的农民工比例相当，表明农民工在城镇就业和居住越稳定，越期望子女完全融入当地教育制度安排，预示着考试制度的改革，将逐步取代就读准入，成为农民工子女融入城镇教育的新焦点。

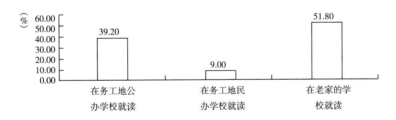

图 6 农民子女接受教育的地点和方式

（五）个别地区开始探索农民工在流入地城市社区参加选举，但农民工城市社会参与程度总体很低

充分行使民主权利，是促进农民工融入城市的有效手段之一。目前，个别地区为农民工参与城市基层公共事务管理出台了一些措施，主要是规

定居住在城市社区满一定时间（通常为 1 年以上），在当地农村未参加村委会选举、愿意参加城市社区选举、经社区选举委员会同意的，可登记为社区选民，参加选举的相关活动，行使选举权和被选举权。但实际进展情况差别较大，多数地方农民工参选比例较低。这方面，重庆市组织农民工参加城市社区居委会换届选举工作做得比较突出。2007 年，在重庆市第七届居委会换届选举工作中，有近 8.8 万农民工登记为选民，其中渝中区登记农民工选民 2.5 万人。全市有 21 名农民工当选为社区居委会委员，4987 名农民工当选为社区居民代表。东莞市在鼓励农民工参政议政上也进行了有益的探索。目前，有 2 名"新莞人"分别当选省党代会和人代会代表，17 人当选为市党代会代表，5 人当选为市政协委员，市人大设立了"新莞人"旁听席，并公开选拔"新莞人"担任专职的工青妇组织副职。总体来看，由于现行的选举制度与户籍制度直接联系在一起，按现行的选举法及相关法规规定，农民工不能在就业地参与所居住社区的选举。这使农民工长期游离于城市政治生活之外，利益诉求难以在城市公共政策的制定中得到充分反映。

问卷调查表明，67.5%的农民工认为他们应该参加居住地社区选举活动，54.7%的农民工希望参加工作单位和居住社区的民主决策、管理和监督活动。农民工参加基层选举和管理的主要目的是维权，占 68.3%（见图 7）。目前，农民工的利益诉求在很大程度上是通过间接渠道表达的，如政策研究和新闻媒体的关注，这就使得他们的利益表达具有一定的滞后性，容易成为社会关注焦点，往往是以突发事件和危机处理方式出现的，具有群体伤害性和社会破坏性的特点。因此，通过基层民主方式赋予农民工利益表达的正常渠道，已成为城市社会管理和安全的重要内容。

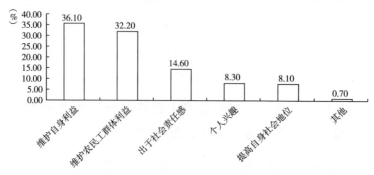

图 7　农民工参与基层管理的目的

另外，加强工青妇等社团组织的作用，将它们的基层组织活动与农民工的利益诉求密切结合起来，也成为新时期组织创新的重要工作。调查表明，农民工中共产党员比例为5.3%，共青团员比例为29.6%，但他们经常参加基层党团组织活动的只有18.5%，超四成（44.3%）的人从未参加过基层党团组织活动。调查农民工中44.1%的人单位没有工会，73.5%的人没有参加工会，更重要的是农民工在多大程度上认可工会能够切实代表农民工的利益（见图8）。尽管已有45.2%的农民工对工会的维权作用予以认可，是一个很大的进步，但相当比例的农民工（42.3%）还是不相信工会的作用，充分表明基层社团组织的创新还有很多工作要做。而那些被认可的工会和其工作方法无疑提供了经验。调查表明，农民工对组织归宿并非没有需求，73%的人明确表示愿意加入属于农民工自己的合法组织。可见农民工的组织需求与现有工青妇等社团组织的形态和方法都存在较大差异。基于政府、企事业单位等正式部门建立的这些组织，需要适应经济社会形态的新变化，创新组织形态，改造工作方法，满足农民工市民化的合理要求。否则，其他组织的渗入，将可能改变农民工的价值取向，这一点需要引起高度重视。

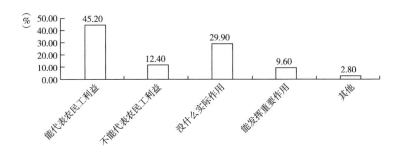

图8 农民工对工会的认可程度

需要关注的还有，农民工由于较少参与正规组织和经济条件较差，业余生活匮乏，排遣渠道单调，这也构成不安定的隐患。调查的农民工中，53.7%的人没有业余文化生活，60.9%的人务工企业没有文化娱乐设施。农民工的主要业余文化生活方式是看电视（73%），次之是上网（28.5%）或休息（28.5%），和外界的交流不多。作为现代都市的一员，他们也渴望丰富多彩的文化生活，包括免费的公园

（39.2%）、免费的文化站和图书馆（38.2%）、免费上网（34.2%）、组织农民工自己的文化体育活动（22.8%）、免费的报纸杂志（20.6%）、定期的文艺演出（17.9%）、免费的体育场馆（16.70%）、可供选择的免费电影票（13.80%）、公共电视（13.60%）、夜校（13.50%）、社区公共设施（11.30%）。城市文化设施尤其是免费项目对农民工的身心健康至为重要。

调查还显示，在遇到侵权问题时，93.9%的人不赞同采取极端方式如自杀解决问题，53.5%的人不赞同采取对抗方式如罢工解决问题，表明农民工大都愿意以理性合作的方式解决问题，合理引导农民工采取有效方法化解矛盾是有群体心理认同基础的。问题在于，排遣或解决的渠道不够通畅。82.4%的人表示没有主动向劳动、工会、妇联等部门反映过遇到的权益侵犯问题，83.7%的人表示没有向信访部门反映过工作中的问题，77%的人表示没有向媒体提供新闻线索反映过身边的不平，只有20%左右的人会自觉运用正规渠道反映问题，其中只有5%左右的人会经常运用正规渠道解决问题。长此以往，必然造成矛盾的爆发，形成危机事件。由农民工身边的生活和权益问题入手，帮助他们有效排解心理烦恼和日常矛盾，可以视为相关部门特别是基层社团组织开展农民工工作的有效切入点。

（六）户籍制度改革迈开步伐，但实质性进展不大

我国的公共服务和社会福利体系是和相应的户籍绑在一起的，导致城乡和不同地区户籍"含金量"存在明显差别。目前，全国已有20多个省份宣布实现城乡统一登记的居民户口制度，但是附着在户籍制度上的公共服务和福利制度并没有发生实质改变，原城乡人口在最低生活保障、经济适用房（廉租房）住房保障、社会保险、征兵、退伍兵安置、优抚对象的抚恤优待甚至交通事故赔偿上的待遇差别问题，尚未得到根本解决。各试点地区在政策设计上、原则上规定具有稳定就业、稳定收入和稳定住所及一定工作、居住年限的农民工，可以在城镇落户并享有与当地城镇居民同等的权益，但实际上落户的前置条件还很多，农民工难以真正在城镇落户。特别是进入设区市，获得户口与放弃土地挂钩，农民工多难以接受。

大体上，迄今为止的户籍制度改革可以分为两种类型，一是居民

户口登记制度改革；二是居住证制度改革。居民户口登记制度改革为县以下特别是小城镇放开户籍树立了一个基本模式，居住证制度改革为分类分批渐次解决进城务工农民工特别是跨区域进入大中城市的农民工的户籍问题提供了一个参考模式。但是，以户籍制度改革推进农民工福利均等化属于一步到位的改革，一次性支付成本高，许多地方特别是外地户籍农民工流入多的城市受人财物的限制难以在短期内做到。很多地方的户籍改革主要是针对本辖区（往往是本县，最多是地级市）的非农户口，而对跨行政区的流动人口户籍基本没有放开。除跨区流动人口户籍改革进展缓慢之外，特大、大型乃至一些中等城市的户籍改革也基本没有放开。户籍制度抬高了农民工进城的门槛，使城镇化处于僵化状态，成为农民工谋求机会公平、待遇平等、权益保障的障碍，限制了农民工融入城市社会。

三　农民工市民化的意愿分析

随着农民工进城务工就业趋于稳定，其市民化的要求越来越强烈。问卷调查表明，即便不放开户口，80%的农民工也将在城镇就业居住；能够自主选择的话，90%的农民工愿在城镇定居；多数农民工对居住地的选择与务工地重合。但是，大多数愿意进城定居的农民工希望保留承包地、宅基地和房产。尊重农民的选择，历来是党和政府制定农村政策的基本出发点。在城镇化过程中，不能把"双放弃"（放弃承包地和宅基地）作为农民进城落户的先决条件，更不能强制性要求他们退地。

（一）农民工市民化意愿强烈

随着农民工进城务工就业趋于稳定，市民化的要求越来越强烈。问卷调查表明，在双向流动情况下，有一半以上的农民工已在城镇有稳定工作，他们不会因经济波动的周期影响离城返乡。随着条件的放松，越来越多的农民工选择进城定居。

第一，双向流动虽然仍是当前农民工外出务工的基本特征，但半数以上的人已在城镇稳定就业。尽管进城就业和居住是农民工生存的常态，但在户籍制度未发生根本改变的情况下，城乡双向流动仍是当前农民工外出务工的基本特征。在就业选择上，51.8%的农民工选择了城市单向流动，且有 23.6%的人相信户籍政策终将改变。48.2%的农民工选择了城乡双向流动，且有 27.7%的人把双向流动视为正常状态（见图 9）。这种选择，反映了农民工流动的实际状况。据不同渠道的调查，金融危机时，短期内返乡的农民工占 40%～50%，也证明了在经济不景气条件下，城乡双向流动对稳定农民工群体的重要性。换句话说，我们还不能把 14533 万外出农民工看作在城市稳定就业的整体，其中约有 7000 万人的就业受宏观经济形势的影响而并不稳定，随时存在返乡的可能。① 为此，在农民工能够在城市扎下根来以前，在农民工能够和城镇居民享受同等待遇之前，要稳定农村基本经济制度，确保农民工家庭进退有据。同时，7533 万农民工已在城镇稳定就业，他们不再是传统意义上的流动人口，迫切需要与其就业方式相适应的社会管理制度。

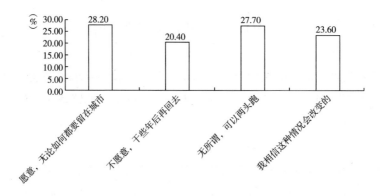

图 9　农民工定居城镇意愿

第二，农民工定居城镇意愿强烈，约八成即便不放开户口也将长期留在城镇。尽管双向流动是当前农民工外出务工的基本特征，但他们在城镇稳定就业和定居的意愿已十分强烈。以"假如不提供城镇户口，你愿意留在城里吗"来测量农民工定居城镇的意愿，结果发现，79.5%的农民工选择留在城市，只有 20.4%的农民工表示干些年再回去（见图 9）。后者主要是年纪较大的农民工。只有 18.3%的 30 岁以下新生代农民工选择可

---

① 据国家统计局统计，2009 年，因国际金融危机影响，春节前有 7000 万农民工回乡，与调查问卷推算数据完全吻合。

能返乡，而有约25%的40岁以上老一代农民工选择可能返乡（见表1）。也就是说，约八成农民工无论如何都会选择在城镇留下就业和居住，他们进城的选择与户籍制度是否改变无关。当农民工的就业与城镇经济发展紧密挂钩而福利却与城镇社会管理严重脱节时，需要尽快实现户籍与服务的分离，改善农民工在城镇的各项福利待遇。否则，城乡二元分割的状态将在城镇复制蔓延。

表1　分年龄段农民工定居城镇意愿

单位：人，%

		假如不提供城镇户口，你愿意留在城里吗？				合计
		愿意，无论如何都要留在城里	不愿意，干些年再回去	无所谓，可以两边跑	我相信这种情况会改变的	
年龄	16~25岁 计数	563	391	660	640	2254
	占比	25.0	17.3	29.3	28.4	100.0
	26~30岁 计数	476	288	367	321	1452
	占比	32.8	19.8	25.3	22.1	100.0
	31~40岁 计数	328	298	323	247	1196
	占比	27.4	24.9	27.0	20.7	100.0
	41~50岁 计数	143	112	140	71	466
	占比	30.7	24.0	30.0	15.2	100.0
	50岁以上 计数	30	26	20	9	85
	占比	35.3	30.6	23.5	10.6	100.0
合计	计数	1540	1115	1510	1288	5453
	占比	28.2	20.4	27.7	23.6	100.0

　　第三，新生代农民工基本不可能再回乡务农，约九成农民工表达了市民化的意愿。调查表明，新生代农民工中，高达79.2%的人没有从事过农业生产（参见表2），他们的就业技能已和二、三产业相适应，他们的生活方式已和城镇相融合，回乡务农和定居的可能性不大。调查显示，愿意在各类城镇定居的农民工高达91.2%，愿意回农村定居的农民工只占8.8%（见图10）。年龄越小的农民工，越不愿意回到农村。只有7.7%的新生代农

民工愿意回农村定居，而老一代农民工的比例为 13.3%（参见表 3）。这一选择意味着以新生代为主的农民工留在城镇已成为政策必须面对的紧迫事实。

表 2　分年龄段农民工有无从事过农业生产交叉情况

单位：人，%

| | | | 您在进城务工之前在家有无从事过农业生产？ | | 合计 |
			没有	有	
年龄	16~25 岁	计数	1826	334	2160
		占比	84.5	15.5	100.0
	26~30 岁	计数	1028	414	1442
		占比	71.3	28.7	100.0
	31~40 岁	计数	645	599	1244
		占比	51.8	48.2	100.0
	41~50 岁	计数	165	314	479
		占比	34.4	65.6	100.0
	50 岁以上	计数	18	63	81
		占比	22.2	77.8	100.0
合计		计数	3682	1724	5406
		占比	68.1	31.9	100.0

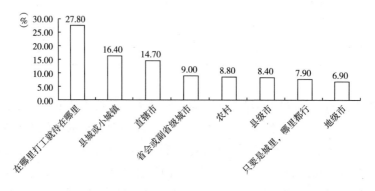

图 10　能够自主选择情况下农民工的定居意愿

表3 分年龄段农民工定居意愿交叉情况

单位：人，%

		如果能够选择，你觉得希望定居在什么地方？								合计
		直辖市	省会或副省级城市	地级市	县级市	县城或小城镇	农村	只要是城里，哪里都行	在哪里务工就待在哪里	
年龄	16~25岁 计数	307	203	158	151	311	118	128	455	1831
	占比	16.8	11.1	8.6	8.2	17.0	6.4	7.0	24.8	100.0
	26~30岁 计数	173	89	84	107	184	115	90	353	1195
	占比	14.5	7.4	7.0	9.0	15.4	9.6	7.5	29.5	100.0
	31~40岁 计数	113	66	51	85	171	99	87	297	969
	占比	11.7	6.8	5.3	8.8	17.6	10.2	9.0	30.7	100.0
	41~50岁 计数	47	37	13	27	55	43	40	114	376
	占比	12.5	9.8	3.5	7.2	14.6	11.4	10.6	30.3	100.0
	50岁以上 计数	12	6	1	2	6	16	7	18	68
	占比	17.6	8.8	1.5	2.9	8.8	23.5	10.3	26.5	100.0
合计	计数	652	401	307	372	727	391	352	1237	4439
	占比	14.7	9.0	6.9	8.4	16.4	8.8	7.9	27.9	100.0

第四，农民工对定居城市的选择是多元的。对定居的地方，35.7%的农民工表示在哪里务工就住在哪里，是城里就可以，24.8%的农民工希望定居在县城（包括县级市）或小城镇，14.7%的农民工希望定居在直辖市，9.0%的人希望定居在省会或副省级城市，6.9%的人希望定居在地级市。根据相关数据调整后，推算出在愿意在地级以上大中城市定居的农民工占53.2%，愿意在县城或小城镇定居的农民工占38.0%，愿意回农村定居的农民工占8.8%，表明农民工进城定居的选择，与就业路径高度一致，与大中小城市和小城镇协调发展的城镇化路径高度一致。为此，应通过规划引导产业和城镇空间布局合理发展，注重发挥各类城市和小城镇的就业和人口吸纳能力。

农民工市民化的意愿，是分析各项公共服务和社会管理政策改革的基础。目前，已有约1/4农民工举家迁移城镇，超过1/2的农民工在城镇稳定就业，4/5的农民工无论如何都将以城镇为就业和居住的主要场所，

9/10 的农民工表达了市民化的愿景。市民化进程的推进，应根据农民工流动的现实和意愿，在方向上要明确，在措施上要稳妥，在进度上要加快，要给农民工以稳定的预期。

（二）农民工不愿意以"双放弃"换取城镇户籍

农民是否愿意以土地权利交换城镇户籍福利？这是迄今为止户籍制度和人口社会管理制度改革滞后于城镇化进程遇到的最大问题。目前，一些地方正在推行以农民"双放弃"（承包地、宅基地）为条件换取城镇户口的试点工作。对于各地的试点工作，争议不断，褒贬不一。一项政策的出台，要建立在充分尊重农民自主选择的基础上。问卷调查表明，农民工多不愿以置换的方式（土地换户口）来获取城镇居民身份。调查分析显示，在城镇化进程中，农民的土地不仅具备保障功能，而且表现出日益增值的财产功能。农民工并非完全不愿意退出土地，而是要求对土地具有更大的处置权。

第一，80% 以上的农民工希望保留承包地（见图 11）。83.6% 愿意进城定居的农民工希望保留老家承包地，[①] 其中 46.0% 的人希望自家耕种，27.2% 的人希望有偿流转，10.4% 的人希望以入股分红的方式处置承包地。只有 9.2% 的人表示愿意以土地换户口，其中 2.6% 的人表示给城镇户口可以无偿放弃承包地，6.6% 的人表示给城镇户口可以有偿放弃承包地。另有 7.3% 的人希望有其他方式处置承包地。这基本上反映了农村土地经营的实际情况。调查表明，农民工家庭自种承包地的占 51.6%，委托代种或转租的占 20.7%，其他情况的占 27.7%。重要的是，承包地对农民工不仅具有家庭粮食安全和就业保障的功能，还显示出日益重要的财产收入功能。有土地流转的农户，每亩承包地的年租金平均为 336.74 元。在农民工大规模流动的情况下，许多农民已不再是传统意义上的自耕农，承包地的财产价值逐步显现，成为农民家庭重要的收入来源之一。对于双向流动的农民工来说，承包地更成为他们在经济不景气时"进退有据"的重要安全屏障。据不同数据来源，金融危机时，没有耕地可种的农民工仅占返乡农民工的 2%~6%，"家中有地"极大地保障了社会安定。

---

① 这个调查结果与中国社会科学院调查的八成农民工不愿放弃承包地转为非农户口高度吻合。

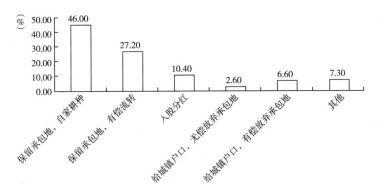

图 11 农民工希望的承包地处置方式

第二, 2/3 的农民工希望保留宅基地和房产 (见图 12)。66.7%愿意进城定居的农民工希望保留农村的宅基地和房产, 备将来用。33.3%的人希望能够拥有不同方式的自主处置权, 其中 12.3%的人希望能有偿转让, 11.4%的人希望能置换城里的住房, 4.8%的人希望给城镇户口, 有偿放弃, 还有 4.8%的人希望以其他方式处置。调查农民工家庭在农村的宅基地面积平均为 0.051 公顷, 住宅建筑面积平均为 131.67 平方米, 比全国农村居民家庭平均住宅建筑面积低 2.73 平方米, 住宅价值平均为 7.67 万元, 比全国农村居民家庭平均住宅价值高 2.84 万元。农村建设用地的升值预期和在城镇定居的不确定性, 使得多数农民工不愿意退出农村宅基地。当然, 比之只有 9.2%的农民工愿意以承包地换城镇户口, 毕竟有更多约 11.4%的农民工愿意以宅基地换城镇住房。这一点给地方改革探索留下了空间。

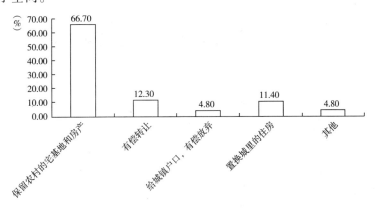

图 12 农民工希望的宅基地处置方式

第三，接近10%的农民工能从农村集体资产获得收益（见图 13）。参加本次调查的农民工，有 7.8% 的人能从老家村集体资产获得收入，年均为554.32 元，其中 2.4% 的人每年能从村集体资产获得 2000 元以上的收益。在村集体经济比较发达且有收益分配的情况下，农民工更是不可能退出集体成员权，来换取一纸城镇户口。通常，这类农村地区已经融入城市群或都市圈的发展，农民不但有稳定的非农就业，还有来自农村集体建设用地的租金收益分红，他们已经在实质上实现了城镇化。但是，一些地方仍以城市规划区的扩张和城镇户口的交换来帮助他们实现名义上的市民化。

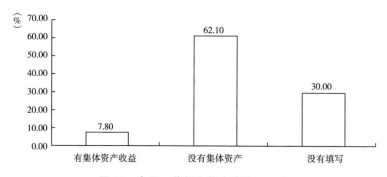

图 13　农民工获得集体资产收益比重

显然，以土地换户口构成了市民化进程中的一个悖论。不退地，地方政府一次支付均等服务的财力不足；退地，不符合农民自由支配财产处置权的意愿。因此，以户籍改革为手段推进市民化的传统思路值得反思。正是在这个层面上，实现户籍与服务脱钩，逐步增加和不断完善公共服务的改革对市民化推进具有现实的操作意义。

四　农民工市民化公共成本的测算

农民工市民化的成本测算是各级政府关心的问题，也是一个相当复杂的问题。从已有研究看，2000 年，多数研究认可的每个农民工市民化的成本在 2.5 万元左右。到 2010 年，市民化成本提高到 10 万元左右，但没有区分个人成本和政府成本。为衡量政府的公共支出，课题组对重庆、郑州、武汉、嘉兴四个城市进行了调研测算。基本的判断是，按照 2010 年不变价格计算，每个农民工市民化的政府支出公共成本在 8 万元左右（见表 4）。

表 4 市民化的公共成本测算

项目		嘉兴市	武汉市	郑州市	重庆市
1. 义务教育	小学生（元）	5807.6	7898.3	3252.2	3021.0
	中学生（元）	7321.9	10067.7	4931.3	3077.6
	校舍（元）	2659.3	2919.3	3016.8	2773.3
2. 居民合作医疗保险（元/年）		118	52.0	31.2	62.4
3. 基本养老保险（元）		36089.0	29753.9	42049.3	35816.3
4. 民政部门的其他社会保障	意外伤害保险（元/年）	5.0			
	低保（元/年）	76.5	80.7	59.0	85.9
	医疗等救助（元/年）	8.2	49.4	15.9	9.0
	妇幼保健等（元/年）	46.1	6.3	13.5	
	孤寡老人（元/年）	14.2	8.0		
5. 城市管理费用（元/年）		338	401.0	259.8	490.7
6. 住房（元）		10284	9975.6	8696.9	8570.1
合计	总成本（元）	83690.0	85086.6	77361.3	80408.0

从测算结果看，四个城市的农民工市民化成本差别不太大，从 7.7 万元到 8.5 万元不等，具体来看，主要有以下几个特点。

第一，市民化的成本支出是一个长期的过程，短期来看子女教育和保障性住房是主要支出（1/3 左右），远期来看养老保险补贴是主要支出（40% ~ 50%）。

第二，从远期看，农民工退休后按目前的养老金发放办法，约十年后即平均在 65 岁以后需要政府对个人养老金发放进行补贴，也就是说养老金补贴主要是在离现在平均约 35 年以后支出。嘉兴、武汉、郑州和重庆这部分支出分别为 3.6 万元、3.0 万元、4.2 万元和 3.6 万元，约占总成本的 43%、35%、54% 和 45%。

第三，从近期看，市民化初期政府需要提供的主要是子女教育和保障性住房的支出。嘉兴、武汉、郑州和重庆这部分支出分别为 2.6 万元、3.1 万元、2.0 万元和 1.7 万元，约占总成本的 31%、36%、26% 和 22%。这部分费用主要发生在农民工进城的前几年，特别是前 5 年。

第四，除此以外的支出是一个长期的年度支出。这一部分主要是各项年度支出的城市管理费用和保障费用，例如低保、医疗救助、妇幼保健、各种优抚和救助等。由于各地管理服务费用的区别，年度支出不尽相同。大体上，四市为 300~700 元。

第五，由于目前的农民工已经享受部分公共服务，因此市民化所需要增加的实际成本可能没有计算的那么多。从调研的四个城市看，农民工随迁子女多数已经基本享受了义务教育，城市由于本地学龄儿童数量的减少，新增农民工子女并不需要新建大量学校，也不需要同等比例增加教师和教学设施。在城市管理费用部分，许多城市农民工流动已经稳定很长时间，各项城市基础设施和管理服务已经考虑到农民工事实存在的现象。因此，农民工市民化后需要新增的成本并没有计算的那么多。

第六，即便没有市民化，有些开支也要同样支出。如在四个城市农民工都可以参加企业职工基本养老保险，并在退休后需要政府补贴。他们即使不市民化，政府仍然需要支出这部分补贴。不同的是，如果没有市民化的政策，一方面农民工参保率较低，另一方面由于许多农民工可能会返回原籍地，因此这部分支出或会转移到其他地方，或会变为新农保等其他形式的养老支出。另外，部分城市已经启动城乡一体化改革的进程，本市农村居民所享受的公共服务，开始与市民接近。因此，他们的市民化成本要么计算为城镇化成本，要么计算为新农村建设成本，列支项目不同，支付上却没有区别。

细分后，基本判断是，每个农民工市民化的公共支出成本为 8 万元左右（2010 年不变价）。去除养老保险的远期支出后，即期平均成本为 4.6 万元左右。如果再将年度支付的日常费用分解，一次支付平均最多为 2.4 万元，年度支付约为 560 元。对公共支出分解后的分析表明，农民工的市民化成本并非不可承受，关键在于政府的行动能力。当然，做好未来的风险防范，也是现在就要开始考虑的。所以，近期做好义务教育和公共住房服务，对农民工准入的意义重大。其他方面特别是养老保险的风险防范，则需要不断完善制度。

五　我国未来农民工的变化趋势

为了掌握农民工发展的中长期趋势，我们运用国务院发展研究中心长期开发维护的全国可计算一般均衡模型（DRCCGE），分析了中长期内我国经济增长和劳动力转移的基本趋势。主要分析结论如下。

（一）"十二五"期间我国农村总体就业压力依然很大，农民工供求的结构性矛盾将更加突出

按照 DRCCGE 模型的模拟结果（见表5），我国中长期城镇化仍将处于快速发展阶段，"十一五"末期城镇化率估计超过47%，"十二五"期间城镇化水平约提高5个百分点，超过53%，到2020年和2030年分别达到58%和64%左右。随着经济增长和城镇化发展，农业劳动力继续向非农产业转移，2010年的全社会就业将在79822万人左右，农业劳动力为29500万人，2015年全社会就业将在82000万人左右。"十二五"期间，第一产业占全社会就业的比例下降6.5个百分点，到2015年下降到30.5%，农业劳动力为25000万人左右。由此，"十二五"期间，农业劳动力由29500万人下降到25000万人左右，有4500万农业劳动力需要转入非农产业和城镇就业，每年平均转移900万人。预测表明，中长期中国就业增长的最重要行业在于服务业，而制造业的吸纳就业人数在"十二五"期间虽然仍有增长，但对就业的贡献已经减小。

表5　城镇化及劳动力从业结构变化预测

	2005 年	2008 年	2010 年	2015 年	2020 年	2025 年	2030 年
总人口（亿人）	13.08	13.28	13.45	13.85	14.16	14.46	14.60
农村（亿人）	7.45	7.22	7.04	6.50	5.98	5.57	5.19
城镇（亿人）	5.62	6.06	6.40	7.35	8.18	8.89	9.41
城镇化率（%）	42.99	45.64	47.63	53.07	57.77	61.47	64.44
分产业从业人员（亿人）	7.58	7.75	7.84	8.04	8.02	8.00	7.86
第一产业（亿人）	3.40	3.07	2.92	2.59	2.25	2.01	1.78
第二产业（亿人）	1.81	1.91	1.95	1.99	1.95	1.92	1.85
第三产业（亿人）	2.38	2.76	2.98	3.46	3.81	4.08	4.23
非农就业比重（%）	55.2	39.7	62.8	67.8	71.9	74.9	77.3

数据来源：国务院发展研究中心。

虽然"十二五"期间新增农村劳动力数量有所减少，但农村富余劳动力存量依然庞大。农村富余劳动力主要以中西部地区40岁以上、初中文化程度以下劳动力为主，转移难度进一步加大，农民工供求的结构性矛

盾将更加突出。"十二五"期间，世界经济将在曲折中缓慢恢复和调整，我国对外贸易很难保持以往的增长速度，出口导向型产业对农民工的吸纳能力会有较大下降；资源和要素成本将持续上升，劳动密集型行业增长将会放缓或出现跨国转移，制造业劳动生产率将较快提高，影响农民工需求；国家加快推进传统产业技术改造，加快发展战略性新兴产业，促进经济增长由主要依靠增加物质资源消耗向主要依靠科技进步、劳动者素质提高和管理创新转变，对农民工素质、劳动力培训和职业教育体系提出了更高要求。

（二）我国正在加速进入"刘易斯转折点"阶段，"十三五"期间农村富余劳动力将由结构性短缺发展到全面短缺

"刘易斯转折点"的到来不是突然的，而是一个由量变到质变的渐进过程。从劳动力的结构性短缺开始，这一过程分为两个阶段。第一阶段是农村富余劳动力从无限供给到有限剩余的转折。其主要标志是农村富余劳动力出现绝对下降，劳动力供求的结构性矛盾开始突出，转移劳动力工资开始上涨。第二阶段是农村富余劳动力由结构性短缺发展到全面短缺。其主要标志是劳动人口出现负增长，各年龄段农村劳动力都出现短缺。继人口自然增长率从 20 世纪 60 年代中期开始持续下降之后，劳动年龄人口的增长率从 20 世纪 80 年代也开始下降，21 世纪以来下降速度明显加快。根据最新的预测，劳动年龄人口从 2013 年前后开始，上升趋势就变得十分平缓，2016~2017 年达到最高峰后开始绝对减少。这时，作为无限劳动力供给的一个源泉，人口因素不再助长劳动力供给的增长。无论是大规模的抽样、经验观察还是相关研究成果都表明，我国正在经历着劳动力从无限供给到出现短缺的转变，目前已经进入"刘易斯转折点"的第一阶段，并可能在"十三五"期间进入第二阶段。此时，农村富余劳动力将由结构性短缺发展到全面短缺。

六 推进农民工市民化的整体性政策框架与思路

农民工市民化是指农民流入城市就业并生活，成为城市新市民和逐步融入城市的过程，与这个过程相伴随的不仅是农民职业上的转变，而且是从传统乡村文明向现代城市文明的整体转变。农民工变市民，不是简单地

改写户口本，而是确保进城农民在就业、住房、养老、医疗、教育等方面与城市居民享受同等待遇。农民工市民化，既与城市提供非农就业岗位的能力有关，也与提供公共服务和社会保障的财力有关。推进农民工市民化，既是一个十分紧迫的问题，又是一个比较长的历史过程。因此，必须加快推进劳动就业、义务教育、公共住房和社会保障等公共服务制度改革，允许符合条件的农民工在城镇就业和落户，转变为城镇居民，逐步形成农民工与城市居民身份统一、权利一致、地位平等的公共服务制度体系。

（一）促进农民工在城镇稳定就业，合理稳定、提高农民工工资水平

构建平等的就业制度是农民工市民化的前提。构建平等的就业制度，一是在就业市场准入上要实现劳动者平等获得就业机会的权利，现已基本实现。但近年来农村劳动力富余总量依然较大和供需结构不对称的矛盾叠加在一起，加大了转移就业的难度，同时已经进城的农民工仍然有稳定就业问题。这就需要继续把促进农民工就业放在突出位置，完善就业政策，多渠道转移农村劳动力。二是在劳动关系上要实现农民工平等获得劳动报酬的权利，包括加强劳动者与企业谈判的平等地位、改善工资待遇和劳动条件、实现同工同酬等，这是当前农民工就业矛盾集中发生的领域，也是"十二五"期间需要重点解决的问题。三是在平等就业制度的延伸层面上，要实现劳动者平等获得公共资源和公共服务的权利。

根据经济结构调整和劳动力市场出现的新变化，"十二五"时期，要把提升农村劳动力技能作为关键，把改善劳资关系作为重点，把平等就业和服务作为方向，继续多渠道促进农村劳动力向非农产业和城镇转移就业，夯实农民工市民化的基础。

第一，继续把扩大农民非农就业放在突出位置。首先，产业、企业发展政策要密切联系积极的就业政策。推进国民经济产业结构调整，要顾及和满足农村劳动力转移就业和进城农民稳定就业的现实要求，大力推动高新技术产业和劳动密集型产业均衡发展，稳定和提高传统产业的就业吸纳能力；重点发展服务业，培植新的就业增长点；为中小企业发展创造良好的政策环境，促进中小企业与大型骨干企业共同发展，增加就业机会。其次，城市发展政策要增强对农民工就业的吸纳和保障能力。大中城市要

继续改善农民工的就业环境，提高农民工的就业质量，成为吸纳农民工的重要场所；县城和重点镇要加大基础设施和社会服务建设投入力度，促进特色产业、优势项目集聚，提高综合承载能力，吸纳农村人口就地转移和集中；通过规划加强区域协调，实现城市群内资源共享，提高中小城市和小城镇的产业和人口聚集能力，改善中小城市和小城镇的服务水平和居住质量，减轻大城市资源环境过载压力，形成大城市和中小城市、小城镇产业分工协作、人口均衡分布、经济错位发展和社会共同进步的协调发展局面。再次，区域发展政策要促进农村劳动力多渠道转移。东部沿海地区和大中城市在产业升级过程中要通过大力发展产业集群、延长产业链条和积极发展生产型服务业，稳定和扩大农民工外出务工就业；西部地区、东北地区及中部地区要抓住产业转移的有利时机，推进乡镇企业结构调整和产业升级，拓展农村非农就业空间，为农村劳动力就近就地转移创造条件；在信贷、税收、用地等方面实施优惠措施，扶持农民工返乡创业，以创业促就业，带动农村劳动力转移，形成促进输出与返乡创业的良性互动局面。最后，健全人力资源市场和覆盖农民工的公共就业服务。建立农村劳动力资源登记系统，实行城乡统一的就业登记制度，推进跨地区公共就业服务机构间的信息对接，加强政府公共就业信息服务对农村劳动力转移就业和合理流动的指导作用。

第二，加大对职业教育和农民工技能培训的投入力度。对农民工全面开展职业教育和技能培训，是促进农民工就业和提高农民工收入的需要，是企业技术创新和产业升级的需要，也是国家转变发展方式和提高国际竞争力的需要。要将农民工职业教育和技能培训纳入国民教育体系，形成政府、企业、劳动者和培训机构共同推进，以市场为导向，以提高农民工就业能力为目标，充分尊重农民工自主选择权，多方受益，充满活力的教育培训机制。以促进转移就业为目标，加大对农村富余劳动力、"两后生"和在岗农民工的技能培训投入力度，加快实行农村职业教育免学费制度，大力推行"培训券"制度，积极实施"订单式"培训，推进培训就业一体化。增加公共投入，强化企业培训责任，发挥行业组织的作用，调动农民工参加培训的积极性，鼓励参加培训的农民工经过考核鉴定获得培训合格证书、职业能力证书或职业资格证书，以技能促就业。

第三，建立农民工工资合理增长机制，构建和谐劳资关系。依法保护农民工劳动权益，是农民工生存保障的需要，是企业稳定发展的需要，也是社会和谐稳定的需要。各级政府要继续完善最低工资标准制度，根据经济发展情况，及时调整最低工资标准，引导企业合理加薪，保证农民工生活水平随经济社会发展同步改善。大力发挥工会维权作用，加快建设企业劳资对话机制，推进企业建立规范合理的工资共决机制、支付保障机制和正常增长机制，确保包括农民工在内的职工收入与企业效益联动，建立规范有序、公正合理、互利共赢、和谐稳定的新型劳资关系。加大执法力度，加强对用人单位订立和履行劳动合同的监督，加强安全管理、职业卫生管理和劳动保护等，提高处理劳动争议和保护劳动权益效能，切实维护农民工的合法劳动权益。

（二）健全覆盖农民工的公共服务体系，促进农民工平等享受城市公共服务

推进市民化，关键是实现公共服务均等化。长期以来，我国公共服务提供呈现城乡"二元化"和区域"碎片化"的特征，城乡之间、不同区域和不同职业之间，所享受的公共服务差异很大，制度也不衔接。这种体制再维持下去，不利于人口流动，不适应城镇化健康发展的需要，也不符合公共服务均等化的要求。建立城乡统筹的普惠的覆盖农民工的基本公共服务制度，是一个长期的任务，其主要目标为：一是体系完善，即基本公共服务要全面涵盖国民教育、医疗卫生、公共住房、社会安全、社会救济和社会保障等各个方面；二是制度对接，即城乡、地区之间公共服务的相互衔接、转移和接续，需要建立一个整体能够对接的制度；三是水平适度，即公共服务的提供不能脱离国家的发展水平，要与经济发展阶段相适应；四是覆盖广泛，即普惠公共服务要求对所有公民平等提供，要求覆盖范围广泛；五是重点突出，即公共服务涉及生活的各个方面，但是在具体的服务内容上，一定要把城乡居民要求最迫切的公共服务放在突出位置。

根据以上原则和农民工公共服务的现状和要求，"十二五"时期，要进一步促进农民工在教育、医疗卫生、计划生育和文化生活等服务上享有更多的权利。

第一，进一步做好农民工子女的义务教育和职业教育工作，切实保障农民工的教育权益。农民工子女融入学校是农民融入城市的基础，要打开城市优质教育资源向农村开放的大门，张开城市热情接纳农民工子女的怀抱，促进教育公平。不仅要在义务教育阶段努力体现公平，而且要着力衔

接农民工子女高中阶段教育，加强农民工子女职业教育。继续推进以公办中小学为主、以流入地为主，接收农民工子女入学接受义务教育。要按照预算内生均公用经费标准和实际接收人数，足额拨付教育经费。对接收农民工子女较多、现有教育资源不足的地区，地方政府要加大教育资源的统筹和规划力度，采取切实有效措施，改善办学条件。对接受政府委托承担义务教育的民办学校，要加强管理，提高质量，按在校学生数量对学校公用经费给予财政补贴，就读学生参照公办义务教育标准免除学杂费，享受补助。完善转移支付制度，扩大中央财政对外来人口子女教育补助金的规模，提高中央财政在义务教育投资中的比重，加大对流入地接收农民工子女学校的支持力度。建立健全覆盖农民工子女的普通高中教育资助体系，做好义务教育和职业教育的衔接工作，根据新生代农民工的特点，"两后生"可直接进入中等职业学校继续学习，享受免费的中等职业教育。

第二，进一步做好农民工疾病防控、适龄儿童免疫和计划生育等各项工作，切实保障农民工的健康权益。大力构建以社区为依托的平价医疗卫生服务体系，解决农民工看病难、看病贵的问题。以定点医院为依托，解决农民工看病异地结算问题。加大中央财政投入规模，使农民工子女能够免费享受到国家规定的免疫疫苗接种服务，确保实行计划生育的农民工育龄夫妻免费享受避孕节育和基本项目的技术服务，保障农民工孕产妇依法享有居住地规定的产假待遇和手术补贴。

第三，丰富农民工的文化生活，切实保障农民工的文化权益。确保农民工平等使用公益性文化设施，鼓励文化经营单位和文艺工作者为农民工提供免费或优惠的文化产品和服务，推动农民工用工单位文化建设，引导农民工增强学习文化知识的自觉性，帮助他们提升思想和心理素质、培养良好的生活方式。

（三）建立覆盖农民工的城镇住房保障体系，促进农民工在城镇落户定居

从农民工定居城镇的意愿和他们在城镇的实际居住状况看，保障性住房已成为当前农民工最迫切要求解决的问题之一。农民工住房问题解决得如何，直接关系到我国城镇化的质量，即关系到能否避免一些发展中国家出现的"贫民窟"现象和由此产生的"城市病"。农民工居住状况是否得到改善，是考察均等服务的重要指标，也是衡量社会融入程度的重要标

志。农民工居住问题解决不好，不仅会在城镇空间上造成社会群体的隔离和贫富差距的凸显，而且会在社会心理上带来不平衡。逐步将农民工住房纳入城镇住房保障体系，是提高农民工生活质量和促进农民工社会融入的必然要求，也是实现市民化安居乐业要求的一个重要支撑点。

在"十二五"乃至更长的时期，要顺应城镇化发展趋势，稳步推进覆盖农民工的城镇保障性住房体制改革，促进农民工市民化。指导思想是，强化政府的主导作用，落实企业的社会责任，发挥市场的调节功能，允许各地探索由集体经济组织利用农村建设用地建设农民工公寓，多渠道改善农民工居住条件。不断完善农民工住房保障体系和政策支持体系，加快建立多种形式、多个层次的农民工住房供应体系，逐步解决农民工居住问题。

第一，建立多层次住房供应体系，多渠道改善农民工居住条件。根据农民工工作特点和收入状况，以及我国的国情、国力，加快建立多层次住房供应体系（见表6），满足农民工不同的住房需求。一是适用于农民工的保障性住房体系：目前城市住房保障体系不包括农民工，因此城市政府要建立适用于农民工的保障性住房体系，主要由公租房、廉租房、经济适用房和限价房组成，其中公租房应占较大比例，解决不同层次农民工的住房需求。二是标准化的农民工工作宿舍：鼓励使用农民工的企业为农民工提供满足基本居住需求、符合安全卫生标准的工作宿舍。三是规范有序的房屋租赁市场：发展为农民工提供交通方便、生活功能齐全、价格便宜的普通住房房屋租赁市场。四是农民工能承受的商品房市场：为有购房意愿农民工提供能承受的新建商品房或二手商品房。

表6　新时期农民工住房供应体系基本框架

供应体系	市场特性	住房类型	各层次需要住房的农民工	说明
市场提供	由一级市场二级市场	新建和二手转让普通商品房	少数进城时间较长、有一定支付能力的农民工家庭	完全竞争市场
	租赁市场	低端、普通出租屋	一般在城市务工、没有住房的农民工	
用工企业提供	工作宿舍	具有基本生活条件的集体宿舍	在工厂或服务业工作的农民工	政府政策支持用工企业建设标准化的农民工宿舍

续表

供应体系	市场特性	住房类型	各层次需要住房的农民工	说明
政府政策性支持	保障性住房	具有基本生活功能的公共租赁房	收入较低、没有住房的农民工家庭	有政策支持，申请有一定准入条件
	保障性住房	封闭运行的廉租房	贫困农民工家庭	住房保障，只租不售
	保障性住房	封闭运行的经济适用房	希望购买住房的中低收入农民工家庭	政府补贴，封闭运行
	保障性住房	限价房	具有一定支付能力、希望购买住房的中低收入农民工家庭	有政策支持，出售有一定限制

第二，完善农民工住房支持政策，建立农民工住房补贴制度和农民工城市公共住房专项资金。逐步将住房公积金制度覆盖范围扩大到在城市中有固定工作的农民工群体，实行灵活的缴存政策，允许农民工及其单位暂按较低的缴存比例，先行建立住房公积金账户。对购买城市经济适用房、限价房的农民工，给予契税优惠；对为农民工提供租赁住房的业主或机构，给予一定的税收减免；对兴建农民工公寓的个人和机构，鼓励金融机构提供低息长期银行贷款或公积金贷款。完善土地供应制度，土地利用规划、城市总体规划都要为农民工住房预留空间。逐步完善"住房公积金制度、住房补贴制度、财税支持制度、金融服务制度、土地供应制度、规划保障制度相互补充"的农民工住房政策体系。

（四）建立有效覆盖农民工的社会保障体系，提高参保比例和保障水平

农民工始终不能为社会保障体系有效覆盖，问题不在于农民工不愿意参保，而在于政策设计存在缺陷。研究表明，农民工参保意愿不强的主要障碍在于，缴费能力不足、政府补贴缺失和社保平台不统一。因此，根据农民工的实际情况，完善社会保障制度，是推进市民化的重要手段。

"十二五"时期，要继续完善农民工参加各类社会保险项目的办法，

切实提高农民工参保比例和保障程度。

第一，尽快实现工伤保险对农民工全覆盖。保障遭工伤或患职业病的农民工获得与城镇职工一样的医疗救治和经济补偿。

第二，健全农民工医疗保障制度。鼓励常年外出稳定就业农民工参加城镇职工基本医疗保险。季节性外出就业的农民工以参加新型农村合作医疗保险为主。尽快建立覆盖全省的新农合结算体系，试点建立省际新农合定点医疗机构互认制度协议的多种模式。

第三，扩大养老保险对农民工的覆盖面。农民工养老保险大体可分为三个类别。第一类是具备市民化条件的农民工，应纳入城镇职工基本养老保险体系。第二类是常年外出就业但流动性较强的农民工，可探索建立"低费率（或低费基）、广覆盖、可转移"的过渡性养老保险。实行以个人账户为主、以社会统筹为辅的储蓄积累制模式，适当降低用人单位和农民工个人养老保险的缴费标准，实行低门槛进入、低标准享受。随着经济发展逐步提高缴费基数和费率，增加缴费中计入社会统筹账户的比例，达到与城镇职工基本养老保险完全接轨。第三类是季节性或间歇性在城镇"亦工亦农"的农民工，主要应参加新型农村社会养老保险制度。

第四，为农民工建立临时性、应急性的社会救济，将符合条件的农民工纳入城市最低生活保障覆盖范围。

第五，探索打通城保和农保的有效管理措施，搭建"五险"统一管理的大社保平台。建立将城镇企业职工、城镇居民、农村居民和外来农民工逐步纳入同一体系的城乡一体的社保体系，让农民工能够根据经济条件和流动状况，灵活选择险种和缴费水平，真正享受到社会保障的安全网作用。

第六，逐步建立个人缴费、单位匹配、国家补贴的参保办法，促进农民工有能力同等参加城镇职工社会保险。目前政府对城镇就业困难群体参加社会保险有缴费补贴，对城乡居民参加医疗保险有缴费补贴，对农民参加农村养老保险也有缴费补贴，唯独对农民工参保没有补贴。建议将针对城镇就业困难群体的社会保险补贴制度扩展到全体从业人员，纠正社会保险过度依赖劳资双方缴费的做法。增加财政社保投入的渠道，除了调整财政支出结构，近期可将国有资产（国有企业的红利和股票、国有土地收益等）更多地转化为社会保险缴费补贴，远期可通过征收房地产税及增设遗产税、赠予税和资本利得税等来解决。

（五）推进农民工行使民主权利，促进农民工在城镇当家做主

农民工在城镇行使民主权利，既是农民工权益保障的重要内容，也是推进城镇改善服务质量的重要手段。"十二五"时期，要大力推动农民工融入城市社区，建立健全农民工依法参加城市社区民主选举和管理的办法，使农民工的利益有制度化的表达渠道。要构建平等开放的城镇社区，创建多种形式的农民工参加城市管理渠道。鼓励农民工参与社区自治，增强作为社区成员的意识，提高自我管理、自我教育、自我服务的能力。推动农民工参与社区的公共活动、建设和管理，发展与城市居民的交往、互信和互助，使城市社区成为农民工和当地居民共建、共管、共享的社会生活共同体。逐步增加农民工在流入地党代会、人代会和政协中的名额，推动农民工参政议政，以民主促民生。

（六）完善农民工市民化过程中土地权利实现机制，依法保护农民工土地权益

农民工身份转为城镇居民以后，其承包地、宅基地的处置，以及原有集体积累权益享受问题，是城镇化过程中的重大政策选择。尽管农民工进城务工趋于稳定，但我国城镇化在较长一段时间内仍将以数量庞大的农民工流动方式实现，经济周期波动和产业布局调整还将对农民工的流量和目的地产生影响，公共服务的改善也不是短期可以完成的。要求农民工以土地换市民身份，既不现实，也不公平。长久不变的土地承包权利和依法保障的宅基地用益物权，是农民的财产权利，即使农民工进城定居，也不能强行要求农民放弃。明确界定土地权利是完善土地制度的一项最基础性的工作，要进一步明确"长久不变"的农民土地承包经营权的权能，明确农民宅基地用益物权的内涵和实现形式。在确权的基础上，为农民颁发具有明确法律效力的土地承包经营权证书和宅基地使用权证书，加快建立全国统一的权威性的农地登记体系。鼓励农民工在平等协商、自愿有偿的原则下，采取委托、代耕，或通过转包、出租、转让等形式，流转土地承包经营权。农民工进城落户定居后，是否放弃承包地和宅基地，要强调"自觉自愿"，不能把"双放弃"作为农民进城落户的先决条件，更不能强制性要求农民工退地。要适应农民工进城落户和城镇化发展的需要，赋

予农民工对承包土地、宅基地、农房和集体资产股权更大的处置权。农民工可以在自愿基础上探索多种形式转让土地、宅基地、农房和集体资产股权等。

（七）以城市群为主体，增强城镇对农民工的吸纳和服务能力

研究表明，未来城镇人口在空间分布上将形成以城市群地区为主体、以区域性中心城市为重要节点、以各类中小城市和小城镇为基础的城镇化人口分布格局。根据课题组计算，2010~2020 年，城市群地区将占城镇人口的 60%以上，其他城市和小城镇将占城镇人口的 40%左右。为此，要按照大中小城市和小城镇协调发展的城镇化方针，统筹资源环境约束、产业转移趋势和公共投入分配，合理引导人口分布，形成有利于市民化的国土开发新格局。

第一，加快主体功能区规划实施，引导人口合理分布。鼓励重点开发区域特别是东部沿海大中城市提升发展能力，改善服务水平，更多地吸纳外来人口；进一步加强中西部地区基础设施和公共服务建设，提高优化开发区域产业和人口集聚的能力，增加优化开发区域内中小城市和小城镇的人口承载容量；促进限制开发区域、禁止开发区域人口有序转移。

第二，以城市群为重点，促进农民工市民化。通过规划明确城市群以及城市群内部各城镇的功能定位和分工，促进区域公共产品、基础设施的统一建设和网络化发展，优化产业布局，引导人口集聚，为农民工市民化创造有利条件。以"扩权强县"和推动经济发展快、人口吸纳能力强的重点镇行政管理体制改革为突破口，强化中小城市产业功能，增强小城镇公共服务和居住能力，缓解特大城市中心城区压力，实现区域内大中小城市和小城镇协调发展，提升中小城市和小城镇吸纳农村劳动力、转移和承载人口的能力。

第三，改革财税体制，完善流入地吸纳人口的激励机制。将常住人口作为财政分成依据，逐步调整各级政府之间的财政分配关系。探索建立农民工专项资金转移支付制度，形成中央和地方财政共担机制。对吸引流动人口较多的城市补助建设资金，支持城市建设更多面向流动人口的社区医疗卫生、义务教育和职业教育设施，对吸纳流动人口较多的中小城市和小城镇，通过转移支付专项资金，做好基础设施扩容和公共服务提升。促进

生产型税收向消费型税收转变，增强流入城市吸引人口定居的动力。建立健全财权与事权相匹配的财政管理体制，实现基层政府"事权"和"财权"的对应，确保基层政府具备提供公共服务和以一定财政资金调配人口空间分布的能力。

（八）进一步明确户籍制度改革方向，逐步突破以户籍与福利合一的社会管理制度

综观各地户籍制度改革的探索，主要有两种思路：一是以农民工退出宅基地、承包地等集体成员权益为前提条件，让他们获得城市户口，进而全面获得城市福利和保障；二是逐步增加和不断完善农民工的公共服务，不断降低城镇户籍的福利含量，逐步让户口与福利脱钩。不把获得城市户籍与放弃农村土地权利挂钩，逐步消除户籍人口与非户籍人口之间的不平等待遇和差距，还原户籍的人口登记功能，突破以户籍与福利合一的社会管理制度，将户籍与福利脱钩，这才是户籍制度改革的根本方向所在。"十二五"时期，要进一步探索福利与户籍脱离的人口社会管理制度，建立健全推进农民工市民化的长效管理机制。

第一，将城镇户籍准入与农民土地权利分离。建议修改《农村土地承包法》，取消"承包方全家迁入设区的市，转为非农业户口的，应当将承包的耕地和草地交回发包方。承包方不交回的，发包方可以收回承包的耕地和草地"一条，赋予农民完全的土地财产处置权，让包括农民工在内的农民在自愿基础上探索财产转让的多种方式。

第二，加快以落实稳定居住为依据的城市户籍准入制度。加快落实放宽中小城市、小城镇特别是县城和中心镇落户条件的政策，各地根据实际情况，制定以具有稳定就业、稳定收入、稳定住所（包括租房）和一定居住年限为基本条件的农民工户口迁入标准，促进符合条件的农业转移人口在城镇落户并享有与当地城镇居民同等的权益。地级以上大中城市也要积极稳妥地探索解决符合条件的农民工户籍办法，推进和完善包括按"积分制"在内逐步接纳农民工入户的多种制度化措施。

第三，通过加强公共服务，推进市民化。城市无论大小，对已经具备条件的公共服务项目，如义务教育、就业培训、职业教育、计划生育等，应率先实现同等对待。与城市户籍紧密挂钩的低保、经济适用房、廉租房

等，也要逐步覆盖符合条件的农民工。探索以参保代替以户口为农民工享受均等公共服务权利的改革，彻底使福利与户口脱钩。

参考文献

韩俊，1994，《跨世纪的难题：中国农业劳动力转移》，山西经济出版社。
韩俊，2009a，《中国农民工战略问题研究》，上海远东出版社。
韩俊，2009b，《调查中国农村》，中国发展出版社。

家庭与性别评论（第 8 辑）

第 262~281 页

© SSAP，2017

农民工"进城落户"意愿与中国
近期城镇化道路的选择*

张　翼**

摘　要　文章通过对 2010 年全国性调查数据的统计分析发现：（1）绝大多数农民工不愿意转变为非农户口；如果要求其交回承包地，则只有 10% 左右愿意转为非农户口。（2）"为了孩子的教育与升学"是少数农民工愿意转户的主要原因。（3）"想保留承包地"是大多数农民工不愿转户的主要原因。（4）在转为非农户口这一问题上，"80 前"与"80 后"农民工不存在显著区别。由此作者认为，推进城镇化的优选之路是"常住化城镇化"而非"户籍化城镇化"；要在不强迫改变农民土地权属的前提下将农民工转变为城市新市民；应给予进城的"80 前"与"80 后"同等重要的政策关注。深层城镇化的政策配置重点，应是"基本公共服务与福利配置的均等化"，而不是强化户籍的制度区隔功能。

关键词　农民工城镇化　深度城镇化　进城落户意愿

一　研究目的

中国的快速工业化与城镇化，必然带来大量农民工进城，也必然短期

---

*　本文原载于《中国人口科学》2011 年第 2 期。

**　张翼，中国社会科学院社会发展战略研究院研究员。

在中国版图上集聚出众多大城市、特大城市及围绕特大城市形成的城市群或城市圈。短期即可预见的是:"十二五"规划实施期,中国的城镇化水平将会从2010年的47.5%达到并超过50%。中国即将从一个以农村社会为主的国家转变为一个以城市社会为主的国家。因此,如何扭转城镇化慢于工业化的畸形结构(陆学艺,2006),消除农民工的身份区隔,通过政府部门的社会整合,顺利促进农民工的"主动市民化"进程(文军,2006),并借此防止可能发生的社会裂隙,就成为中国学术界及政府部门的主要关切点。在这种情况下,政府应以什么样的政策投入去增强城市对农民工的社会融合能力?或者政府应该如何防范"都市里的村落"和"都市里的村民"的继续形成(蓝宇蕴,2005;柯兰君、李汉林,2001)?或者如何防范城乡二元差距继续转变为城市内部的新二元结构(李培林,2003)?学者们对中国当前城镇化中存在的问题,给出了不同的政策性建议。这里将其概括为以下两类。

其一,以户籍化促进农民工的城镇化,以户籍身份确保社会保障与公共服务的共享。应该说,迄今为止,这是大多数学者的观点,也是主流认识,并正在被政府相关部门吸纳为制度建设的内容。在这些学者及官员看来,户籍制度阻碍了农民工进入城市(刘传江、徐建玲,2008:100)。在没有得到城镇户籍的情况下,农民工的进城就业与居住生活,只在数量上提高了常住人口的城镇化水平。同一城市内部城乡户籍分割的二元格局,还易于造成城市政府的福利歧视,将公共福利如教育资源与医疗资源等倾斜配置在户籍人口身上,却对农民工及其他非户籍城市移民设置门槛,拒绝或变相限制其平等共享。因此,由农民工常住所形成的城镇化,是一种"不完全的城镇化"或"伪城镇化"。而将"不完全"城镇化转变为"完全"城镇化的道路选择,在于户籍制度改革,在于将农民工"逐步"或"分批"由农业户口转变为非农户口,使其名副其实地转变为就业地的"城里人",以此达到平等共享城市公共资源的目的,并破除城市对农民工的福利"门槛"。一旦农民工"进城落户",就取得了融入城市并被城市政府部门纳入各项保障的"入场券",就会顺理成章地提高其社会保障水平,形成所谓"深度城镇化"或"稳定城镇化",从而释放其消费潜力。

在农民工供给趋紧的情况下,这种观点转变为政策投入。广东某些城市以积分换户籍的政策及重庆市和成都市于2010年出台的将户籍农业人口逐步大规模转变为非农户籍人口以促进其城镇化水平的政策,即是地方政府"以户籍化促进城镇化、以户籍化配置社会保障与社会公共服务政策"的主要典范。

其二，以常住化推进城镇化，以居住地与就业地设计社会保障制度与公共服务政策。这是少数学者的观点，也是非主流的观点。这种观点认为，农民工的进城已成为势不可当的历史潮流。只要存在城乡发展差距与城市之间的发展差距，农民工的进城及其在城市之间的流动就不可逆转（Stark，1991；Taylor and Martin，2001）。城市之间快速交通设施的兴建，1~2 小时交通圈，特别是高速铁路网的构筑，也为异地上班创造了更多机会。这也会刺激劳动力的流动，造成人户分离或居住地与就业地的分离。另外，伴随社会开放程度的提高，人口流动终会成为社会常态，如继续以户籍归属设计公共服务政策，已不合时宜。劳动力的自由流动是劳动力市场得以优化的前提。那种认为户籍化就可将人口稳定在某一区域的想法，既不现实，也难以为人口流动史与人口流动理论所证实。

应该看到，伴随"人口金字塔"的收缩，农民工的"非农户籍化"，尤其是农民工的"户籍小城镇化"和"户籍小城市化"已失去原有的促动力（毛丹、王燕锋，2006）。市场化初期，户籍制度难以与福利配置相脱节、难以与国有企业或其他政府公共部门招聘制度相脱节，故非农户或城市户籍对农民工具有较大吸引力（赵耀辉、刘启明，1997）。但在社会保险制度，尤其是在城镇养老保险与医疗保险可随就业地转移、"新农村合作医疗"覆盖到整个农村、"新农村养老保险"迅速拓展其覆盖面并可与城镇职工医疗保险相衔接、农村土地价格日渐上升的大背景下，县城和小城市户籍的福利诱惑已不能抵抗农民工对其土地的财产增值预期。虽然大城市与特大城市的户籍具有吸引力，但这些城市设计了高"门槛"以限制农民工的户籍迁入。因此，在地方政府偏好土地收益的政策排优序中，"户籍化城镇化"可能只对户籍行政区划内农民工起激励作用，很难覆盖到跨区域流动的农民工身上。而"常住化城镇化"的政策福利，不仅可以囊括行政区划内的农村户籍人口，而且可将所有流动农民工纳入其中。

那么，在中国进入中等收入阶段之后，到底应该继续走"户籍化城镇化"之路还是应该走"常住化城镇化"之路？① 要回答这个问题，就必

---

① 当然，有人会说，中国可以同时推进"常住化城镇化"与"户籍化城镇化"，但这必然带来地方政府的利益选择：大城市一定会选择"户籍化城镇化"，而中小城市因难以创造就业机会而将维持"常住化城镇化"。

须明白：政策配置与政策利益调整对象之间应该建立起内在联系。学术观点对政府政策的说服，除进行必要的理性考量外，还需得到相关利益主体的支持。因此，这里拟重点研究已经常住在城市的非本地户籍农民工对自己户籍的非农化态度。如果在现有政策配置下，大多数农民工愿意落户中小城市，则户籍化城镇化之路就仍然具有政策吸引力。如果在现有政策配置下，大多数农民工不愿落户中小城市或小县城，或者其不愿上缴承包地而转变为"非农户口"，或者其愿意落户大城市但大城市不愿给其户口，则"常住化城镇化"政策就应该得到提倡。

毕竟，作为理性经济人的农民工的落户选择，是在利益博弈中进行的。在这种情况下，对以下问题的回答，还有助于我们厘清上文论述的两种城镇化道路的政策优劣：为什么一些农民工希望将自己的户口转变为非农户口，而另一些农民工不想转变为非农户口？对于那些想转户的农民工而言，他们希望落户哪里？对于那些根本就不想转户的农民工来说，是什么抑制了其转户愿望？如果大多数农民工不想转变自己的户口，则哪种城镇化政策更能保护他们在城市的利益，更能促进"深度城镇化"的进行？

二 数据与变量介绍

（一）数据介绍

为对流动农民工的进城落户态度，或者对流动农民工的非农户籍转变态度做出较为信服的推断，并针对农民工的社会保护需求提出政策建议，本文选择使用"2010 年国家人口和计划生育委员会流动人口监测调查"数据。该调查以分层抽样法在全国流动人口聚集地对那些在城市（城镇）中居住满 1 个月的、不是本区（县）户口的、年龄在 2010 年 4 月 15 日为 16~59 岁的流入人口制作了抽样框，在全国共抽取了 4 个直辖市、27 个省会城市、5 个计划单列市、46 个地级市、24 个县级市完成调查，并回收了 122800 份问卷。由于各个城市的流动人口数量不同，各城市的抽样比存在差异，所以，数据在处理过程中以国家人口和计划生育委员会于 2010 年 4 月统计的流动人口实有数据进行了加权。

（二）研究对象与变量介绍

本文中流动农民工的定义是：具有农业户口、进入城市或城镇就业的受雇人员或自雇人员。因此，在城市或城镇就业但就业身份为雇主的农业户口劳动者，被排除在分析之外。那些"离土不离乡"的农民工，也未被纳入其中。本文使用的因变量是："您是否想将自己的户口转变为非农户口"；"如果让您交回承包地，您是否愿意将自己的户口转变为非农户口"；"如果您愿意转变为非农户口并进城落户，您愿意在什么级别的城市落户"。为了对两个不同出生队列的农民工群体进行对比分析，这里将出生于 1979 年及之前的农民工定义为"80 前"，将出生于 1980 年及之后的农民工定义为"80 后"。各个变量的描述性统计如表 1 所示。

表 1 变量描述性统计

单位：人，%

变量名	频次	占比	变量名	频次	占比
性别			进入本市时间		
男性	61468	50.31	1978~2000 年	21239	17.39
女性	60710	49.69	2001~2004 年	19591	16.04
"80 前"男性			2005~2008 年	42943	35.16
小学	7292	23.22	2009~2010 年	38363	31.41
初中	18365	58.48	月收入（元）		
高中	4334	13.8	1000 元以下	18793	15.39
中专及以上	1413	4.5	1001~1500 元	16155	13.23
"80 前"女性			1501~2000 元	55145	45.16
小学	12243	41.57	2001~3000 元	20038	16.41
初中	14525	49.32	3001~5000 元	8303	6.8
高中	1852	6.29	5001 元以上	3676	3.01
中专及以上	831	2.82	就业地区		
"80 后"男性			东部	56279	46.09
小学	1189	5.29	中部	31321	25.65
初中	14027	62.41	西部	34507	28.26

续表

变量名	频次	占比	变量名	频次	占比
高中	3926	17.47	婚姻状况		
中专及以上	3335	14.84	未婚	24799	20.31
"80后"女性			已婚	97302	79.69
小学	2181	7.79	户籍地类型		
初中	17563	62.73	省会城市	6442	5.28
高中	3984	14.23	中小城市	23437	19.21
中专及以上	4267	15.24	平原农村	49009	40.17
			山区农村	43116	35.34

"80前"与"80后"农民工的受教育状况存在很大区别。比如,在"80前"女性农民工中,小学占41.57%,初中占49.32%,初中及以下文化程度者占90%以上。在"80前"男性农民工中,小学占23.22%,初中占58.48%,初中及以下文化程度者占82%左右。可见,在"80前"农民工中,男女受教育程度存在较大差异。在"80后"女性农民工中,小学占7.79%,初中占62.73%,初中及以下文化程度者占70%左右。在"80后"男性农民工中,小学占5.29%,初中占62.41%,初中及以下文化程度占67%左右。可见,与"80前"农民工相比,"80后"农民工男女受教育程度的差距大大缩小。将"80前"与"80后"这两个群体相比较,可以看出,"80后"农民工的受教育程度远远高于"80前"农民工。"80前"农民工高中及以上文化程度者所占比例不到14%,但"80后"农民工则超过了30%。

三　影响农民工非农户口转变的原因

(一) 只有11%左右农民工愿意交回承包地转户

从表2可以看出,如果不涉及承包地等土地问题,则"80前"农民工愿意转变为"非农户口"的人数占比为20.15%;如果要求农民工交回承包地,则愿意转变为非农户口的人数占比下降到11.04%。而"80后"农民工愿意转为非农户口的人数占比为24.66%,如果要求其交回承包地，则愿意转户的比重降到 12.86%。也就是说，在不涉及承包地问题时，在"80 前"农民工中，大约有 80% 的人不愿意转变为非农户口；在"80 后"农民工中，有 75% 左右的人不愿意转变为非农户口。如果要交回承包地才能够转户口，则大约 90% 的农民工不愿意转变为非农户口。因此，农民工进城落户的非农户籍化城镇化道路，在现有政策配置下，是难以与农民工的需求相一致的。

表 2　农民工的非农户口转变意愿构成

单位：%

受教育程度	愿意转变为非农户口者占比	愿交回承包地转非农户口占比	不愿意转变为非农户口者占比
"80 前"农民工			
小学	19.23	10.28	80.77
初中	20.00	11.14	80.00
高中	22.56	12.20	77.44
中专及以上	24.90	13.33	75.10
小计	20.15	11.04	79.85
样本量	9717	6215	38512
"80 后"农民工			
小学	23.34	11.27	76.66
初中	23.38	12.32	76.62
高中	27.22	14.83	72.78
中专及以上	28.19	13.98	71.81
小计	24.66	12.86	75.34
样本量	10050	5412	30705

虽然在问及交回承包地这样的问题时，农民工愿转户口的占比在各行均下降约一半，但文化程度较高农民工愿转户口的占比还是稍高一些（见表 2）。可见，在关乎自身利益问题时，"80 前"与"80 后"农民工的差距会大大缩小。

（二）农民工不想转户的主要原因在于"想保留承包地"

在改革开放之初，农民工对城市极其向往，很多女性不惜以自己的青春为交换的筹码，嫁给了城市里那些难以在婚配市场择偶的男性，这才得以将自己不能做城里人的遗憾，经代际传递顺利化解，使自己的子女，可以跳出"农门"而转变为"市民"。而现在地方政府给出了转变户口的通道，绝大多数农民工却不愿意将自己的农业户口转变为非农业户口。对于不愿意转变为"非农户口"的农民工来说，"80前"农民工"想保留承包地"的占45.26%，"80后"农民工占33.47%（见表3），可见，土地是非常重要的财产。

表3　农民工不想转为非农户口的主要原因

单位：%

受教育程度	想保留承包地	想继续拥有农村户籍的生育权	城镇户口没有太大作用	农转非手续烦琐	原有农村社保无法与城镇接续	城市房价太高	农村生活压力小	其他
"80前"农民工								
小学	48.42	0.83	21.38	1.45	0.25	11.36	14.76	1.56
初中	44.95	1.08	25.57	1.56	0.20	13.17	12.33	1.14
高中	39.04	1.56	29.20	2.53	0.38	13.71	11.74	1.83
中专及以上	36.55	1.57	32.72	2.00	0.17	15.23	10.44	1.31
小计	45.26	1.06	24.79	1.63	0.23	12.71	12.98	1.34
样本量	15770	369	8638	568	80	4429	4523	467
"80后"农民工								
小学	43.29	1.07	21.97	2.45	0.30	14.88	14.53	1.50
初中	34.05	1.53	28.78	2.17	0.29	17.95	13.41	1.82
高中	31.67	1.86	33.37	2.60	0.29	17.76	10.64	1.81
中专及以上	26.51	1.87	36.92	3.91	0.30	18.97	9.31	2.20
小计	33.47	1.59	29.99	2.49	0.29	17.79	12.53	1.84
样本量	7283	346	6526	542	63	3871	2727	400

随着文化程度的上升，认为"城镇户口没有太大作用"的比例处于上升态势。"80 后"比"80 前"农民工的相应比例更高，可见，城市户籍对"80 后"农民工的吸引力的确有限。

（三）高房价、高物价抑制了农民工的转户意愿

另两个严重影响农民工户籍转变心理的主要原因是"城市房价太高"和"农村生活压力小"。不管是"80 后"还是"80 前"农民工，认为"城市房价太高"的人数比例分布均随文化程度的上升而上升；但认为"农村生活压力小"的人数比例分布则随文化程度的上升而下降。所以，要推进中国人口的城镇化进程，一个重要的方面，应该是解决农民工在城市与城镇的住房问题。但如以现在的房价，农民工在城市很难"居者有其屋"。

（四）农民工愿意转户的主要原因是"可让子女与城市孩子一样上学"

在分析了农民工不愿意转变户口的原因后，我们还需分析那些愿意转户的农民工的态度。从表 4 可以看出，"80 前"和"80 后"农民工的共同特点是：愿意转户口的主要原因是"可让子女与城市孩子一样上学"。比如，在"80 前"农民工中，文化程度越高，其为了子女升学教育而转变户口的比例越高。小学文化程度者为子女教育而希望转变为非农户口的比例为 50.15%，中专及以上文化程度者上升到 67.72%。也就是说，已经到城市就业的"80 前"农民工，教育资本越高，其对子女的教育获得问题越关注。

表 4 农民工希望转变为非农户口的主要原因

单位：%

受教育程度	能够享受到与城市居民同样的福利待遇	可让子女与城市孩子一样上学	可享受城市居民保障性住房	可享受城市就业保障	向往城市生活居住环境	向往城市文化环境	其他
"80 前"农民工							
小学	16.60	50.15	4.76	10.86	14.37	2.35	0.92
初中	15.95	57.29	3.93	8.70	11.68	2.01	0.45

续表

受教育程度	能够享受到与城市居民同样的福利待遇	可让子女与城市孩子一样上学	可享受城市居民保障性住房	可享受城市就业保障	向往城市生活居住环境	向往城市文化环境	其他
高中	17.26	56.98	4.87	8.01	9.41	2.81	0.66
中专及以上	13.39	67.72	4.20	5.25	6.04	2.89	0.52
小计	16.19	55.51	4.28	9.14	12.03	2.23	0.61
样本量	1427	4894	377	806	1061	197	54
"80后"农民工							
小学	12.99	50.00	4.24	15.11	13.84	3.39	0.42
初中	12.61	41.98	3.78	18.55	16.89	5.65	0.54
高中	13.53	35.29	4.72	19.91	18.57	7.91	0.06
中专及以上	15.29	32.05	4.70	21.18	17.74	8.56	0.49
小计	13.23	39.84	4.13	18.94	17.08	6.34	0.44
样本量	951	2863	297	1361	1227	456	32

但对于"80后"农民工来说，或者尚未婚配，或者尚未生育子女，或者其子女尚小，故为了子女的教育问题而转户的比例比"80前"低一些。比如，在"小学"中为50.00%，可在"中专及以上"中则为32.05%。这里显示的趋势正好与"80前"农民工相反，文化程度越高，为子女入学教育目的而转为非农业户口的比例越低。但这并不意味着"80后"农民工受教育水平较高的群体不为子女的教育问题而转户口，其主要原因是：受教育程度越高，结婚越晚，结婚率越低，结婚后的初育年龄也越大，有些未婚或无子女的农民工，还没有考虑子女的受教育问题。

对"80前"农民工来说，转户的另一个主要原因是"能够享受到与城市居民同样的福利待遇"。毕竟，伴随年龄的增长，如果要在城镇生活，没有社会保障的支持，是难以想象的。但对于"80后"农民工来说，这一点所占比例要低一些，仅为13.23%；而对于"就业机会"与"向往城市生活与居住环境"项的选择比例却较高，分别达到18.94%和17.08%。随着文化程度的提高，选择这两项的人数的比例也稍微有所升高。但对于"80前"农民工而言，选择"向往城市生活与居住环境"的比例变化趋势却是随文化程度的提高而逐渐下降的。

四　影响农民工进城落户的动因分析

农民工进入城市的劳动力市场，成为城市不可或缺的建设者。他们渴望成为新市民，渴望融入城市社会并分享城市发展带来的繁荣。但如果要其上交承包地而成为新市民，却会遇到利益博弈阻力。毕竟，就整个农民工阶层而言，其落户城市或城镇的意愿因诸多因素的影响而并不迫切。但即使如此，仍然有一小部分农民工愿意进城落户。那么，什么特质的农民工愿意进城落户？什么特质的农民工不愿意进城落户？愿意进城落户的原因何在？

（一）不预设前提条件时农民工进城落户影响因素分析

表 5 是对农民工转变为非农户口之意愿的 logistic 回归。从中可以看出，年龄越小的农民工，其转化为非农户口的意愿越积极。不管是 "80前" 还是 "80 后" 农民工，在这一点上是比较一致的。也就是说，即使在以出生队列将农民工区别为 "80 前" 与 "80 后" 两个群体时，年龄也具有非常显著的影响。毕竟，年龄越小，其在城市或城镇择业与创业的时间越长，其在带有很强年龄歧视的劳动力市场中越有潜力去竞争。

表 5　不做任何情境预设时农民工非农转户意愿分析

自变量	模型 1（"80 后"农民工）		模型 2（"80 前"农民工）	
	B	Exp（B）	B	Exp（B）
年龄	-0.013***	0.987	-0.003***	0.997
性别（男 =1）	-0.073***	0.929	-0.066**	0.936
受教育程度（对照组：中专及以上）				
小学	-0.315***	0.730	-0.558***	0.572
初中	-0.067*	0.935	-0.352***	0.703
高中	0.003	1.003	-0.197***	0.821
月收入（对照组 5001 元及以上）				
1000 元及以下	-0.098	0.907	-0.017	0.983
1001~1500 元	-0.134	0.875	-0.186*	0.831
1501~2000 元	-0.050	0.951	-0.228***	0.796

续表

自变量	模型 1（"80 后"农民工）		模型 2（"80 前"农民工）	
	B	Exp（B）	B	Exp（B）
2001~3000 元	0.060	1.061	-0.206**	0.814
3001~5000 元	0.238	1.269	-0.064	0.938
进入本市时间（2005 年以前）				
2009 年至 2010 年 5 月	-0.512***	0.599	-0.615***	0.541
2005~2008 年	-0.444***	0.642	-0.585***	0.557
2001~2004 年	-0.285***	0.752	-0.442***	0.643
所在地区（对照组：西部地区）				
东部地区	0.277***	1.320	0.351***	1.420
中部地区	0.125	1.133	0.181**	1.198
家乡村落类型（对照组：山区农村）				
大城市周围农村	0.103	1.109	-0.053	0.948
中小城市周围农村	0.160**	1.173	0.074	1.077
平原地区农村	0.004	1.004	-0.113	0.893
婚姻状态（未婚=1）	0.264***	1.302	-0.145	0.865
常数	-0.533***	0.587	-0.343**	0.710
样本量	26170		40534	
-2 log likelihood	39291.048		43095.993	

*p<0.05；**p<0.01；***p<0.001。

　　性别是一个非常显著的影响变量。与男性相比，不管是"80 前"还是"80 后"，女性农民工愿意将自己转变为非农户口的发生比均比男性高。这是世界移民史业已证明的基本趋势（张翼，2010）。在工业化中期阶段以后，城市部门对女性的劳动力需求会逐渐超过男性。这不仅使女性更易于进入城市就业，而且增强了她们长居城市的愿望。在中国传统文化中，如果是"儿子"，尤其是在村落社会长大的"儿子"，其就会被赋予赡养父母的重要责任。但农村父母对女儿的这种期望心理，则会稍弱。受教育程度对农民工转化为非农户口之态度的影响，在"80 前"与"80 后"农民工模型中所表现的趋势基本一致。但在控制了其他变量的前提下，"受教育程度"的显著，说明其对模型具有完全独立的解释力，文化程度越低的农民工，愿意将自己的户口转变为城市户口的意愿就越低。但需要着重强调的是：不管是"80 前"还是"80 后"农民工，其构成的主体基本为初中文化程度。所以，在现有制度给出的激励条件下，以初中毕业生为代表的农民工的非农户籍转变意愿较低。

收入是一个不能回避的重要变量。从表 5 可以看出，"80 前"农民工收入越低，希望将自己转变为非农户口的发生比就越低。不过，"80 后"农民工收入状况失去了统计解释力。"80 前"农民工与对照组相比较，其转变为非农户口的比例在各个收入组都比较低。也就是说，如果要提升农民工的转户意愿，就必须保持其收入的增长。只有将农民工的收入增长到其预期的能够在城市生活的水平，其对非农户口的诉求意愿，才会被激发出来。

进入流入地城市生活与工作时间越长，其转变为非农户口的意愿就越强烈；时间越短，其转变为非农户口的意愿也就越低。在这一点上，"80 后"与"80 前"农民工基本没有什么区别。可以这样认为，进入城市生活的经验积累，以及在城市的谋生能力，影响了农民工转变为非农户籍的态度。这本身既体现着城市对农民工的吸引力，也体现着农民工的认同心理。

与西部地区相比，在东部地区就业的"80 后"农民工转变为非农户口的可能性较大。而工作在中部和东部地区的"80 前"农民工都有较强的非农转变意愿。也就是说，农民工在城市的生活经验及其对城市的看法，会影响其转户心理。发达地区的城镇与城市比欠发达地区的城镇与城市具有更强的吸引力。所以，要求自西部和中部地区流出的农民工回原籍去转户，在现实中缺少支持，而东部地区却难以满足农民工的转户要求。

婚姻状态这个变量只在"80 后"农民工模型中显著。因为"80 前"农民工绝大多数已经结婚，未婚者反倒构成了一个非常复杂的人群，难以在对比中得到结论。对于"80 后"农民工来说，未婚者比已婚者更可能将自己的户口转变为非农户口。

（二）预设"交回承包地"条件下农民工进城落户影响因素分析

表 5 是在未提出任何前提条件时对农民工非农户籍意愿的回归分析。事实上，农民工的户籍转变，会涉及其承包地与宅基地的权属问题。按照 2002 年 8 月 29 日第九届全国人民代表大会常务委员会第二十九次会议通

过的《中华人民共和国农村土地承包法》第 26 条的规定：承包期内，承包方全家迁入小城镇落户的，应当按照承包方的意愿，保留其土地承包经营权或者允许其依法进行土地承包经营权流转。承包期内承包方全家迁入设区的市，转为非农业户口的，应将承包的耕地和草地交回发包方。承包方不交回的，发包方可以收回承包的耕地和草地。这就是说，如果农民工要将自己的户口转变为城镇户口，或者转变为非农户口，并继续保证其承包地与宅基地（包括林地、水潭等）权属不变，其必须选择到“小城镇”落户。如果要将户口转变到设区的城市，即中等城市或大城市，则必须交回承包地，在有些土地极其稀缺的省份，还要求交回宅基地。

从表 6 可以看出，在“80 后”农民工模型中，年龄的增加，似乎增强了其转变为非农户籍的可能性。但在“80 前”农民工模型中，年龄则失去了统计解释意义。

表 6　在要求交回承包地的情境预设下农民工非农转户意愿分析

自变量	模型 1（“80 后”农民工）		模型 2（“80 前”农民工）	
	B	Exp（B）	B	Exp（B）
年龄	0.044 ***	1.045	0.002	1.002
性别（男 =1）	0.056	1.058	0.086	1.090
受教育程度（对照组：中专及以上）				
小学	-0.192	0.825	-0.501 ***	0.606
初中	-0.146 **	0.864	-0.400 ***	0.670
高中	0.125	1.133	-0.381 ***	0.683
月收入（对照组：5001 元以上）				
1000 元及以下	0.126	1.134	0.248	1.281
1001～1500 元	-0.166	0.847	0.183	1.201
1501～2000 元	-0.256	0.774	0.180	1.197
2001～3000 元	-0.230	0.794	0.315	1.370
3001～5000 元	-0.212	0.809	0.370 *	1.448
进入本市时间（2003 年以前）				
2009 年至 2010 年 5 月	-0.613 ***	0.542	-0.310 ***	0.734
2005～2008 年	-0.294 ***	0.745	-0.050	0.952

续表

自变量	模型 1（"80 后"农民工）		模型 2（"80 前"农民工）	
	B	Exp（B）	B	Exp（B）
2001~2004 年	-0.403***	0.668	-0.012	0.988
所在地区（对照组：西部地区）				
东部地区	0.271**	1.312	0.207**	1.230
中部地区	0.075	1.078	-0.181	0.834
家乡村落类型（对照组：山区农村）				
大城市周围农村	-0.766***	0.465	0.225	1.252
中小城市周围农村	-0.867***	0.420	0.048	1.049
平原地区农村	-0.680***	0.507	0.067	1.070
婚姻状态（未婚=1）	-0.035	0.965	-0.384*	0.681
常数	0.673*	1.960	0.609***	1.839
样本量	7437		13067	
-2 log likelihood	10747.000		21682.510	

* p<0.05；** p<0.01；*** p<0.001。

在要求交回承包地后，"性别"对农民工转变为非农户口意愿的解释力也消失了。这就是说，在涉及土地利益问题时，男女两性之间的差异不明显。也就是说，不管是男性还是女性，都对土地问题非常关注。

受教育程度仍然具有极强的解释力。小学与初中文化程度的农民工，与对照组"中专及以上"文化程度相比，都显示出较低的转户意愿发生比。也就是说，与表 5 相同，文化程度越低，其转变为非农户口的可能性就越小。

在表 5 的模型 2 中具有显著意义的"月收入"这个变量，在表 6 的模型 1 和模型 2 中都失去了统计解释力。我们在访谈中曾经发现，虽然收入是非常重要的指标，但在"转户"问题上，不同的人有不同的认识。有位来自安徽而工作于东莞的高级管理人员说，他不想转变为非农户口的主要原因是希望保留承包地。万一在东莞发展不顺利，他还可在家乡承包地上盖间小厂房，生产小型电子产品。无独有偶，同样是在东莞，来自河南的一位工人说，他准备利用打工机会积攒一点钱，然后回家在自己家的承包地上开办养鸡场。从这里可以看出，不管是对收入高的人，还是对收入低的人，土地不仅意味着可以进行粮食生产，而且可以作为企业用地，是不可多得的资源。因此，我们不难理解，表6中的"月收入"变量失去了解释力，其并不因收入高低的变化而显示某种程度的规律。

与表5相同，在打工地工作时间越长，其上交承包地而转户的可能性越大。但"家乡村落类型"（模型1）在表6的"80后"农民工模型中，显示出非常规律的数据分布特征。与来自"山区农村"的农民工相比，来自"平原地区农村""中小城市周围农村""大城市周围农村"的农民工，均不愿上交承包地而转为非农户口。这里一个可资解释的原因是：来自这些地方的农民工，可能对其家乡土地的升值预期更强烈。因为"山区农村"的土地产出率低于平原地区。"中小城市周围农村"的土地价值高于远离城市的平原农村，大城市周围农村的土地，在可以预见的将来，很可能会转变为城市建设用地，届时的征地赔偿将会更高。

在涉及将"户籍"转变为"非农"方面，"80后"农民工和"80前"农民工具有很大程度的相似性。仅有两个因素显示出其独有的特征：（1）不管是否涉及土地权属变更，收入对"80后"农民工的户籍转变都难以形成影响；（2）不管是否涉及土地权属变更，来自山区农村的农民工都更愿意转变为非农户口。

五　结论与政策性建议

自2009年底以来，国家的大政方针屡次提及要"把解决符合条件的农业转移人口逐步在城镇就业落户作为推进城镇化的重要任务"。但从本次调查所反映的实际情况看，农民工的"户籍非农化"工作，远比想象的复杂。

（一）绝大多数农民工不愿意将自己的户口"非农化"

其中的主要原因，在于想保留"承包地"和"宅基地"，以及对城市"生活成本与高房价"的担心。另外，还有很多农民工感觉"城市户口没有多大用处"了。

（二）少数愿意转户的农民工更希望在大中城市落户

只有11%左右的农民工愿意交回承包地而实现"户籍"非农化，且这些农民工选择的落户地区，主要是省会城市或其他类型的大城市，而不愿意在县城或小城市实现户籍非农化。从表 7 可以看出，对那些希望转变为非农户口的农民工而言，不管是男性还是女性，只有差不多 20% 的人愿意在"户籍所在地中小城镇"落户，也只有 10% 左右的人愿意在"其他中小城镇"落户，而大约有 70% 的农民工在大城市落户。因此，国家有关农民工落户问题政策的制定与农民工的需求之间、农民工落户地的选择与城市出台的落户政策之间存在巨大的反差。如果要农民工交出承包地，则有近 90% 的农民工不愿意进城落户；在愿意进城落户的农民工中，又有 70% 的人不愿意去城镇或中小城市落户。文化程度的提高有助于农民工进城落户，其中最显著的影响存在于"中专及以上"组，对以初中文化程度为主的农民工缺少吸引力；收入变量虽然也有助于农民工的转户决策，然而，一旦要求农民工交回承包地，其会失去解释意义；只有来自"山区农村"的农民工，才对转变户口呼应积极，但他们只愿意到东部地区城市落户。正因如此，我们才需要对学术界的已有研究和国家的非农化户籍政策进行必要的反思。目前，国家要减轻大城市的人口压力，就必须进一步均衡大城市与中小城市的投资布局：以投资创造就业岗位，以就业岗位引导农民工的流动，以农民工的流动引导人口布局，以人口布局改变人口的城乡结构与地区结构。而当前更主要的政策配置，是缩小大城市与中小城市、城市与农村之间的教育差距。

表 7　您希望在何种类型的城市或城镇落户

单位：%

受教育程度	您想把户口转到哪里				
	户籍地省会城市/直辖市	户籍所在省其他大城市	户籍所在中小城镇	其他省大城市	其他中小城镇
女性					
小学	24.69	13.49	23.81	21.82	16.19
初中	30.08	17.55	21.18	21.04	10.14
高中	34.90	19.88	15.26	23.18	6.77
中专及以上	40.69	19.77	11.09	23.54	4.92
小计	30.38	17.08	20.15	21.71	10.67
样本量	2172	1221	1441	1552	763

受教育程度	您想把户口转到哪里				
	户籍地省会城市/直辖市	户籍所在省其他大城市	户籍所在中小城镇	其他省大城市	其他中小城镇
男性					
小学	24.81	13.51	23.42	20.96	17.30
初中	28.28	16.47	22.41	20.83	12.01
高中	31.86	16.22	17.94	24.71	9.26
中专及以上	36.66	18.80	13.63	25.26	5.64
小计	29.02	16.16	21.10	21.85	11.87
样本量	2568	1430	1867	1934	1050

（三）中国的城镇化道路，应该是"常住人口"的常住化城镇化道路，而不是城市户籍化城镇化道路

农民工不能融入城市的主要原因，在于城市的制度性歧视。以城市户籍化的方式推进城镇化进程的客观结果，不是弱化而是继续强化了身份区别与以身份区别相联系的公共政策配置特征。户籍制度改革的根本方向，应该是淡化户籍制度；是剥离与户籍制度相关的福利配置政策，还户籍以人口登记的本来面目；是打破户籍制度所规定的地方保护主义格局，而不是强化户籍制度的社会资源分配功能。

事实上，"常住化城镇化"不仅是中国当前的特色，而且是未来的发展方向，是从未实施过户籍制度的发达国家农民城镇化的基本做法。因此，要提高城市对农民工的社会保护水平，要使农民工将自己认同为"城市新市民"，就必须使其与城市户籍居民均等共享保障与公共服务（蔡昉，2010）。一句话，促进深度城镇化或改变所谓"伪城镇化"现状的根本做法，不在于将农民工户籍落在当地城市，而在于首先以居住地和就业地配置社会保障与公共服务政策。其暗含的另一个政策含义是：在不对进城农民工的承包地和林地权属变更的前提下，以社会保障和城市公共服务促进中国的城镇化。[1]

---

① 成都市在城乡一体化进程中进行的改革就具有这种探索意义。

"常住化城镇化"与"户籍化城镇化"之争，表面看起来是户籍之争，但实质体现的是城市政府与农民的利益之争。无疑，土地城镇化对城市政府而言，更具财政内驱力；而人口城镇化，在农民保留土地承包权的基础上的城镇化，则对农民工更为有利（贺雪峰，2010；于建嵘，2010）。户籍城镇化更符合地方城市的权力表达、利益取舍与人口增速进度控制；而常住人口的城镇化则更符合流动农民工的福利获得。

另外，"常住化城镇化"与"户籍化城镇化"之争，短期显示城市对户籍人口与农民工的差别化政策配置，而在更为长远的政策期许中，暗含对未来流动人口数量与规模的正确与否的判断，也暗含对未来农民工城镇化道路的最终设计。如果农民工在某一具体城市落户后不再流动，或未来流动人口的数量在城市或城镇户籍化过程中趋于缩小，则将农民工转化为城市新市民并以户籍配置社会保险与公共福利的思路更具长远意义。但如果人口流动在市场化过程中趋于常态，即使在城镇化水平达到75%以上后，"农村—城市"的流动人口或"城市—城市"的流动人口仍然会存在并保持在一个相当的水平，则"常住化城镇化"才具长远政策设计意义。世界人口流动史告诉我们的经验是：劳动力不可能被固化在某一地区，劳动力人口不可能终身不流动。

（四）要给予进城的"80 前"与"80 后"农民工同等的政策关注

通过前文的分析可以看出，在"进城落户"意愿上，"80 前"与"80 后"农民工的态度基本一致。现在留在城市的"80 前"农民工，实际是经过就业与生活竞争筛选后留下的"80 前"，那些不具有竞争力的"80 前"农民工已不得不回归农村。这些留存下来的"80 前"农民工，比现在的"80 后"农民工更有能力转变为城市市民。所以，要推进城镇化的进程，政府就应该对"80 前"与"80 后"农民工一视同仁，而不应该厚此薄彼。毕竟，农民工在城市居住时间越长，其"常住化城镇化"的特征就越显著。

（五）要允许农民工在保留农村承包地情况下进城落户

因为要将农民工的户口转变为非农户口，尤其是将农民工户口转入设区的城市，其就不得不交回承包地。在某些平原地区农村，在户口转走之后，可能连宅基地也保留不下来，这会增加农民工进城生活与就业的成本，使他们无后退之路。因此，地方政府强制本地户籍农民工通过交回承包地来实现非农化的做法，一旦遇到经济波动，便会使那些保障水平较低的新移民转化为弱势群体，从而影响社会的长期稳定。

参考文献

蔡昉，2010，《中国发展的挑战与路径：大国经济的刘易斯转折》，《广东商学院学报》第 1 期。

贺雪峰，2010，《地权的逻辑——中国农村土地制度向何处去》，中国政法大学出版社。

柯兰君、李汉林，2001，《都市里的村民》，中央编译出版社。

蓝宇蕴，2005，《都市里的村庄》，读书·新知·生活三联书店。

李培林，2003，《农民工：中国进城农民工的社会经济分析》，社会科学文献出版社。

刘传江、徐建玲，2008，《中国农民工市民化进程研究》，人民出版社。

陆学艺，2006，《我国社会结构的历史性变化》，《中国社会科学院院报》1 月 19 日。

毛丹、王燕锋，2006，《J 市农民为什么不愿做市民——城郊农民的安全经济学》，《社会学研究》第 6 期。

文军，2006，《论农民市民化的动因及其支持系统》，《华东师范大学学报》（哲学社会科学版）第 4 期。

于建嵘，2010，《用制度建设让新生代农民工真正进城》，《东方早报》2 月 2 日。

张翼，2010，《居住证制度改革：预期与局限》，《北京日报》7 月 5 日。

赵耀辉、刘启明，1997，《中国城乡迁移的历史研究：1949~1985》，《中国人口科学》第 2 期。

J. E. Taylor and P. L. Martin. 2001. Human Capital: Migration and Rural Population Change. In B. Gardener and G. Rausser, eds. , Handbook of Agricultural Economics, MVolume I.

Kaivan Munshi. 2003. "Networks in the Modern Economy: Mexican Migrants in the U. S. Labor Market. " *QuarterlyJournal of Economics*. 18 (2): 549-599.

O. Stark. 1991. *The Migration of Labour*. Cambridge: Basil Blackwell.

家庭与性别评论（第 8 辑）

第 282~294 页

© SSAP，2017

中国农民工市民化的二维路径选择

——以户籍改革为视角 *

辜胜阻　李　睿　曹誉波 **

摘　要　农业转移人口是否实现了市民化，是度量中国新型城镇化水平的重要标志。文章认为，农业转移人口市民化应选择"二维路径"：一是通过户籍制度改革，实施差别化落户和积分制政策，让符合条件的农业转移人口落户城镇；二是推进人口管理创新，通过居住证制度，有序实现不能或不想落户的农业转移人口市民化。当前中国市民化进程正面临外来人口的公共服务覆盖面窄、不同规模的城市公共服务供给水平差距大、转移人口就业不稳定、中小城市就业机会少等问题。为此，需要夯实城市产业基础，加强职业培训，提供稳定的就业，推进财政转移支付体制改革。

关键词　市民化　差别化　落户基本公共服务

一　引言

完全意义上的城镇化要实现进城人口的"三维转换"：从农业到非农

---

* 本文原载于《中国人口科学》2014 年第 5 期。

** 辜胜阻，武汉大学战略管理研究院，教授；李睿，哈尔滨工业大学（深圳），博士；曹誉波，中国建设银行总行，博士。

业的职业转换、从农村到城镇的地域转移、从农民到市民的身份转变。发达国家的城镇化基本上是三维转换一步到位，而中国进城人口虽然实现了地域转移和职业转换，却没有实现从农民到市民的身份转变。农民工群体的存在使中国城镇化率的统计出现了"两个定义"。若按城镇常住人口统计，2013 年中国城镇化率为 53.73%；[①] 若按非农业户籍人口统计，只有35.7%左右，相差约 18 个百分点。这一差距说明中国目前的 2 亿多农民工只是"半城镇化"，而这种"半城镇化"产生了数以千万计的留守儿童、留守老人和留守妇女，并牺牲了农民工家庭三代人的幸福。这种付出巨大社会代价的城镇化发展模式不可持续，必须予以改变。

2014 年 7 月，国务院公布了《关于进一步推进户籍制度改革的意见》提出进一步调整户口迁移政策、统一城乡户口登记制度、全面实施居住证制度等目标，对推进户籍制度改革、实现转移人口市民化具有重要意义。

市民化是一个渐进复杂的过程，不能一蹴而就，也不只是简单地改变转移人口的户籍，一改了之。户籍不是市民化的唯一标志。有了户籍，不能享有公共服务，不是市民化；没有户籍，能享有城市基本公共服务，也是市民化。差别化落户和严格控制大城市人口的政策使相当多的农民工不能进城落户；而农民工在城市不稳定就业和农村户籍含金量不断提升又使大量进城人口不愿意落户；地方政府财力有限、城市资源环境约束影响城市政府推进农民工落户城市的积极性。因此市民化必须采取二维路径；在部分转移人口通过差别化落户政策享受市民待遇的同时，大多数转移人口通过居住证制度实现基本公共服务逐步全覆盖。

二 农民工市民化进程中的主要问题与障碍

我们认为，当前推进以人为核心的新型城镇化，实现农民工的市民化，存在"五大瓶颈"。一是就业保障不稳定。农民工主要集中于城镇劳动密集型行业，处于产业链分工的底端，集中在城镇最累、最脏、最危险的行业，从事非正规就业，就业能力低、流动频繁，就业很不稳定，大量农民工的技能和综合素质难以适应产业升级的要求。二是公共服务缺

---

① 数据来自国家统计局《2013 年国民经济和社会发展统计公报》，http://www.stats. gov.cn/tjsj/zxfb/201402/t2040224_ 514970. html。

"钱"。我们的大量调研表明，农民工市民化平均每人的成本在 10 万元以上，西部、中部、东部地区农民工市民化的公共成本差别很大，迫切需要通过财税体制改革解决"钱从哪儿来"以及如何分担改革成本等问题。三是农地改革滞后。长期在城镇工作和生活的农民工需要使农村承包地实现"市场化"退出，在放弃土地权益时得到合理补偿。单靠打工收入，没有针对承包地和宅基地的合理价格而形成的财产性收入，农民工要完成向市民的角色转换十分艰难。四是安居梦想难圆。高房价严重阻碍着农民工实现定居大城市的梦想，大部分农民工集中在"城中村"、城乡结合部，居住面积狭小，居住条件恶劣。五是"过客"心态严重。农民工融入城市最大的观念障碍是其根深蒂固的农民意识、浓厚的"过客"心态和边缘化心理。农民工融入城市不仅要"洗脚上楼"，更要"洗脑进城"，改变观念。市民化不仅是农民生活方式的变革，也是生产方式的转变，更是思维方式的改变。

当前农民工市民化面临基本公共服务覆盖面窄、不同规模的城市公共服务供给水平差距大、转移人口就业不稳定和中小城市就业机会少四大障碍，推进农民工市民化必须解决这四个方面的问题。

（一）进城农民工享有的基本公共服务覆盖面窄

国家统计局相关统计显示，2013 年末全国人户分离人口为 2.89 亿人，其中流动人口有 2.45 亿人。[①] 大量流动人口在非户籍城市生活、工作，需要享受包括子女义务教育、就业创业服务、基本医疗保险、基本养老保险、保障性住房等在内的基本公共服务，以保障其基本生活和发展。然而，现有的公共服务供给制度难以满足这部分人的需求。从各项社会保险的参与率来看，根据 2010～2013 年《中国统计年鉴》、2010～2013 年《中国人口和就业统计年鉴》和国家统计局《2012年全国农民工监测调查报告》等统计数据，2012 年，农民工养老保险、医疗保险、失业保险、生育保险的参与率分别为 14.3%、16.9%、8.4%、6.1%，而同期城镇人口的参与率分别为 42.75%、75.36%、21.39%、21.68%（魏后凯等，2014）。已缴纳社会保险的农民工，社会保障水平

---

① 数据来自国家统计局《2013 年国民经济和社会发展统计公报》，http：//www.stats.
gov.cn/tjsj/zxfb/201402/t2040224_ 514970.html。

低、缴费负担较重、社会保障不可携带等问题依然突出。可见在转移人口基本公共服务供给的问题上，外来人口在城市中很难享受到与市民同等的公共服务。

造成这一问题的主要原因是当前中国公共服务的供给与户籍直接挂钩。城市政府提供公共服务的对象主要是城市户籍人口，户籍不仅承担着人口登记管理功能，还附着教育、医疗、社会保障、就业等公共服务权益。对于许多城市户籍人口而言，拥有本地户籍意味着拥有了教育、就业等选择的优先权。在当前教育资源相对紧张的情况下，绝大多数公办幼儿园优先招收本地户籍生源。异地中考、高考方案的不确定性使没有本地户口的考生不得不回原籍参加升学考试，户籍"门槛"所带来的公共服务差异已经传到下一代。

（二）不同城市基本公共服务供给水平差别大

城市公共服务供给差异影响着农业转移人口的流动，大城市有更多的就业机会和更好的公共服务。一般而言，城市等级越高，其获取和占有的资源越多，意味着更高的投入产出、更高级的产业结构和更丰富的精神文化生活。拥有大城市的户口意味着有机会接受更先进的教育、更完善的医疗技术和医护保障，北京、上海等一线城市的户口更意味着拥有购车、购房的资格等。相对而言，中小城市社会福利和公共服务不足，对流动人口的吸引力有限。

影响城市公共服务水平的因素是多方面的，城市政府的财力与转移人口的数量是影响城市公共服务水平的两个直接因素。部分地区公共服务水平较低本质上是公共服务供需关系失衡的结果。

地方政府财政承担了公共服务供给的主要支出责任。在教育、社会保障和就业、医疗卫生、住房保障等方面，地方政府支出占总支出的比重均超过90%，特别是在医疗卫生一项上，地方政府支出占比超过98%（见图1）。大量人口流入将带来大规模财政支出需求，这对地方政府是很大的压力。以2011年不变价格计算，以随迁子女教育、社会保障、保障性住房、就业服务四项基本公共服务为市民化的支出项，若将已在城市居住的15863万农业转移人口市民化，各级财政需要为此新增财政支出18091.58亿元；如果将计算范围扩大到2.6亿农业转移人口，则新增支出将扩大到29651.76亿元（张占斌等，2013）。

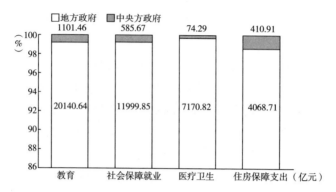

图 1 中央政府与地方政府主要公共服务支出比较

资料来源：国家统计局，2013。

　　大部分中小城市因地方政府财力有限，公共服务供给水平长期较低。城市财政收入能力决定了城市基本公共服务投入水平。因经济发展水平、财政收入、行政级别等差异，大中小城市供给公共服务的能力不同，中小城市相对省会城市和直辖市来说财权较小，教育、医疗等各类资源相对较少，此外，优质的公共服务资源向上级城市集聚，进一步削弱了中小城市的竞争力。

　　部分流入人口过多的城市和地区，由于公共服务需求增长过快，地方政府无力承担。以北京为例，因难以承担中心城区高昂的生活成本，大量城市外来人口聚居在远离中心城区的区县，使当地常住人口规模超过户籍人口几十倍。虽然这些转移人口为城市建设和发展做出了巨大的贡献，但大部分居住在上述区县的外来人口并未在居住区县工作，相应的税收、社保费用等也并未在居住区县缴纳，庞大的人口数量、难以精确统计的人口信息和巨大的财政负担，使原本仅拥有几万户籍人口的地方政府对几十万新增居住人口涌入带来的公共卫生、住房保障、子女教育、医疗服务等无力承担，当地政府和原有居民甚至出现排斥性的地方保护主义情绪。

（三）转移人口城镇就业的稳定性低

　　就业是实现市民化的内在要求，稳定的就业有利于保障公共服务的享有，而就业的缺失则会导致市民化的不可持续，因此，实现转移人口在城市的稳定就业对推进市民化进程具有重要意义。然而，当前转移人口在城市的就业不稳定、不充分，难以发挥就业在市民化进程中的作用。

中国农业转移人口在城市的就业缺乏稳定性。一项针对全国15个省份6000名农民工的调查显示，农民工在同一单位最长工作年限在3年以下的比例高达77%。导致农民工就业不稳定的主要原因，一是农民工的受教育水平普遍较低，外来务工人员中初中及以下文化程度的占50.2%。二是目前中国针对农民工的职业教育培训体系还不完善，农民工的职业技能和职业素质不高，只能从事一些简单的体力劳动，劳动者的可替代性强，职业发展前景较低。在6000名受访农民工中，有94.4%认为目前的职业没有发展前途，即使是在文化水平相对较高的新生代农民工中，这一比例也高达62.8%（张庆，2013）。三是转移人口的维权意识和自我保护能力需要提高。国家统计局西安调查队的报告显示，2013年前三季度，西安市农民工单位或雇主未缴纳保险的占88.4%，缴纳"五险一金"的仅占11.6%，其中未签订任何合同的占57.9%。[1] 一些外来从业人员只考虑流动性，不愿意受劳动合同的约束，往往以"口头协议"替代书面合同，产生纠纷时，合法权益就极有可能得不到切实保护而受到侵害。

（四）中小城市就业机会偏少

中小城市的资源集中度较低，不利于创造新的就业机会，无法吸引劳动力。相对于大城市而言，中小城市拥有较少的土地、资金、技术等要素禀赋，且越来越多的土地资源、人才资源、税收资源向大城市集中，中小城市缺乏资源发展地方经济，对劳动力吸引力十分有限。同时，教育、医疗、文化娱乐等资源都集聚在大城市，中小城市不仅缺乏优质资源作为条件招商引资，也难以创造就业岗位吸引外来人口就业。

中小城市经济基础相对薄弱，基础设施和公共服务有待完善，产业发展环境较差。中小城市普遍规模小、实力弱，政府财政收入不足，城市建设缺乏强有力的财政支持，导致中小城市道路交通、供水供气、垃圾处理

---

[1] 数据来自国家统计局西安调查队《西安城镇化现状、问题及发展路径探析》，http://xadcd. xa. gov. vn/ptl/def/def/in-dex_ 1343_ 4711_ ci_ trid_ 876385-recid_ 4273734. html。

等基础设施建设较为滞后，教育、医疗等公共服务的供给水平与大城市相比也有很大差距。统计表明，目前小城镇基础设施的投入水平仅相当于大城市的 13%。各地区的中心城市集中了优势的公共资源，而中小城镇却缺乏良好的公共服务（迟福林，2013）。在当前产业和劳动力"双转移"的机遇面前，部分中小城市因缺乏要素集聚能力而错过了承接东部沿海转移产业的发展机会。同时，中小城市文化消费基础设施的匮乏使部分从大城市回流的转移人口难以宜业、宜居。

实践经验表明，稳定的就业是城市吸引外来人口和留住本地人口的根本方式。优势产业尤其是就业容量大的劳动密集型产业的严重缺乏，致使中小城市的就业机会较少，大量人口不得不流向就业机会较多的大城市。据中国社会科学院《中国新型城镇化道路的选择》报告，2000～2010 年有大量人口流入大城市，20 万人口以下的小城市吸纳人口比重从 2000 年的 18.52% 下降到 2010 年的 10.31%。

三 农民工市民化二维路径选择的对策思考

2014 年 7 月，国务院正式出台《关于进一步推进户籍制度改革的意见》，取消农业户口与非农业户口性质区分和由此衍生的蓝印户口等户口类型，统一登记为居民户口，由此拉开了城乡二元户籍制度改革的序幕。然而，推进市民化并不能仅依靠改变户籍，推进基本公共服务逐步全覆盖，实现对转移人口的基本保障，增加就业机会并提升就业稳定性，使转移人口"扎根"城市，才是实现转移人口身份转变的重点。

我们认为农民工市民化的路径要遵循差别化、渐进性和统筹性原则，要实行差别化落户政策和居住证制度并举的二维路径（见图 2）。一是通过差别化的落户政策，合理确定大城市落户标准，有序放宽中小城市落户限制，解决符合条件的农业转移人口在城镇落户问题，体现因城而异、存量优先的原则；二是通过居住证制度的实施，积极推进城镇基本公共服务与常住人口挂钩，解决在城镇就业居住但不能落户或不想落户的农业转移人口基本公共服务问题，体现基本公共服务全覆盖的原则。市民化需要遵循自愿选择，对不想放弃农村户籍的农业转移人口，应充分尊重其意愿。① 同时，要遵循特大城市探索实施积分入户制度、保障转移人口权的原则，谨慎稳妥地推进市民化，不能盲目推进户籍制度改革和土地制度改革。土地对于农民工而言具有生存保障和心理稳定的功能，大部分农民工在城市就业不稳定，再让他们失去土地，整个社会可能会发生动荡。

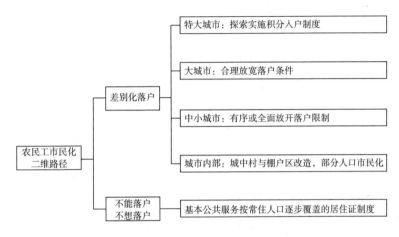

图 2　农民工市民化的二维路径选择

（一）农民工市民化必须坚持二维路径选择

1. 通过差别化落户政策推进符合条件的农业转移人口落户城镇，享受与市民同等的公共服务

《国家新型城镇化规划（2014~2020 年）》明确提出了"差别化落户政策"（见表 1），根据不同的城市规模，因城而异，确定了有差别的落户标准和条件。

---

① 转移人口不想落户的原因有多种，一方面，农业转移人口所拥有的农村户籍含金量很高。农村户籍上附着了土地承包权、宅基地使用权及各种涉农补贴，特别是随着土地制度改革，土地流转将给农民带来更多收入，使其"含金量"更高，多数农民工不愿意放弃农村户籍。人力资源和社会保障部 2012 年 9 月进行的调研显示，若能落户大中城市，58.01% 的农民工不愿放弃承包地，59.65% 的农民工不愿放弃宅基地；若能落户小城镇，73.73% 的农民工不愿放弃承包地，78.47% 的农民工不愿放弃宅基地（人力资源和社会保障部劳动科学研究所课题组，2013）。另一方面，城市的房价居高不下、生活成本高、就业不稳定、子女教育问题难以解决等，使部分农民工"望城兴叹"。

表 1　城市规模与落户政策

城市规模	落户政策
建制镇和小城市	全面放开落户限制
城区人口 50 万~100 万的城市	有序放开落户限制
城区人口 100 万~300 万的大城市	合理放开落户限制
城区人口 300 万~500 万的大城市	合理确定落户条件
城区人口 500 万以上的特大城市	严格控制人口规模

资料来源：《国家新型城镇化规划（2014~2020 年）》。

一要在大城市和特大城市实行积分制，设置阶梯式落户通道，确定合理的落户标准和条件，坚持存量优先原则，不能盲目追求高标准，落户条件应与城市发展的实际需求相结合。在大城市实行积分入户制度，要依照城市发展所需人才类型科学合理地确定积分标准，避免盲目追求高学历。城市发展既需要高学历、高层次的人才，也需要吃苦耐劳的普通工人，若针对低技能劳动力进行人口限制，将导致效率与公平兼失的局面，不利于实现包容性增长（陆铭等，2012）。2009 年，广东省中山市率先推行流动人口积分入户制度。随后，积分入户制度在广东省内多个城市实施并逐步向上海、天津等地推广。截至 2012 年 9 月底，广东省已有 36.4 万名务工人员落户广东各地城镇，而通过积分享受教育等基本公共服务的人数则更多（唐晓阳、邓卫文，2013）。然而，在各地积分入户制度取得多方面社会成效的同时，一些问题也逐渐显现。其中一个最主要的问题是积分指标的设定和分值权重分配带有明显的人才偏向性和投资偏向性，使大多数长期居住在本市的农民工等群体对于积分入户"可望而不可即"，导致入户指标出现浪费。大城市要结合自身发展的实际需要设立经济导向、人口素质导向和社会规范导向三位一体的"门槛"条件，让具有在城市投资能力、文化程度较高、工作居住年限较长、具有丰富非农产业生产经验的农民优先进城。

二要有序放开中小城市落户限制，合理引导转移人口落户中小城市的预期和选择，特别是在中西部地区应大力发展中小城市，鼓励转移人口家庭式迁移和就地城镇化。中国城镇化发展应该坚持均衡城镇化之路：既要大力发展城市群，又要依托县城和县域中心镇发展中小城市。要引导公共资源配置向中小城市转移，增加对中小城市基础设施的投入，提升中小城市的公共服务水平。要推动产业向中西部地区转移，实现产城融合发展，提升中小城市的就业吸纳能力。要完善农民工创业的政策扶持体系，鼓励转移人口以创业带动就业，通过减税、减费，降低创业企业的交易成本和经营成本，减小转移人口的创业难度。

三要对城中村和棚户区进行改造，一方面要通过户籍制度改革，解决原城市内部农民的户籍问题，使其实现市民化。在城中村改造过程中，必须解决失地居民的基本生活保障问题，使原城市内部农民获得城市户籍，享受平等的市民待遇，变游民为市民，提升其融入城市的能力。另一方面要解决居住在城中村与棚户区中的低收入群的补偿与安置问题。城中村是流动人口和原住村民融入城市的过渡带（高学武、魏国学，2014），低廉的房租使他们能在大城市居住。在进行城中村和棚户区改造的过程中，要充分考虑这部分居民的居住需求，推进公租房等保障性住房建设，不能简单粗暴地推倒旧房子，逼走农民工。

2. 对不能落户或不想落户的农业转移人口，通过人口管理制度改革，建立全国统一的居住证制度，逐步实现基本公共服务全覆盖

市民化应遵循自愿原则，充分尊重城乡居民自主定居的意愿，为不能落户或不想落户的农业转移人口提供基本公共服务。一方面，现阶段受政府财力等因素的制约，流动人口与市民的完全"平权"难以实现，转移人口"不能落户"。另一方面，由于农村户籍含金量高，而城市中就业不稳定、生活成本高，部分农业转移人口不愿意放弃农村户籍。

通过居住证制度推进基本公共服务的逐步全覆盖，保障转移人口的基本生活和发展，既是公共服务体制改革的初步目标，也是实现市民化的关键环节。具体而言，一要推进财政制度等配套制度改革，为建立居住证制度提供必要的资金支持，推进基本公共服务从广度和深度上向城镇常住人口全覆盖，改变市民和农民工的二元结构，维护农民工的基本生活质量，提升城镇化的可持续性；二要完善区域间的协调机制，协调好流出地与流入地的关系，确保基本公共服务与人口流动相协调，推动真正的迁徙自由化改革，为实现城乡户籍统一打下基础；三要加强流动人口信息登记、统计、查询等工作，在部门间、地区间形成统一的规范管理和信息共享制度，降低行政成本；四要建立基本公共服务成本分担机制，充分利用民间资本，由政府、企业、个人三方共同分担农民工市民化的成本。

（二）市民化需要稳定的城镇就业

一方面，通过加强职业教育培训，提升农业转移人口就业的稳定性。一是普及岗前职业培训，强化在岗职业培训。在岗职业培训对更新并提升转移人口职业技能、提高企业用工效率具有重要意义，有利于促进农业转移人口稳定就业，能够使其更好地融入城市。二是积极整合现有教育资源，丰富和优化职业教育培训形式，增强对农业转移人口的针对性。三是建立激励农民工参与职业培训的长效机制及合作机制，切实执行农民工培训经费补贴政策，促进政府、企业、高职院校共同参与农民工职业教育平台建设，将其纳入职业培训体系，提高农民工培训的有效供给，改变农业转移人口非稳定性就业的现状，为其就业、创业并最终实现市民化打下良好基础。

另一方面，通过夯实中小城市的产业基础，增加就业机会，促进转移人口以就业带动市民化。产业发展是城市吸纳就业的重要基础，对于中小城市而言要优化经济发展环境，吸引有优势的企业入驻。经济发展的环境建设既包括产业园区规划、基础设施等"硬"环境，也包括税收优惠、行政效率提升、城市生态绿化等"软"环境。具体而言一要充分利用自身资源禀赋优势，通过城市产业专业化、特色化发展，形成区域性特色产业集群，特别是中西部地区的中小城市，应抓住产业和劳动力要素"双转移"的机遇，合理引导沿海地区的产业转移，并吸引劳动力回流，提升当地的经济发展水平，为转移人口创造更多就业机会，促进转移人口就地市民化。二要不断完善中小城市创业扶持体系与就业培训体系，为返乡创业者提供金融支持，鼓励转移人口以创业带动就业，通过减税、减费，降低创业企业的交易成本和经营成本，减小转移人口的创业难度，使转移人口能够稳定就业，更好地融入城市（辜胜阻、武兢，2009）。三要在中小城市完善公共私营合作制，充分发挥民间资本的作用，建设中小城市基础设施，提升城市基础设施服务水平，完善产业发展的相关配套服务。四要建立覆盖高、中、低不同收入群体的多元化住房供给体系，满足不同收入群体的需求，并将房价控制在合理的范围。加大保障性安居工程的建设力度，增加中小套型商品房的供应，鼓励开发共有产权住房、公共租赁住房，让落户中小城市的居民实现安居梦想。

（三）改革财政转移支付制度

改革财政转移支付制度是推进公共服务按城镇常住人口逐渐全覆盖的关键。建立与常住人口挂钩的转移支付制度，有利于保障城市提供基本公共服务的动力和财力，提升城市公共服务水平，缩小不同规模城市间的公共服务差距。2013 年 3 月 16 日发布的《国家新型城镇化规划（2014～2020 年）》明确指出，建立财政转移支付同农业转移人口市民化挂钩机制，中央和省级财政安排转移支付要考虑常住人口因素。将转移支付的分配规模认定由户籍人口认定变为常住人口认定。一要建立与常住人口挂钩的转移支付制度。农业转移人口的市民化，其实质是要将原本覆盖户籍人口的教育、医疗、住房、就业等公共服务扩展到城市外来常住人口，因此，市民化并不是某个城市单独的责任，而是需要进行全国范围的统筹安排。其中随迁子女的义务教育支出、医疗保险支出等，应主要由中央财政承担，推进中央财政设立农业转移人口市民化的专项资金，为城市推进市民化提供适当补贴，从而减轻地方政府公共服务的支出责任，缓解城市政府财政压力，提升中小城市公共服务水平。二要平衡和化解人口流出地与流入地之间的财政压力。由于医疗、教育等公共服务具有难以转移的特点，人口向大城市的集中将导致公共服务的需求与供给不匹配，需要平衡人口流出地与流入地之间的财政压力，促进地方政府在农业转移人口问题上财权与事权相匹配。三要调整各级政府支出结构，促进城乡统筹。由于中国城镇化正处于快速发展阶段，人口流动方向以农村向城市为主，财政支出也应循此方向进行调整。

四　研究结论

农业转移人口市民化不是简单的户籍问题，而是由稳定就业、公共服务、安居观念转变等多方面因素构成，因此农民工市民化必须坚持"二维路径"：通过实施差别化落户政策，在大城市、特大城市实行积分制等方式，设置阶梯式落户通道，让符合条件的农业转移人口享受市民待遇；通过居住证制度，有序实现不能或不想落户的农业转移人口基本公共服务逐步全覆盖。推进转移人口市民化不仅要"因城而异"，针对不同城镇规模，实施差别化落户政策，而且要"因群而异"，存量优先，把"沉淀

型"流动人口转为城市居民，让那些有知识、有本领、有才能、有经济
实力的农业转移人口优先积分入户。要尊重城乡居民自主定居意愿，对不
能或不想落户的农业转移人口，通过建立居住证制度，改变城镇基本公共
服务由户籍人口独享的局面。在实施农民工市民化进程中，不能随意剥夺
农业转移人口的土地承包经营权、宅基地使用权、集体收益分配权。如果
在户籍改革中盲目推进激进的土地改革，会使大量农民成为失地流民。土
地改革需要稳定所有权、保留承包权、流转经营权、用好抵押权和担保
权。土地流转要坚持"依法、自愿、有偿"的原则，使转移人口享有土
地是否流转的决定权和土地流转形式的选择权。

参考文献

迟福林，2013，《走向公平可持续增长的转型改革》，《经济体制改革》第 6 期。

高学武、魏国学，2014，《城镇化视野下城中村治理困局的破解之策》，《宏观经济研
　　究》第 3 期。

辜胜阻、武兢，2009，《扶持农民工从创业带动就业的对策研究》，《中国人口科学》
　　第 6 期。

国家统计局，2013，《中国统计年鉴（2013）》，中国统计出版社。

陆铭等，2012，《城市规模与包容性就业》，《中国社会科学》第 10 期。

人力资源和社会保障部劳动科学研究所课题组，2013，《农民工市民化发展研究》，载
　　于《中国农民工发展研究》，中国劳动社会保障出版社。

唐晓阳、邓卫文，2013，《广东实施农民工积分制人户政策的效果评价及完善对策研
　　究》，《广东行政学院学报》第 6 期。

魏后凯等，2014，《农民市民化现状报告》，《中国经济周刊》第 9 期。

张庆，2013，《农民工就业问题调查研究》，《经济纵横》第 6 期。

张占斌等，2013，《我国农村转移人口市民化的财政支出测算与时空分布研究》，《中
　　央财经大学学报》第 10 期。

图书在版编目（CIP）数据

家庭与性别评论. 第 8 辑／汪建华主编. -- 北京：
社会科学文献出版社，2017.12

ISBN 978-7-5201-1360-1

Ⅰ.①家…　Ⅱ.①汪…　Ⅲ.①家庭社会学-研究
Ⅳ.①C913.11

中国版本图书馆 CIP 数据核字（2017）第 222068 号

家庭与性别评论（第 8 辑）

主　　编／汪建华

出 版 人／谢寿光
项目统筹／佟英磊
责任编辑／佟英磊

出　　版／社会科学文献出版社·社会学编辑部（010）59367159
　　　　　地址：北京市北三环中路甲 29 号院华龙大厦　邮编：100029
　　　　　网址：www. ssap. com. cn
发　　行／市场营销中心（010）59367081　59367018
印　　装／北京季蜂印刷有限公司

规　　格／开本：787mm×1092mm　1/16
　　　　　印 张：19.5　字 数：323 千字
版　　次／2017 年 12 月第 1 版　2017 年 12 月第 1 次印刷
书　　号／ISBN 978-7-5201-1360-1
定　　价／78.00 元

本书如有印装质量问题，请与读者服务中心（010-59367028）联系